博览
BROADEN
VIEW

徐旭生西游日记

丝绸之路人文考察手记
第一辑

陈星灿 主编

徐炳昶 著

甘肃人民出版社
甘肃·兰州

图书在版编目（CIP）数据

徐旭生西游日记/徐炳昶著. -- 兰州：甘肃人民出版社，2024.3
（博望书系·丝绸之路人文考察手记/陈星灿主编. 第一辑）
ISBN 978-7-226-06005-6

Ⅰ.①徐… Ⅱ.①徐… Ⅲ.①游记－西北地区－民国 Ⅳ.①K928.94

中国国家版本馆CIP数据核字（2023）第204824号

项目策划：原彦平
责任编辑：马元晖
装帧设计：马吉庆

徐旭生西游日记
XUXUSHENG XIYOU RIJI
陈星灿 主编 徐炳昶 著
甘肃人民出版社出版发行
（730030 兰州市读者大道568号）
广西昭泰子隆彩印有限责任公司印刷
开本 889毫米×1240毫米 1/32 印张 9.875 插页 4 字数 231千
2024年3月第1版 2024年3月第1次印刷
印数：1~2 000
ISBN 978-7-226-06005-6 定价：78.00元

凡　例

一、本书在《西游日记》（徐炳昶著，范三畏点校，甘肃人民出版社，2002年）的基础上予以修订。

二、作者行文风格及时代语言习惯，均不按现行标准和习惯改动。

三、书中涉及的专有名词，如人名、地名、术语及译名等均保留原貌，有误者，随文加方括号予以校订；重要地名与今名不同者，加方括号注今名；重要名物及少数难解字词，加方括号做简注；缺少日期处，在段首加方括号予以补全。

四、本书保留原文注音字母（原称"国音字母"），同时括注汉字标音。

五、原书中凡作者笔误、数据计算、拼写错误等，本书予以改正。

六、本书个别部分因时代阅读的要求，已做文字技术性处理。

目 录

序　言　1

第一卷　自北平至额济纳河　1

第二卷　由额济纳河至哈密　87

第三卷　自哈密至回北平　171

附　录　282

序　言

　　我于民国十六年初夏，同瑞典的赫定博士率领着西北科学考查团到中国西北部作科学的调查。十七年冬，因为本团在新疆工作时有困难，并且合作契约已经将届期满而工作却全正在中途，也有请求国民政府允许延长合作期限的必要，乃将团长事务托给袁希渊先生，同赫定博士先回北平，报告本团的理事会，然后同到南京，请求允许延期。统计我离北平共有二十个月之久，这一年多的工作，也总算成一小小段落。我个人对于科学有很高的兴趣，但是对于科学自身却根本是门外汉。旅行时候的常识，比方说，照相、画路线图一类的事情，我也完全不晓得，所以我这二十个月的旅行，个人毫无成绩可说。可是因为各团员的勇猛精进，取得的成绩非常的好。我在新疆的时候，曾写较长的报告书一篇，因本团采集人庄永成等回内地的方便，托他带回来。不幸那时候南北初统一，东三省对于从新疆来的人颇有猜疑，该采集人等被捉处狱中数月，所以这篇报告书也遗失了。东归以后，《东方杂志》的编辑曾由我的朋友鲁迅先生转请我将本团二十个月的经过及工作大略写出来，我当时答应了，可是迁延复迁延，直延到一年多，这篇东西还没有写出来，这是我十二分抱歉的。现在因我印行日记的方便，把这些东西补写出来，全当作日记的序言，并且向鲁迅先生同《东方杂志》的编辑表示歉衷。

（一）西北科学考查团的由来

我国学术界的同人从很长的时候就感觉到：知识、科学是国际的，无国界的；而研究科学，增进人类知识的荣誉，则当归之于各国的个人。我国从前对于科学方法不甚讲求，所以对于科学，尤其是对于自然科学的贡献，非常减色。近来从各国留学返国的人很多，已经有了自行研究的能力，而内忧外患频至迭来，不惟不能奖励研究，并且阻碍研究。至外人一方面，则利用其优越的财力，对于我国的科学材料，"予取予求"，毫无限制，而对于珍贵不可多得的材料，则巧取豪夺，潜运境外！

如果这一类的情形，不能有所挽救，则我国学术前途，要受到无从计算的损失。因为深切感觉到上面所说的危险，所以大家总想把国内的重要学术团体联络起来，组织起来：自己出发到各地搜集材料，以为精深研究的预备。至对于外人，则怀抱友谊能与吾人合作者固所欢迎，至若企图文化侵略，想攫夺科学上珍贵材料者，则设法拒绝，不使再溷吾土。民国十六年春，中国学术团体协会就是因为想达到这种目的而组织的。这个时候，恰好有瑞典地理学大家斯文赫定博士，想到我国西北部继续他从前数次所做的考查，来商议合作办法；我们的协会就派人同他交涉。折冲最多者为刘复博士。协商十余次，乃于四月二十六日订立合作办法十九条。协会接受赫定博士的补助，组织西北科学考查团。本团成立的经过，大约如此。

(二) 西北科学考查团的团员

我国团员共十人；欧洲团员共十七人。我国团员：一袁复礼，字希渊，研究地质、考古及画图；一黄文弼，字仲良，研究考古学；一丁道衡，亦字仲良，研究地质及古生物；一詹蕃勋，字省耕，研究地图学；一崔鹤峰，字皋九；一马叶谦，字益占；一李宪之，字达三；一刘衍淮，字春舫——四人均为本团气象学生——一龚元忠，字狮醒，为本团照相员。我此时住在北京甚闷，也想跟着出去玩玩，大家就以团长相推，原因大约：第一因为我比他们全大两岁；第二也或者因为我对于科学毫无所长，使我招呼团里的行政，也是使我容易藏拙的意思。欧洲则除赫定博士以地理学大家任团长外，瑞典团员四人：一兰理训（Larson），（此人来中国已二十余年，自用此名。日记中则取其译音，名之曰拉尔生）为队长，指挥旅行中的一切事宜；一郝默尔（Hummel），为本团医生，兼作人类测量；一那林（Norin），研究地质并作图；一贝格满（Bergmen），研究考古学。丹马〔丹麦〕一人：哈士纶（Haslund），为副队长。德国十一人：一郝德博士（Haude），为本团气象主任；一米纶威（Mulenweg），为本团会计；一李伯冷（Lieberenz），为本团照相并做电影员；一钱默满（Zimmerman），一海德（Heyder），一韩普尔（Hempel），一马学尔（Marschall），一华志（Walz），一狄德满（Dettman），一马森伯（Massenbach），一冯考尔（Von Kaull）。外尚有瑞典人生瑞恒（Soderbom），随本团照料事务，然名不列团员中。

出发时的团员如上述。到新疆后，德国团员多归国。瑞典又增研究地磁学并做大地测量的安博尔（Amboldt）。团中又用新疆的气象试习生张广富、赵玉春、翟绍武、赵克勤等数人。至团中所用的听差、厨役、采集人、牵骆驼人，则随时雇佣，多寡不同。

（三）到额济纳河前分队的工作

我们于民国十六年五月初九日自北平出发，二十六日抵茂明安旗的ㄏㄚㄋㄚ［哈那］河。因为骆驼还没有买好，在那里逗留两月。在此两月中，那林、贝格满、丁仲良向东方属喀尔喀右旗之白灵庙附近考查地质、作地图并考古。黄仲良到白灵庙东的ㄌㄠㄌㄨㄙㄨㄇ［佬伦苏末］寻找古城。袁希渊、詹省耕则于ㄏㄚㄋㄚ［哈那］河附近考查地质、作图并考古。李伯冷、哈士纶等到白灵庙照了不少的电影片。以后陆续回ㄏㄚㄋㄚ［哈那］河，大队终于七月二十二日向西出发。此时团中所买得之应用骆驼三百一二十匹，为从来科学考查所未有之大队。因工作的方便，分三队前进：那林、贝格满、马森伯、海德、生瑞恒、丁仲良率北分队，袁希渊、詹省耕、龚狮醒率南分队，徐随大队工作。南北二分队在大路南北三五十里内工作，与大队仍保相当的联络。到三德庙后，因赫定博士病，未能前行，在此数日内，曾派韩普尔、钱默满、马益占、刘春舫到东南二百里许的三道桥，作普通的调查。刘春舫即于此次作画路线图的尝试。因为要向前赶路，南北分队所作详细地图，至三德庙后停止，以后只作路线图并考查地质及考古。过三德庙后，水草渐乏，骆驼亦疲。刘春舫所试作的路线图，大得赫定博士的赞许，以后李达三、马益占等亦皆渐渐学会作路线图。大队于九月二十八日到额济纳河，北分队续到；至南分队则因绕到镇番附近工作，于十一月大队西行后数日才到额济纳河。

（四）额济纳河附近及西面大戈壁中的分队工作及其困难

我们在额济纳河的ㄙㄥㄉㄨㄦ［僧笃尔］休息了四十天。这时候的工作分两路：一为额济纳河下游及索果淖尔附近，二为额济纳河上游直到毛目县。到额济纳河下游工作，人很多，而以赫定博士之画河图及测湖深为最重要。刘春舫同马学尔沿额济纳河上游至毛目县送信购物，春舫并画沿路地图。黄仲良则从河下游绕至上游，寻找古城。此一段工作只有作地图、考古、气象观测等，至[于]地质则无人作。在此设一气象测候所，留钱默满、马益占、生瑞恒同数仆人继续观测。又拟设一气象测候所于包头，乃派崔皋九率数仆人运沿路采集品东归，并筹设包头的测候所。然以后因为经费支绌，此测候所终未设立。从额济纳河到新疆哈密，共分五起三路。

在额济纳河时，团中所带钱已快用完，因派华志先率数仆人到迪化去取，转迎大队于哈密。其所走路为近来商人避重征向北所绕路，南望ㄗㄚㄏㄢㄅㄡㄎㄉㄨㄨㄌㄚ[扎罕博克兜乌拉]（白神山）。后又派郝德、韩普尔、狄德满、冯考尔、李达三率一队先到哈密，筹设那里的测候所。他们所走路为商家所通行路，偏南，近马鬃山，就是通常所叫"达三旱""达四旱"的路。以后袁希渊所率之南分队西行时也走此路。

大队于十一月十八日动身，初意另走一中路，归结走到华志所走路上。至那林、贝格满、马学尔则取较大队偏南路，傍白神山根走。后米纶威前行购粮，迷路错至星星峡；赫定博士因病后行，不经大石头，迳至庙儿沟，则又途中之歧出者。我们在额济纳河时，预备不到四十日可到哈密，所以只带四十五日的粮，归结走了六十二天！并且走了四十八天不见人烟的地方！冒大风雪仍须前行！几乎可以说已经到了"粮尽援绝"的窘境！幸只损失骆驼；至于人虽忍饥，却并未损失一个，不可谓非不幸中之大幸。我们从ㄏㄚㄋㄚ

[哈那]河出发的时候，从归绥购买的粮食很丰富。据说如果管理得宜，走到哈密，可以饶有余裕。可是因为管理的不得宜，任便的浪费，到额济纳河上的时候，已经感觉到不敷用。以后又派人到毛目县补充了一部分；出发三五天后，又觉到将来万不能敷用，一方面立即减食，一方面派米纶威带几个仆人及轻便的骆驼，赶到前途，购买粮食。不料米纶威走错了路，走到星星峡；又因不认识那里的官兵，误认为土匪（新疆官兵当杨增新时全无制服），甩下骆驼，冒数日夜不饮食的危险，才逃到庙儿沟。以后到哈密，经那边官吏的帮忙，才购得粮食。等到他迎着大队时，我们遇着人家已两日了。沿途困难已详日记中，不再述。

此节除路线图、气象观测照旧进行外，考古及地质工作的结果殊嫌贫乏。一因为此地荒古时即如今日，居民殊不多见；二因为后半节团员饥寒交迫，冰雪遍地，也就不大能工作了。虽然如此，我们因此得到旅行上极有趣的经验，并且稍破前后单调奋励工作的沉闷，这一节苦寒的旅行，也算自有它的价值了。

（五）入新疆后的困难及其工作之分配

我们天然的困难刚过，人为的困难又起。治理新疆十七年之杨增新对于内地人士本多猜疑，加之此时时局紧张，谣言甚多。随便诙谐的"打手"（李达三有一表弟给他写信，戏称他为团中打手，新疆检查信件，得此函，大为惊疑。我们第一次见杨将军时，他还拿出来这封信让我们看），随便取名的"团长"（道路传言中外合组兵一团，带各种最近世的利器往打新疆。谣言之兴，"团长"一词很有关系。新疆军界，营长以上均称统领。哈密阿副将见我时，称我为统领，他一定仍以我为军界的团长哩），全成了谣诼的起点。

杨将军疑惑本团为冯玉祥将军所派遣破坏新疆秩序者,乃调兵遣将,抵御本团于境上! 华志至迪化后,不准送款至哈密;郝德等至哈密后,不准设立测候所,送之迪化。境上新调到的兵力有数千之多! 及至十七年一月二十三日全团到哈密,他们看见来者不过是些风尘憔悴的书呆子,疑团始见减少。二月二十七日我们到迪化,以后见杨将军,说明来意,他对于我们的疑惑,虽未完全消释,可是很承他的优待,对于工作,亦准尽量发展,不加限制。新疆方面的困难始行告一段落。新疆开头觉得我们为冯将军所派遣,攻打新疆;至甘肃方面,则因我们从北京出发,而北京当时仍属奉天的势力,所以疑惑我们为张作霖先生所派遣,攻打甘肃! 道路传言又谓本团有飞机、有大炮,然则我们额济纳河上所留的团员,必有军事作用,自属毫无疑义! 并且本团的飞机虽属"查无实据",而大炮则殊属"事出有因"! 本团因为要放氢气球,探查高层的风向,所以带了不少长五六尺、径六七寸的大铁管子! 这样的"大炮",留了十几架在额济纳河上,当然不能使甘肃省政府安心! 他们开头派员检查,以后又强迫团员马叶谦、生瑞恒到兰州解释一切,生君到兰州后,并且真正坐了两天的牢狱! 直至我们电达国民政府的蔡子民先生,得蔡先生向冯将军解释,始被允许继续工作。且此事尚有一节颇可慰藉:即马、生二君虽到兰州,钱默满君却仍留ム乙タメ儿[僧笃尔]的测候所,测候工作并无间断。新疆工作得允许后,赫定博士即与我斟酌分配,除了哈密的气象测候所终未得允许外,在新疆境内,设气象测候所三处:一迪化,一婼羌,一库车。又于三处附近山上设副测候所各一处。迪化的副测候所,在迪化东百里之博克达山中,由韩普尔、翟绍武、赵克勤轮流在两处观测。婼羌副测候所在南七十里山中，由狄德满、李达三、赵玉春轮流在两处观测。库车副测候所在西北离库车八十公里之额拉库尔，由华志、刘春舫、张广福轮流在两处作测候。郝德博士则周流各处。等到十七年冬我们将回北平时，他并且得允许，将到吐鲁番作数月观测。那林到罗布淖尔附近各处考查地质；贝格满同哈士纶也到罗布淖尔附近考古。黄仲良先到吐鲁番后顺大路附近西行到天山西端；丁仲良亦起于吐鲁番，后循天山根西行至天山西端。袁希渊则在天山北路各处工作。当日工作计划书大略如此，至次年考查期延长后工作区域均有扩大。工作计划既定，外部困难减少而内部困难又起。缘赫定博士原定考查计划书，本想利用新式飞机航行天山南路大沙漠，画地图并探寻古迹，他因同德国国家航空总公司 Luft-hansa 定立契约，该公司供给考查用费，用该公司飞机以为该公司作宣传。此项计划曾在北京提出，因当日的航空署反对，遂暂搁置。可是赫定博士总还想到新疆后从杨将军处设法挽回，然终无成功。以后 Luft-hansa 不愿继续契约，以至德国团员纷纷归国。本团中国方面本无固定经费，此事既起，全团经费根本成了问题。赫定博士不得已，乃于是年五月六日回国，另外筹募经费。经他努力的结果，经费不成问题，而新疆方面的困难又起！起初还觉得是无意中的误会，以后才知道是有意的妨害。赫定先生同我本来计划十七年冬穿天山南路大沙漠，乃竟毫无理由地被阻止，只好留团员在那边工作，暂返北平，再往首都诉之于国民政府。此事经过，日记之末已经摘要述说，不再赘。

（六）此二十月中工作的成绩

我们东归以后，大家见着，常问我们有什么新发现，好像疑惑我们是否有新发现，他们把新发现看得异常名贵，其实发现又何尝是那样希奇难能的事情。我们在那边旅行，可以说没有一天没有新发现。因为我们所走的路除了新疆的一部分及额济纳河附近，从来没有科学家到过那里。随便画一点路线图，检几个石刀石斧，把它记载起来，何一非新发现者。最重要的发现，则为袁希渊在新疆阜康县三台附近所得之恐龙化石。此化石在下侏罗纪地层中，在亚洲尚属第一次发现，并可以推倒从前地质学家天山东段无动物化石的断定。瑞典有一地质学家对赫定博士说："你们费巨款，作考查，即使只得此一件大发现，已属不虚此行。"其言洵非无理。外如丁仲良在茂明安旗ㄅㄞㄧㄇㄎㄡㄅㄉㄨ[白彦博克兜]（富神）山所发现之巨大铁矿，或将为中国北部之汉冶萍。黄仲良亦发现若干古城，工作甚好。郝德博士的气象观测亦为从前无人做过之工作。罗布淖尔位置问题，久为学者所聚讼。赫定博士既证明今之罗布淖尔系南移，并非中国古图的错误，如 Prshevalskiy 所说，这一次那林到那边，看见罗布淖尔又复北移，南边的湖又将干枯，更足证明赫定博士辩正的无误，且中国西部最大的湖位置变迁，我国及世界学者尚全未及知，此发现更有关系。至于我们全团对于赫定博士全表感谢，他在经济上对我们一部分的帮助还是小事，他的工作精神，老而益壮，实足使全团得一种兴奋剂。全团工作良好，他实应居首功。在这一切成绩以外，还有两件很好的结果，深应注意：第一，这一次的考查足以证明中国科学家对于工作的强固意志及丰富能力，并不象欧洲近视眼的外交家所说："中国的人哪里知道大沙漠是什么！他们将来走出包头不远，即将全体转回北京！"第二，这一次的考查足以证明我国人并无盲目排外的意思，如为夸大狂所蒙蔽之欧美人所宣传。这两件证明实已足在精神界中开一种一纪元。至于我东归以后，本团团员继续做很重要的工作，得优美的成绩，因为不属于我所谈的一节，并且我现时知道的也不详细，暂且不谈。

  我对于我们此次考查所要说的话，略如上述。至于现在所印的《西游日记》，不过是每天所随便记录，无大可说。我东归以后，总想把它整理一番，再行问世。迁延一年，终于没有整理，潦草地把它印出来，实在是我很抱歉的。不过我所记的事情全经过一次考核，像谢彬那样大段抄录成书，并且采道听途说的话引他族人的反感，则还不至于［指谢彬所著的《新疆游记》］。虽然如此，这是否足以赎我懒惰的过失呢？

徐炳昶
民国十九年八月十八日北平

第一卷
自北平至额济纳河

中华民国十六年五月九日,因为要到中国西北方作科学的调查,受中国学术团体协会的委托,用西北科学考查团团长的名义,率领团员自北京西直门上火车。团员同行者八人:黄文弼(仲良)、丁道衡(仲良)、詹蕃勋(省耕)、龚元忠(狮醒)、崔鹤峰(皋九)、李宪之(达三)、马叶谦(益占)、刘衍淮(春舫),还有瑞典团长赫定博士、郝默尔医生,从行仆人一:王殿臣,赫定所雇采集人三。同车者有李仲揆先生率地质系学生五、日本地质学生一。共二十三人。火车原应十一点五十分开,然实在开车时,已经过午。下午两点过昌平,风起,时有黄尘如柱。麦只有尺许高。两点二十五分至南口,微雨数点,然旋晴。王殿臣同赫定仆人下车买东西,火车已开,大家非常惊惶,以后才知道是倒车,惊惶始止。过青龙桥时,已经四点。山势渐低,山间有残余碉堡颇多,宽广各一二丈,每边三门。山根有石河,沿河还有几个碉堡,河外就没有了。四点半过康庄,已属平地。五点至怀来。城在车站南边,极大,半在山上,半在山下。自西边望去,城内山上并无居民。过怀来,不见麦苗,问人,始知亦有麦田,不过甚少,且皆春麦也。六点过新保安城，城颇大。有稻田，沿大洋河畔。路北有鸡鸣峪城。闻山南有煤矿，有高线铁路，尚未筑成。至宣化时已过七点。过张家口后就寝。

十日，早晨醒，已到大同，车停甚久，开时已将六点钟。天气甚冷，穿一件毛背心，仅能支持。后过孤山、堡子湾等处，村落很稀。七点钟过丰镇，后过红沙坝子、官村、苏集。苏集附近有天主教堂，颇宏大。九点四十分，过平地泉。十点十分过三岔口，地势甚高。看高度表，已出海面一千五百公尺，宜温度很低。出长城后过八苏木、十八台、马盖图、卓资山、福生庄、三道营、旗下营等站。两点半至绥远。出塞后，土地大约全已垦辟，但树木几属绝无。再看高度表，又降到出海面一千一百公尺。过绥远后，树木复多，乍视若内地。过毕克齐、察素齐，至陶思浩。北望阴山，山势雄奇。后又渐低降。过麦达召、萨拉齐、公积坂、镫口，南见黄河。

七点多钟到包头，瑞、德团员至车站来迎。雇车入城，至团中所租屋住下。晚饭后，赫定、仲揆同我全有演说。睡时已十二[点]钟。

十一日，五点多钟起，整理一切。午后到县公署，见县长李君。李君名尊青，字少白，年三十余岁。归后骑骆驼出游，将出城，但因天晚，恐不能进城，在城内绕个弯子，就回到寓所。写理事会及家信各一封。晚餐后，赫定因出京时有四箱迟到车站，未能带来，后接电知为税关所阻，请我给半农打个电报，请其到税关交涉，遂公同拟一法文电报，但因时晚，必等到明早，才能发出。寝时已将十二点。

十二日，早起，晨餐后，打起裹腿，背上望远镜同水壶，携起手杖，同仲揆、黄仲良、省耕、丁仲良、地质系学生，及赫定所雇采集人庄永成同出城东北门，探寻古迹。刚出门的时候，忽然感觉到：现在虽然还没有求得到知识，然而也像个求知识的人的样子。从前多少年的人，想求得知识，却专在斗室故纸堆中绕弯子，那怎么能行得了！人类的使命，就在征服自然，并没有其他的话说！想征服自然，却不到自然界里面去找，那岂不是南辕北辙！出城六七里，有一地名二道坝子，泉出涓涓，至为宜人。道右有小阜，仲揆说，那边或有古物，可以去看看。大家分头找寻，黄仲良得一石斧，大喜。又前行五六里，道左有一大村，名开周窑子；右有一小村名老包，后知为鄂博的转音。老包村后为昨日仲揆所找得的有古器物的地方。仲揆引我们至此，即分路率领学生往北山找寻地质材料。丁仲良随之前往。我同黄仲良、詹省耕、庄永成往老包村后。途中，我也得了一件石斧。以后跑了一两里，分途寻找，未找到几件东西。回到老包村大道左，见一老人正在种豆。问他，知道他姓杨，住此村已经七世。现因土匪（又称独立队，全是战败的军队，杨老人则称之曰歹人）不靖，他们全不敢在家住，搬到城里，老包已成空村。我们因为他们房子已空，就要求进去看，希望或者能得一点风俗的材料。他的房子虽不洁净，却还整齐。室中供有福禄寿三星神像。包头睡土炕。杨老炕上一尺多高，先用纸糊好，后绘儿童于上，颇整肃可观。画后用油一过，故颇坚固不易破损。后知本地便家皆如此。出老包折回，途中见左旁有一大坟，围以周墙，往视，则题"前国会议员绥远中学校长王烈士亚平之墓"。叉路，到刘保窑子，天已过午，我们还想到前面寻找古器物，见一大门，叩门乞茶，一妇人引入室中，主人年五十许，王姓。问王烈士是否即其本家，据言即其弟，因在绥远办报，得罪了人，潘都统时被害，后经昭雪，乃立坟作纪念云云。饮茶后乞食，彼令妇人烙饼，得饱食，情义殷渥可感。饭后闻雷声，恐天雨；饭后出，则无雨而风大起。目的地即在村南，地方甚大，陶片石器颇多，惜风太大，只寻找一周，遂返。今天我们第一次作工，成绩颇佳，得石器陶器数十件，心中非常痛快。归稍息。晚餐后因仲揆明日将返萨拉齐附近，考察地质，谈颇久。向仲揆商借高度表，仲揆慨捐本团，至为可感。寝时十二〔点〕钟。

十三日六点起，与仲揆及地质系学生作别。天气颇寒，加衣不暖。午后稍睡，骑骆驼到城外。归后补作前几天日记。晚餐后与赫定先生及黄仲良谈论考古，见赫定先生在古楼兰所发现之书札古物照片。寝时十一点多钟。

十四日。昨晚刚睡下，袁希渊到，复起，谈论至一点钟寝。晨起将七点。早饭后同黄仲良及采集人白万玉、靳士贵同到西门外里许西脑包（包头土语来泥二母混淆难分，"脑包"仍即"鄂博"的转音。蒙古分界处置石堆，名曰"鄂博"），寻找多时无所得。西北行，至一庙，内附设小学校，未见学生及教员，只有一守庙老人。

学校匾上题地名为"井坪"，问人则称为"井儿平梁"（梁字念得极轻，庙内令规牌亦如此写）。庙内供马王、牛王、骡王、龙王、财神等。庙宇甚新。白君请守庙老人烹一点茶，答言出门找一个人就来，遂一去不复返，时有儿童探头而已。后始知此地为"独立队"所扰害，已成惊弓之鸟，我们异言异服，老人吓极，安敢再来！又往西北行二三里许，折而南，至一村，村名尖坪。后有一小庙，庙旁有大树二。庙中神像，三绺长须，戴道士冠，颇端严，不知何神。前有一神牌，取出一看，上题：

供蚜蚄　俸虮八蚁　之神位

外有一八楞两端细中粗之一小轴，上写上上、中平、下下等类的字，知为卜卦所用，遂窃携归。南至黄河岸，想看看从甘肃来的牛皮筏子。问人，则今年尚未到。用[望]远镜隔岸望见鄂尔多斯境内的本地寺庙。到村茶馆里面吃了两碗面。左邻即为一鸦片烟馆，听说绥远境内鸦片全是公买公卖。回寓已经七点。今天所走，大约有四五十里路。

十五日，晨起七点多钟，早饭后出买布靴一对。又至中学校，遇校长陈君国英，系中国大学毕业学生。学生五十余人，共两班。至教育局，遇一王君。返寓时两点多钟，大雨雹，大者如枣。雨止时，外国人可用以相投为戏，足知其多。

十六、十七、十八、十九四日，没有做什么事，净给税关打麻烦。起初是塞北关借口财政部的训令，一定要收税；后来是统捐局也要收税。我们因为以前绝无此类恶例，坚持不许，以后因为要攒赶路程，一面暂允纳税，一面分函理事会，请其力争。因为这些麻烦，起程耽误两天，十八日始全移至城外，十九日仍未能起行。十八日下午到澡堂沐浴。

二十日早五点起，收拾上路，然出发时已八点一刻矣。此行先雇骆驼到白灵庙，赫定先生自购的骆驼在那里等候。到那里换骆驼后，再往西行。过井儿平梁、二道沙河、大仙庙。此时旷野荒荒，始有出塞之感。朗诵摩诘《老将行》，倍觉壮美。又觉今日炮火发明，至杀风景。曼衍游思，亦极可笑。复前，过毛鬼神窑子（土人读若包鬼生窑子)、公忽同,到昆都仑口子,也叫作七爷口子。地依乌拉山根,离昆都仑河约一里,过此即将入山,故亦名前口子。至此地时约两点钟,即行止宿。帐篷搭好后,即同黄、龚、崔、马、刘、李诸君,往观昆都仑招。招去驻地约八九里,署名法喜寺,为乌喇特旗东公家庙。墙全白,上有红边,远望似洋式楼房。招内记名喇嘛,闻有千余,但现因时局不靖,富者多往后山或家内居住,现在招者不过百余人。闻为康熙年中建。每年自阴历六月十五起至十九止,为诵经大会,远近来的人甚多。其正殿初不肯开,借口于道人把钥匙带往后山,知其托辞,坚请乃许开。正殿前外面绘四大天王像。手中所执法器与内地所塑同,但面颇丑恶。天王东有一圆轮图,似六道轮回图。西旁有一大方格若围棋盘,每格内有一藏字。问喇嘛,则亦但识其音,不识其义。殿内初观略如雍和宫大殿,前挂一阿弥陀佛像,中为大喇嘛法座,再后有佛像五尊:中一为释迦像,右一为多罗菩萨像,左一为宗喀巴像,余二尊不知何名。周围皆画壁,甚佳,惜光甚暗,不能照相。上仍有一层,楼梯在外,大体略如香山之招庙式。既登,又不肯开,强而后可。前正面有二铜兽如羊,中有一铜轮。龚君照相一。闻庙中一喇嘛,新自后山请来,年十八岁,但其分位与大喇嘛等。盖蒙古招内大喇嘛皆与四活佛相类,依转生说选定。庙前有一小林,或杨或柳,非常繁茂。可知此地气候土宜尚宜树,但无人经营,致树木极少,殊堪惋惜。返,甚困乏。昆都仑河宽约五六尺,上有一独木桥,过时颇兢兢。今日出行第一日,即将水壶打破,心甚不适。晚餐后稍息即寝。

二十一日四点半起,启行时已七[点]钟。入山,循昆都仑河谷北行。谷中村落甚稀，山势颇佳。然闻偏西四五十里，有哈德门口子，风景更胜。二十里至沙坝子，路旁有三炮弹直立，闻为国民军退却时所遗，原在道旁小山上，共有七枚，有人戏移置三枚于此。弹尚未炸裂过，置此殊觉危险。再前有国民军遗弃破汽车二，亦无人取。尚有死马骨一，亦当时所遗。山过沙坝子以后，岩石颇少，大约为沙土所积。迤逦二十余里，过昆都仑后口子，山势始完。又得一小平原，沿河村落较多。二点钟至王营塔五分子即止宿（此地当日领蒙田时，分田受土，地名五分子、六分子、七分子等类者甚多，必须冠别字，才能分别）。今日天气颇暖。五分子高度出海面一千二百五十公尺。

二十二日起及出发时略同前日。过榆树塔子、ㄎㄞㄒㄉ［山稀克戈聿］、七分子、公义明、二滞泥沟、六分子、万利号等地，至脑包店止宿。今日上午有风，天气颇寒。下午风愈大，搭帐篷时颇为繁难。今日所行地逐渐增高，颇有陵阜。脑包店四围离山不远，闻"独立队"驻地离此地不过二十里，兼天大风，是晚特别警戒，军士八、学生四、欧人二，分两班，披老羊皮袄，轮流守夜。夜中如独立队过来，战斗员与非战斗员宜如何动作，皆分拨明白后始寝。寝时至为警备。脑包店出海面千四百公尺。

二十三日风止，天朗气清，然甚寒。昨晚风狂心惊，颇像中国的现状，希望明日的中国得如今日，虽尚严寒而已天朗气清也。启行三四里即入山，土人名脑包山。过六叉湾沟、架竿儿旗沟、察罕音格（问土人，音似此），至红瓦地公宗止宿。尚未到六叉湾沟时，见山上有一石堆长城。上山一看，见有数丈尚齐整，似年代尚不甚远，南北绵延颇长，不知何所起止。疑为明代筑，但尚未得历史证据，留以俟考。山势至架竿儿旗沟已毕，然仍有冈阜。山中所种以鸦片为多。今日风甚微。四五点钟时最低温度为三度。红瓦地公宗高度出海面千六百二十公尺。然闻郝德博士说，此地突出海面高度当为千六百八十公尺。

二十四日。今日所行地无山，只有陂陀起伏。过ㄒㄥㄙㄨㄥㄒ[幸松希]；再前，道右为巴颜脑包；再前，道左有大村叫作同兴公；道右有村，叫作四诚公；再前，道左为ㄙㄐㄡㄕㄍㄅㄚ[三九兹戈巴]；再前为公众塔；再前为二极土；再前为ㄏㄝㄐㄜㄧㄢㄊㄤ[赫介奄堂]；再前到ㄅㄞㄧㄣㄅㄌㄍㄣ[白音博勒艮]，或作ㄅㄞㄧㄣㄅㄌㄚ[白音博拉]，止宿。ㄏㄝㄐㄜ[赫介]为从前村名，ㄧㄢㄊㄤ[奄堂]为洋堂的转音。因为那个地方有一个天主教堂，所以那样叫。搭帐篷后，稍息，听说教堂内有邮局可以寄信，遂写家信一封，同黄仲良、皋九再到ㄏㄝㄐㄜㄧㄢㄊㄤ[赫介奄堂]寄信并参观。教堂外有一土寨，四角有炮楼，颇整齐可观。内有居民约百家，有一教堂，一小学。教堂建于一千九百〇四年。一千九百二十三年曾为土匪所破，一神父被杀。据神父言，自建教堂至今日，与土匪冲突，至少也有二十次。现内有民团，自为守望。教堂为土建（此地无制砖窑），窗则以绘圣迹的玻璃做成，这一定是从外国运来的。内中布置楚楚可观。堂南侧有一小榆林，闻已六七年，粗才盈把。小学共三班，四十余人，共一教室，一教员。教员李姓，年约二十，着一短布袄，人颇质朴。黑板上写《百家姓》数句，大约即其教材。寨外土坡上有一小圣母堂，则用砖建筑。固阳县城内亦有一教堂，外尚有二分堂，信教徒千余人。现神父二西人，一为比人，一为荷兰人。我们往那里参观时，他们因为赫定先生路过拜访，来ㄅㄞㄧㄣㄅㄌㄍㄣ［白音博勒艮］回拜。回来以后，同他们很谈一会子。据说：固阳一县地，种鸦片者约两千顷。去年县知事每亩收洋二十元。每亩中收可得洋百元，上收可倍，所以禁令成为具文。大约出禁令的商震也并没有真去禁止的心思。听拉尔生说，ㄅㄞㄧㄣㄅㄌㄍㄣ［白音博勒艮］当为蒙古语ㄅㄞㄧㄣㄅㄌㄨㄎ［白音博卢克］的音变。ㄅㄞㄧㄣ［白音］即汉译的伯颜、巴延等字，其义为富；ㄅㄌㄨㄎ［博卢克］的意思为泉；ㄅㄞㄧㄣㄅㄌㄨㄎ［白音博卢克］就是富泉的意思。今日中午天气颇热，然闻井内尚有坚冰。高度出海面一千五百九十余公尺。闻土人言，天主教神父亦时以枪械供给土匪，未知确否。

二十五日，今日所行路比昨日起伏较大。过ㄚㄝㄦㄊㄨㄏ［乌厄尔图赫］；再前为ㄎㄨㄌㄧㄝㄉㄧㄝㄌㄚㄙㄨ［库列牒拉苏］，村落颇大。自此以后民居已完，入草地，无复村落。又四五里，过一地，有水，尚未正午，即止宿。水并无源，不过一小湫，名曰ㄞㄅㄨㄍㄢ［埃布干］河。极困乏，小眠。午餐后天气颇热，到湫中小浴。到河东南小村一游。村名崔家滩，居民五六家。居室皆作洞形，上用弯形坯做成长圆顶，外以泥封之。前有门有一小窗。有秦姓老人颇知种树，但所种树因天寒不茂。此地食用点灯皆用菜子油，因煤油即在包头，也得七八元一筒，太贵，故不能用。所用粗布皆自包头贩来；即包头亦不出布，仍自他处贩来，故价值约比关内贵一半。所食菜只有蔓菁、葱等类。

二十六日，今日所行地与昨日起伏大约相等。过ㄍㄨㄧㄚ［古亚］，初见"蒙古包"，但里面所住的人却仍是汉人。据他们说：他们是ㄅㄞㄧㄣㄅㄌㄚ［白音博拉］的人，因为那面没有牧地，所以来这里租地牧羊，每年出租金约十三四元。又前行，过ㄍㄨㄌㄣ[古音]，至一地，据土人言名ㄇㄧㄥㄢㄐㄧㄚㄕㄚ[明安嘉沙]，天尚未十一时，即行止宿。今日只行二十余里。搭帐篷地依ㄚㄇㄙㄜㄦ[阿莫瑟尔]河，仍为一小湫。但河身内掘地不一二尺即可得水。西人乃掘一小井为食饮之用。天气甚热，到上游一小湫内小浴。午餐后见二蒙古人，与之谈，他们约我们到他们住的地方，因为不远，就同黄仲良及学生同去。他们所住并非蒙古包，却是一个帐篷。据他们说：他们是归化附近的人，来此地游牧，因为是夏天，所以不住蒙古包。他们有四百多匹马，据说，每马每月出租银二钱。他们仍购食米谷及猪肉，并无"膻肉酪浆"。猪肉每一元可购五斤。仲良及诸学生争向之学蒙古语。但他们所说的话音颇不准。比方说：偏北小山头上有一脑包，问他们叫作什么名字，一个人说叫作ㄚㄇㄙㄜㄦㄚㄜㄞㄚㄜ[阿莫瑟尔阿厄瓦厄]，后二音如法文的euveu；又一个人说叫作ㄚㄇㄙㄜㄦㄏㄜㄌㄠㄅㄠ[阿莫瑟尔赫佬包]。再详细问他们，他们就说两样说全可以行——今天因为赫定派随从的蒙古人往前途探问从绥远及ㄏㄚㄌㄣㄨㄙㄨ[哈勒恩乌苏]来的外国人聚集在什么地方，所以止宿甚早。晚餐时蒙古人回来，据说他们在东边三十里一地方住居，彼处水草很好。赫定先生遂决定明日到那里会集——途中夜里轮流守夜，昨夜应该我守夜，只睡两点钟。今日午后睡两点钟。

廿七日早，骆驼已经装好，要动身了，因为驼夫的首领所骑的一匹白马跑掉了，他就到处寻找，遂不能动身，复停下。午餐后随希渊、丁仲良到南二三里小河边寻找化石，绝无所得。先归，换衣。与黄仲良、希渊登记前些天所拾得的石陶器残片。今晚赫定先生说：在此地西方三里许寻得一好水草地，明日移住彼间，等待从绥远各处来的人到那里会集。

廿八日，移于昨晚所说的地方。这里小山围抱，只有西北方平坦。中有清溪一道，为ㄚㄇㄙㄝㄦ［阿莫瑟尔］河的上流，在草地中得此，也可称胜地了。今日风颇大。睡两时，午餐后，读《蒙古源流》，见内之专名词汉音下全附有蒙古字，就想从此推求蒙古字母。互相比较，也认识了十几个。后悔在北京的时候，没有买几本学蒙古文的书。再登录石陶器残片。今日从绥远等处来的外国人全会集此地，但只有六十几个骆驼，所以还要等待多日。

二十九日，早起登ㄚㄇㄙㄝㄦㄏㄜㄌㄠㄅㄠ［阿莫瑟尔赫佬包］。蒙古境内鄂博到处全有，此鄂博则比较完备。最高处有大石堆一，上积松枝。前（东南方）有积石一列，中间插铁叉一，叉上带一铁环。两旁有立石二，再外有立木二，一木已倒。大石堆四隅各有小石堆成列，直走山下。归早餐，拟往四周小山上走一遍，先从西北方起。正北方小山上，有积石三堆。ㄚㄇㄙㄝㄦㄏㄜㄌㄠㄅㄠ［阿莫瑟尔赫佬包］之东北有小山，上有积石柱一，高将及丈，颇为齐整。此类石堆疑并不为表界用，不过浅化人民美术本能之一种表现而已。下山，不欲终游，将归，遇黄仲良及马益站在ㄚㄇㄙㄝㄦㄏㄜㄌㄠㄅㄠ［阿莫瑟尔赫佬包］上面照相，遂又上去一看。午餐后给胡适之写信一封。晚雨。

三十日雨止，早，有微云颇寒。看郝德博士放小氢气球，所以验氢气上下各层的风向。午后，郝默尔博士给我们中国团员打防肠热剂的第二针。晚，身略发热。写家信一封。因为决定明天要到白灵庙一游，乃服ㄚㄙㄆㄧㄦㄧㄋ［阿司匹林］一枚，早寝。

三十一日早起，然出发时，已经九点多钟。同行有黄仲良、丁仲良、龚狮醒、那林、贝格满、庄永成、靳士贵、杨厨及驼夫三人。路向东北行。途中起伏颇多，但无大山。今日身热未全退，颇觉恶寒。午后下驼走十数里，颇为困顿。三点抵一地，叫作ㄅㄞㄑㄧㄚㄦㄚ［拜奄恰尔阿］，止宿。搭帐篷，支床后，简直困得动不得了。略息，喝茶，吃饭，精神恢复。此地有山，不高，但乱石嶙峋，不像西面的沙阜。山根离止宿所约里许，有一蒙古包，我同黄、龚、庄、靳及一驼夫去看。蒙古包的主人约四五十岁，有一妻，去山上放羊去了；二子也不在家。我们进去，他用酪浆享客，款待殷勤。包内西北隅有一柜，开视则为佛龛，上下两层，供佛七八尊。佛皆系布上彩色绘画者，幅的大小不一。问他们各家所供的佛是否相同，答言完全相同。狮醒摄一影，遂出。蒙古人又来送牛奶一盆。早寝，热仍未全退。

六月一日，早起，热已全退，登山一望。启行时，已九点多钟。登驼后，不知手表何时失落，行四五里后始觉，派驼夫回寻不得。午后始见一树，在草地中，这算第一棵了。近白灵庙，又望见四五棵。遇见往西走的骆驼很多，全是往凉州去的商帮。白灵庙不像昆都仑招［召］，一望全是中国式的房子。庙附近，有一河，滩甚大，水不过三四尺宽，但在草地中所见，这总算大河了；也叫作ㄞㄅㄨㄍㄢ［埃布干］河，不晓得与崔家滩的河，是否一河。此河即《蒙古游牧记》上之爱布哈河。过河抵庙西南二三里的小山谷中，止宿。晚餐后，到村内购物，这里有汉人一二十家做各种生意，遂成一小村。柜上陈列货品的很少，大约是因为蒙古人童骏，好乱翻乱看的缘故。室中大约有鸦片烟味，且兼有炉炕未息，非常闷热。

二日，早起往白灵庙。庙前及山间有若干小白屋子，全封闭，无门窗，全是藏破烂经卷佛像的地方。入门后，寻找喇嘛，找了很长的时候才找到。他开了一大殿旁门，并且说这是中国人才让进去；如果是外国人，就不能进去了。喇嘛全说蒙古话，系由一宋姓画师翻译。四壁所画佛像就是宋画师前两年所画。据说庙为康熙年间所建，但民国二年为蔡都统兵所烧毁，现始重建。佛像中有极狞恶者，有纱帽蟒袍者，极掺杂混合之致。问宋画师：据说全是照旧抄录，绝无自出心裁的地方。看壁画讫，内尚有一门未开，喇嘛说前两天有外国人来此照相，承认给他们布施，以后一个钱没有给他们，我知道他想要钱，给他两块，并承许看完之后再多上布施，他遂把门打开。这大约就是庙的正殿，中有三尊佛像，略如内地。前有宗喀巴像。旁立像八，此八像前另有二像，极狞恶。壁上嵌佛像千，外皆以玻璃蔽之，这些神佛也可谓受近代文明的恩惠了！想同他商议照相，他说出去再说，出来以后，才知道这个喇嘛只管这一座殿；想看别殿，还需要另外找人，另外给钱。问他们有多少处，他们好像说有四十处。如此无头无脑，随便看看，记录不成，照相不成，却需要花好几十块钱。太觉不值，所以后面各殿虽开，并未入览。出来找他们头目人，主持全庙的大喇嘛不在庙，其下主事者闻为大小ㄍㄙㄍㄨㄟ〔各司皈，即法台〕；大ㄍㄙㄍㄨㄟ〔各司皈〕也不在庙，乃往寻小ㄍㄙㄍㄨㄟ〔各司皈〕。到他的住室，他已往村里去，遂坐室内稍待。稍顷，一老喇嘛进来，据说是白灵喇嘛，庙中实权虽在大喇嘛之手，而学望却是白灵喇嘛最高。又一小会儿，小ㄍㄙㄍㄨㄟ〔各司皈〕也回来，遂同他们谈。这个时候有一个戴红缨帽，穿长袍，腰间带许多乱七八糟的东西，手上带两个戒指的人进来侍立，我们以为是伺候白灵喇嘛的人，觉得很好笑。开头他们允许我们看，但问我们有别的意思没有，我们告诉他们说想照几张相，他们坚持不许。说在殿外照几张房子的相，也不答应。此时带红缨帽的人，忽然坐到炕上，大发议论，气象汹汹，禁止我们参观，即不照相亦不许入。问别人他是什么人，才知道他是贝勒府的一个狗头差役，就是大喇嘛也不敢大得罪他。没有法子，只好出来。午餐后又同黄仲良到村中买东西，名为买东西，其实是北京话所谓"聊闲天儿"。谈话的结果很好，据说东北方尚有故城故庙的遗址，仲良异常地高兴。同时庄永成又同一个蒙古族的驼夫到庙中同喇嘛交涉。他们回来以后，据说小ㄍㄙㄍㄨㄟ［各司饭］答应我们再去参观，但不准照相，并且参观以后，须要上点布施。遂决定明日六［点］钟起到庙参观，九［点］钟动身回ㄇㄧㄥㄐㄧㄚㄕㄚ［明安嘉沙］。

三日早起，到白灵庙，进庙门时庙中无人，打发庄永成同蒙古族驼夫往寻喇嘛，其左右配殿因工未完毕，故未关门，遂进内一看。迟之又久，一喇嘛出，开一殿门，则仍昨日已参观过之殿，又走一转，遂出。找别喇嘛，又找不着。找着小ㄍㄙㄍㄨㄟ［各司饭］，他说另外四庙他管不到，须我们自己去找（白灵庙大约分五个庙，或四个庙，昨日所说的四十，大约是误说或误听）。我们就同他声明，我们现在不要看了，但是也不能给他布施，因为他太同我们开玩笑；说罢，遂返。驼夫来说，今日不能动身，须要明日才行。午餐后，登ㄞㄅㄨㄍㄢ［埃布干］河右岸山上一观。山上大约不过八九十公尺，可是上的时候有一节很艰难，用手助足，才能上去。

山上有一鄂博，上插二松枝，每松枝上缠有一布，上印藏文经句；一布已时久无存，一布尚存残片，遂将残片解下带回。补作前几天日记，又上河左岸山上一观。此山比右岸山稍低。看高度表，支帐篷处，出海面千四百一十七八公尺，山上则一千五百零二三公尺。

四日六七〔点〕钟时起，东西全整理好，等驼夫不来，往问，则彼等正在杀羊作餐，须吃饭后才能动身。又等了多时，还不来，又往问，则已吃罢，但有三个骆驼跑掉，他们又去找骆驼。此时郝默尔、李伯冷、哈士纶从ㄇㄧㄥㄢㄐㄧㄚㄕㄚ〔明安嘉沙〕来，稍谈。又去问驼夫，则彼等受拉尔生的命令，去村中寻买鸡蛋，还需要几点钟才能走！我非常地生气，蒙古人似乎全无时间观念，以致我这半天完全虚掷！稍吃一点东西，小眠。醒后，再去问他们，时已下午两三点钟，他们才打算起身。乃同狮醒别众人启行。黄仲良同庄永成明天要顺着ㄞㄅㄨㄍㄢ〔埃布干〕河下游寻找ㄌㄠㄌㄨㄣㄙㄨㄇㄨ〔佬伦苏牟〕古庙同金净州废城；丁仲良、贝格满、那林、靳士贵、杨厨则向西北行，分头寻找地质材料、古器物及绘图。到ㄅㄞㄧㄢㄑㄧㄚㄦㄚ〔白彦恰尔阿〕时，大约已十一〔点〕钟。天甚寒。立时睡着，饭来时，大约要过一点钟了，吃罢，又立时睡。次日听说夜中最低温度为百度寒暑表之一度半。

五日七点钟附近动身，十一点钟附近，回到ㄇㄧㄥㄢㄐㄧㄚㄕㄚ〔明安嘉沙〕。今日希渊因为附近四五十里，驻有一蒙古游缉队，队长派人来问，往同他交涉。希渊同他信口开河讲一番，大约可望无事。蒙古族人，想欺骗他们，极容易；想给他们说真话，却是很难给他们缠绕清楚；骗他们几句，也是没有法子的事。给理事会信一封，兼士、叔平信一封，家信一封，托人带到北京。今日最高温度十九度，夜中最低温度两度。

六日起将账目整理一番。接到赫定六月助款，发给大家。下午稍息，看《圣武记》关于蒙古各篇。到南边小山上走一转。

七日，昨夜很冷，最低温度降至零下一度八。今朝天气很好，十点钟以后，已经热得很厉害；下午最高温度达到二十四度七；帐篷内达到三十六度，无法存站，外面凉爽得多。早晨到河北岸山沟内一游，想找一点古器物，决无所得，天已过热，遂返。翻阅《西域图志》。午后到河内一浴。再阅《西域图志》。到西边河畔，走了二三里远。晚餐后闲谈；寝时已过十二点钟。

八日，昨夜最低温度为零上的三四度。今日天多云不热，然正午附近，在篷帐中也只能单衣。下午起风，并稍下数点雨。今日仍翻阅《西域图志》并《新疆图志》。

九日，昨夜最低温度三度，今日天气很热，最高二十七度。早餐后向北漫游五六里返。终日翻阅《新疆图志》。五六点钟时浴。

十日，最高最低温度略如昨日。将午有风颇大，天阴。用赫定先生的地图与《新疆图志》对看。下午浴。

十一日早餐后，同省耕、益占、达三、狮醒诸人骑马出游。马走得很好，但它的后胯上有一摩擦伤，鞍上所悬的水壶一触接着它的伤，它就惊跑。头两次，还没有要紧，走到五六里后，它第三次惊逸，我一不小心，就摔到地下。因为摔下时头碰着地，起来时头有点晕，仿佛喝醉了一样。向前步行几十步，晕仍不止，只好回来，同行诸君也跟着回来。回来时天微雨。稍饮酒，休息。午餐如常；餐后大睡一觉，起后，还有一点晕。询问郝默尔医生，答言无什么要紧，遂同他谈论多时。晚餐后稍谈即寝。

十二日早起，痊愈。登小山，用望远镜看郝德博士所放测验风向的气球。返同赫定先生闲谈。赫定很想晓得我们的身世，约午餐后去同他谈。午餐后小眠，起，去同他谈。再看放气球。此气球为所放之第十七个。第一次以片纸缀于球下，上用铅笔书写："请拾得的人将拾得的日期、地址、附近人口的疏密及距离大路的远近，详细记下；并将此纸一同寄至北京清华学校，收讫，该校即当寄回报酬十元，无误。"并决定以后每次放气球，全如此做。我因为手下没有新疆地图，就想借商务印书馆所印之袖珍地图随便放大一张备用。我觉得放大的时候，用比例尺按着比例放大也就完了。我就同希渊商借绘图器具及纸张。希渊说不行，因为按比例的缩小，对付可以适用；至于单按比例地放大，一定闹得非常地不正确。他就劝我费一点工夫，作一张比较精密的地图，我也没有什么不愿意。他就告诉我说："画经纬度，是一件颇困难的事情。最近各国全是用ㄌㄤㄅㄝㄦ［朗勃尔］的投射法（Lambert Projection），于作横宽的地图时最为适用。为ㄌㄤㄅㄝㄦ［朗勃尔］用纵横坐标（x，y）定经纬的各交点。各交点定后，用直线将各点连起，即可得略近的经纬线。用此法时，有作成的表可以备用，云云。"今天有一蒙古军官，带领三个人来到这里。他自己说他是一个营长，名字叫ㄇㄢㄊㄝㄌ［曼特勒］。小帽，戴眼镜，腰间带许多乱七八糟的东西，极为有趣。

十三日，因为ㄌㄤㄅㄝㄦ［朗勃尔］投射表单位用一，如果作一万分、十万分、百万分之一的地图，即可进退其位数，径直取用；现在我们只能作二十五万分之一的地图，必须将各数用二乘五除一次，才能适用，所以今日一天忙着作它。但是仅作了四分之一，必须再用几天，才可以作完这一步的工作。下午同赫定先生继续谈论。今日下午七八点钟时微雨，即晴；寝时月明如昼。

十四日，夜又雨，今天全天时晴时雨。最高温度十七度。听说京绥路断，张作霖军败种种消息。补作日记。写家信及寄理事会信各一封。打防肠热剂的第三针。

十五日，身体有点发热，不想做事，借得《飞絮》一本，尽一日之力翻阅完，描述心理方面还好。下午同赫定先生谈论。

十六日，热大约已退。借得《冲积的化石》，翻阅一过。此书材料芜杂，如果写作日记体，或者能稍好一点。信差从黑教堂（即ㄏㄜㄐㄧㄢㄊㄤ［赫介奄堂］）回，带来英文《华北明星报》及法文《中国之回声》多张。翻阅一过，知道奉军已将黄河南岸退出，并闻将退至正定。山西已实行悬挂青天白日旗。南军已入徐州，并闻奉军将放弃山东云云。

十七日，继续算ㄌㄤㄅㄜㄦ［朗勃尔］的投射表。天气甚热，下午浴。

十八日。仍继续算投射表。下午黄仲良同庄永成自ㄌㄠㄌㄨㄣㄙㄨㄇㄨ［佬伦苏牟］返。据言ㄌㄠㄌㄨㄣㄙㄨㄇㄨ［佬伦苏牟］（译意当作多庙）似即净州故城，未知确否。仲良找出中文碑一、蒙古文碑一，全有拓片。总之此地系一故城，城即非净州治，亦必属净州，似无疑义。又听说甘肃凉州、甘州各属地震，山丹、古浪受害最重。浴。

十九日早醒，起，继续算投射表，上午算毕。午后雷鸣殷殷，未移时即风雨骤至，帐篷内床上用油布掩盖，仅湿一点。雨稍时即停，将湿物移至外面吹干。

廿日，今日天阴。开始定地图上经纬线交点。黄仲良将复到白灵庙东北王府，谒贝勒王（即喀尔喀右旗札萨克从郡王降封为贝勒者；土人叫他作贝勒王），请其将ㄉㄠㄉㄨㄣㄨㄇㄨ［佬伦苏牟］残碑移至白灵庙保存，并同狮醒再到ㄉㄠㄉㄨㄣㄨㄇㄨ［佬伦苏牟］一趟，照相画图，定于明日起身。丁仲良返。

廿一日天阴，仲良、狮醒因为没有骆驼，未能启行。继续定经纬度交点。午餐后时雨时止。稍眠。继续工作，但风雨愈大，天甚寒，手足皆冷，不得已遂停止工作。晚餐时帐篷内十三度余，外面不及九度，大约今夜温度又要降到冰点下了。

廿二日，昨夜最低温度尚在零上五度。今早晴，但风颇大。十点钟前后，天转阴，风极大，恐有暴雨，将帐篷周围用土或毡条掩蔽，但不过滴几点雨。终日大风，最高温度只有十三度。八点钟后风始止。因天寒未能做事，睡觉闲谈而已。写寄海帆信一封。

廿三日，昨夜甚寒。今日天晴仍有风。起颇早，到南边山上走四五里。回来晨餐后，躺在床上看小说，又睡着。醒后翻阅一点赫定先生的游记。午餐后又睡。精神不振，终日昏昏，殊可笑人。写给兼士、叔平、半农信一封，请其设法派人来到ㄉㄠㄉㄨㄣㄚㄇㄨ［佬伦苏牟］作发掘；如不能，即派人来将找出来的汉、蒙文残碑运回北京保存。在瑞典，每年六月二十四日为夏节，前一晚，全国人到小山上燃火、饮酒、歌舞，以贺日长至。今日晚餐后在住处东南小山上举行。德国人、中国人、蒙古人，有多人与会。登小山时九点多钟。赫定先生有演说。下山时已十一［点］多钟。今日本定黄仲良、丁仲良、龚狮醒明日ㄉㄠㄉㄨㄣㄨㄇㄨ［佬伦苏牟］，但在山上时，听那林说他要于二十六日先同贝格满慢慢地往西走，沿途考察，大家商议一次，以为他们这个法子甚好，遂中止ㄌㄠㄌㄨㄙㄨㄣㄨ［佬伦苏年］之行，决定他们走的时候，希渊、两位仲良、狮醒同他们先走。今日下午四五点钟后风止，但将十二点时，作日记未完，大风又起，无法燃烛，遂寝。

二十四日早起已八点。因寝衣绽线颇长，上午的时间全为缝补所消费。午餐后眠，浴。稍学蒙古话。

廿五日早餐后，到东边闲游，来回约八九里。用国音字母将所记之蒙古字抄出。午餐后继续定经纬线交点，同赫定先生稍谈。下午信差自ㄏㄝㄐㄝ［赫介］回，带回十六七八号《华北明星报》三份，知道张作霖自为大元帅，命潘复组阁；南军已入山东南境各种消息。

廿六日，今日天气甚热，最高温度达三十余度，夜间最低温度也还有十二三度。早餐后开始联经纬线，但因手术不熟，所联之线不甚合适，意兴颇为索然。今日有游行唱戏的人走到这里，外国人要作电影，就使他们演几出。他们只有一旦角、一丑角，所演只有男女调情的事情，词句颇粗鄙，穷极丑态。黄仲良甚为生气，说这种戏南边现已禁止，不应再令他们出丑。我个人的意思，却以为这种淫滥、绝无美术观念的戏曲，将来应该禁止，当然不成问题；但现在既有这种东西，并且在社会上流行颇广，具有相当的势力，我们现在就应该把它完全摄照起来，记录起来，以备风俗学家的研究。晚餐后同丁仲良同看德文，我因为从前学过一个多月，已经学过的字，现虽已忘掉，但再记颇觉容易，一晚即记百几十字。寝时颇晚。

二十七日，昨夜甚暖，最低温度尚有十五度余。今日研习德文。日中最高温度比昨日低。午餐后眠，浴。

二十八日，今日无事，练习德文，下午眠、浴而已。

二十九日，早餐后，希渊、省耕同丁仲良要到ㄏㄨㄥㄏㄨㄚㄋㄠㄠ[弘华脑包]西测量地图底线，约我同去，我因为近日在帐篷内颇闷，遂与同去。去时天气甚热，忘脱毛背心，走到四五里后太热，遂将外褂同背心全脱下，搭在臂上前行。到的时候正午已过，遂午餐。餐后提外褂一看，才晓得毛背心在路上遗失，就赶紧派一个人沿来路寻找，找了五六里，终不可得。时天气骤变，雷声殷殷，恐怕他们要回，他们的测量器具已经够繁重，再加上我的东西更不得了，遂赶紧回测量的地方。到后稍息，天大雷雨，看见西方云少，且有太阳，遂往西行，雨果小，归结外衣裳并未全湿。在草地，四面无庐舍树木，无法避雨，只好避云。希渊、省耕自南三四里处回来，则衣尽沾湿，且言有雹，打省耕手至肿。雨止，到西北方三四里处，有一蒙古包、一帐篷，蒙古包内住蒙古人，帐篷内住五六汉人，全是养马的。我们到帐篷内，请他炖一壶茶喝。据说此地养马，每月每马应出银一角。再往东，则每月每马应出银二角。他们全是代县人，为一归绥商号所雇用。他们并且说，他们常走外蒙古。但今年商帮则非有库伦政府特别的允许，不得入境。东口（张家口）的生意在库伦有分号，全已入境；至于西口（归绥）的商帮则未能进去。他们商号的驮子才过去不多时，还未知能进去否。又返原测量地，省耕、希渊继续测量，我同仲良先回。沿途寻找，无所见。"人失人得"，本无重要，不过我有一个衣箱，前已钉住，本意非到哈密不开，现在恐怕要多开一次，所不同的只有这一点。距住地五六里时，天已黄昏，黄云漫空，飘风骤至，疑将有大雨，遂顺风急走，又走得太偏南，幸省耕对于此方路途颇熟，不至迷路。快到住所的时候，只落微雨几点。到帐篷时，已八九点钟。今日所到地，叫作ㄨㄌㄢㄏㄨㄊㄥ［乌兰忽腾］（ㄨㄌㄢㄏㄨㄊㄎ［乌兰忽图克］的音变。ㄨㄌㄢ蒙古语谓红；ㄏㄨㄊㄨㄎ谓井；ㄨㄌㄢㄏㄨㄊㄨㄎ蒙古语谓红水井也），在ㄏㄨㄥㄏㄨㄚㄋㄠㄅㄠ［弘华脑包］西，去住所约二十五六里。今天所行路大约有七十里左右。归，晚餐后精神尚好，闲谈甚畅。黄仲良说："你们今天走了七八十里，还有这么大的精神谈天！"足见当时的兴高采烈。寝将十一点。

三十日，今日练习德文，无他事。晚，信差从ㄏㄜㄐㄧㄝ［赫介］回，接到理事会来函，言财政部已允许免税并交还所征税。且言蒙藏院公文大约可以办到。翻给赫定先生听，赫定先生甚喜。希渊接到二十一二日的《顺天时报》，时局尚无大变化，不过潘复组阁已成，教育总长为刘哲等事。整理本月账目。

七月一日，今日那林、贝格满、海德、马森伯同丁仲良先行出发。将来继续在大道之北绘图研究。同他们作别。派人到南边民地寻木匠来做植物标本夹子。

二日，昨晚木匠来，今早餐后访问他此地生活情况，将它记起。下午稍看德文。本定希渊同黄仲良明早出发，在大路南面绘图考古，至于那林、丁仲良等则在大路北绘图考古，晚餐后希渊同仲良因误会大为冲突。无论如何劝解，同行必不可能。寝时已两点钟。

三日，仍劝解使二人同行，因为多分一队，势几有所不能，然仲良甚拘泥，绝无转意，因定明日希渊同白万玉、二苦力、二蒙古人先出发,仲良与庄永成再作商议。赫定先生因冯考尔往天津取钱逾预定期已七八日尚不返,心中甚急,决定派一蒙古人到绥远去问,一蒙古人到北京购物,因写信一份给半农,请其筹款代付购胶片费。下午同赫定先生谈希渊与仲良分路事,赫定先生问拉尔生,拉尔生言无蒙古人办不到。晚,因学生购买工作需用物品事,与希渊及学生研究甚久,归结决定将钱交与往京之蒙古人令其购买一部分,馀等斟酌妥协后,再写信到京购买。又写信一封与半农,请其印气象表格,但后又决定缓发。寝时已两点。

四日早,希渊等出发,起,与之作别。颈上生一疙瘩,无甚重要;但因在旅行中须格外小心,遂请郝默尔医生诊视。见他帐中有一法文书,名 Chine et chinois d'aujourd'hui,问之,他说他只看过一篇序文,觉甚荒谬;遂借来掀掀。这本书的大意,总是致慨于洋大人近来尊严的堕落,痛恨北京外交团的软弱,毒骂冯玉祥的伪善和孙文、国民党及中国青年的疯狂。其实他不晓得外交团比他聪明得多,因为他们明白他们自己绝没有再引起世界大战的能力,除了竭力帮助卖国的军阀,绝无他法,他们就尽力去做。他们的方法比此书著作人所想到的方法(外交团全体退出)毒得多。他们因我们的努力,还不见得能成功,然则洋大人的威风,也只好收收了。看他这本书,好像中国的兵只有张作霖的还稍像点样子!!下余的全是土匪,举一斑,就可以看见全体了。下午因为要写一篇《赫定先生略传》,但我知道不清,须要先去问他,随时记录,毕后再行整理,就到他帐内去问。晚餐后,仲良说,听说白灵庙南五十里,有秦长城遗址,想要骑马去看,我就请他探询明白后再作决定。寝时十点多钟。

五日，接丁仲良信，报告发现ㄅㄞㄧㄣㄆㄡㄎㄉㄡ［白音博克兜］山（ㄆㄡㄎㄉㄡ［博克兜］蒙古谓神；ㄅㄞㄧㄣㄆㄡㄎㄉㄡ［白音博克兜］又译言福神），为巨大铁矿。据说："矿质虽未分析，就其外形而论，成分必高。且矿量甚大，全山皆为铁矿所成。此矿为交换作用所成，前为石灰岩，后经潜水中含有铁质者所交换而成。又经岩浆冲出，其他杂质皆气化而去，故其质体极纯。以衡推测，成分必在八九十分以上……全量皆现露于外，开采极易。"然则此地将来要成中国一个很大的富源。他又言彼间古石器亦甚多，云云。复他信一封。决定黄仲良明日到白灵庙南探询长城遗址。下午继续询问赫定先生。晚餐后德国人组织一文学集会，请全体团员与会。开始合唱些慷慨悲壮的歌词，念些文学哲学的名著，以后就本地风光作出许多诙谐嘲笑的诗词，集会极欢。我同赫定先生全有谢词。毕，寝时已将两点钟。

六日，黄仲良因闻白灵庙南长城已南入民地数十里，随行蒙古人亦不愿去，且此长城在驻所西南五六十里也能看见，遂转向西行，省耕同去。定于今日晚回来后，再定以后行止。下午仍接续询问赫定先生。晚寝时仲良、省耕尚未归。

七日，昨晚寝后，大约已经一两点钟，仲良、省耕始归。前几天天气颇热，今日则有风多云，天气凉爽。下午仍同赫定先生谈论。

八日，黄仲良复同庄永成及一苦力往探寻秦长城。希渊有信来，要马鞍、铁锹等事，复信一封。今天把《今日之中国及中国人》翻完，最末《治外法权、租界及会审公堂》一章比较略好一点，因为剩下的全是谩骂，这一章还稍有点实际。但是他一定主张治外法权根据于一千七百七十八年路易十六王的上谕，足见他的自知理屈，无理取闹。路易十六王对于中国绝无条约的关系，他上谕不上谕，与我们中国何与！他这本书最后主张各国同意分据中国铁路及增加扬子江炮舰。这本书是去年出版的，单据他的序文，写成大约在前年年底。他第一种主张不易实行，所以未见采用；万县的炮击，大约就是这一派人主张的实现了。这种办法只能得到两败俱伤的结果，世界上混蛋人的主张大抵若是。下午同省耕闲谈论而已。上午赫定先生所派出买骆驼的蒙古人回来，他们听从绥远来的商帮说，冯考尔等还在绥远买骆驼，大家心中为之一宽，因为迟十余日不返，大家疑惑他们或遇土匪的缘故。

九日，因赫定先生嘱在《汉书》、《后汉书》中寻找关于居延海的事情，就寻找一次，得到关于居延海的事情十余件。下午天阴，雷声殷殷，只落雨数点。晚餐后，冯考尔等从绥远到，大家全非常高兴。接到周养庵信一封，研究所寄来《德英英德字典》一本。写寄丁仲良信一封。

十日，冯考尔交来表二个，内有家信一封，《大公报》一张，甚喜。家信言《北京益世报》被封，故改订《大公报》。《益世报》素不作激昂之论，乃亦被封！听说天津外国兵甚多，想据中国铁路，防止内乱；奉天禁止反对日本出兵的表示，帝国主义者及军阀的末路能倒行逆施若此！但此正足见其日暮途穷，纸老虎已被捣穿，并没有什么可怕的地方。全日整理《赫定先生小传》，未完。

十一日，早餐后到北边走了十几里，蝗虫甚多，此虫第二层翅，白杪黑根，或有红根者，飞起甚可观览。归，尽全日之力完《赫定先生小传》。接黄仲良信一封，言将到南六七十里ㄐㄧㄚㄏㄚ

ㄇㄧㄠ［嘉哈藐］探询一古城，请展期五日，回信请他十五日回。接希渊信一封。

十二日，接丁仲良信一封。写信给半农，请他筹办各事。与赫定先生约定，言信差走后，要开头学习德文，米纶威自愿教授，甚喜。赫定先生想再从瑞典请来一个天文学家、一个言语学家，并多设一气象测候所于和阗河畔沙漠中，并加增中国学生二人，我觉得他的意思可行，遂预备一公函，与之连名请求理事会早日开会决定。

十三日，继续与半农写信，写得刺刺不能自休，殊堪笑人。又与润章、玄伯、子升信一封，云山、子美、中定、玉汝、弼刚信一封，写家信未完。

十四日，今日精神不振，未大做事。省耕、狮醒起身西行，同希渊一路前进。下午读《圣武记》关于新疆各节。接到袁希渊信一封，言白万玉在ㄏㄚㄦㄚㄊㄚㄔ［哈尔阿塔赤］附近寻得一铜箭头，则此地或一古战场也。晚月色极佳，独登东南小山头上望月，继续写家信，告诉季芳说老杜"闺中只独看"之句不如大苏"但愿人长久，千里共婵娟"之有趣。

十五日，再与理事会写信一封，将寄理事会各物全检好。今日天气甚热。将午，黄仲良回来，言在ㄐㄧㄚㄏㄚㄇㄧㄠ［嘉哈藐］南一里得汉古城。城南十里许，南北西三面临河，并有二河贯城，规模宏大。所拾瓦片中一片有字，但未能辨其为何字。我疑或是汉的受降城，仲良则疑为汉稒阳旧城，考《汉书》，此方旧城尚多，未获明证，尚未能臆指其为何城。天气甚热，浴。

十六日，明日信差将到ㄏㄝㄐㄝ［赫介］，作最末次的送信，十九或二十日，即将西行，因将信件整理好，并将第一本日记令蒙古人挂号寄与季芳。寄理事会信亦挂号。读《汉书·西域传注》及《新疆图志》。天气甚热，浴。五六点钟后，大雨数阵。晚，赫定先生来谈，去后再读书一点钟，寝时约十二点。接希渊信一封。

十七日，昨日左腿肚上不晓得被何小虫咬一口，今日痒肿，乃请医生将它用绷带缠起，么魔小物，乃有毒如是！近两天同赫定先生谈及影片事，始知本团影片为李伯冷私人营业，其与本团之关系则将来盈利百分之二十归李伯冷个人，百分之八十归团中。且此间不能洗片，他们颇想寄到柏林去洗。详细考虑，乃知协定中第十五条第五项关于电影片所规定太不完备。此种片应该拿到各处演奏以开民智，以广宣传，理事会只存一份，何能到处演奏？他们所最感不便，则为审查问题。因为电影片愈早出，愈能受人欢迎，审查稽延时日，则影片过时，营业上一定受很大的损失。筹虑再三，乃于昨日向赫定先生提变通办法数条：一、片可寄往柏林洗；二、片洗成后，即寄交北京理事会二份；三、理事会须于接到后五日内审查完毕，即时致电柏林，声明何充何删；四、柏林接到电报后，始得照电示演奏；五、在中国及日本演奏之入款归理事会管理，辅助本团事业，不得移作他用。今天赫定先生同李伯冷商议，并询问洗片一份之价值。据李伯冷说：洗片每公尺价洋三角，一全份约需洋五千余元。每次所作像样的影片，即德国一国亦需一二百份，因演奏时毁损颇易故。又言中国有七份大约可敷用。且言不愿放弃日本云云。最后由赫定先生决定：他自愿捐助我们演奏的影片，多少随我们的意思；在中国的收入完全归理事会；至在日本的收入则百分之二十归李伯冷个人，余亦归理事会。审查则由此间同人合组一会审查登记，将登记簿送交理事会复查。商定后即当将情形禀明理事会请其讨论决定。今日甚热，午后见箱上薄荷锭盒侧有液体，颇为诧异，开盒一看，才知道盒在日光下，盒内薄荷锭全融化了。写给达尔汉贝勒王辞行信一封。继续读《新疆图志》及《汉书·西域传注》。并细读《后汉书·班超传》。

十八日，读《后汉书·西域传》及《南匈奴传》。写给理事会信。写信时，团中一小白羊径来帐内，逐之不去，其母鸣声不绝，彼亦不顾。未几，没有看着，它径上床酣睡，颇可笑人。信差自ᎦᏎᎫᏘ[赫介]回，接到家信一封。赫定先生接到《华北明星报》六七张，最后者至本月十一日。借来翻阅一过，无何大事，惟有徐州会议，南京派对于武汉主张用武力解决，冯派不赞成，主张左右联合云云。

十九日晨，补作前数日日记，写家信一封。整理箱件。午后雨。天转寒。记ᎦᎩᏃᎩ[哈那]河畔的概略情形。稍眠。翻阅万里《西行日记》一过。万里颇有艺术天才，叙述风景处颇佳，其余部分亦好。觉足寒，遂拥被以卧。晚餐前雨稍止，然餐未毕仍雨。此时西方甚亮，颇有晴意；东方有虹，因云不一层，遂有断续。以为到西边小山头上望虹，必更有可观，遂冒雨往登，然登未至顶，回头一望则虹已无有。至巅，西望，日落处有云两层：下层浓黑，上层则为鲜艳的晚霞。初觉黑云北行颇速，细视，殊谬不然。晚霞中有一层上红下灰，横列若河流，北行急速。下层黑云则渐向南移。再细视则黑云上更有一层淡薄黑云，南行甚速；红云上更有一层淡薄红云，北行颇迟。同时同方，有四种方向速度不同的云，可称奇观。红上黑下，层次显然；至红中何上何下，黑中何上何下，则不易明指。疑淡红云最高，薄黑云最低，然亦未敢确定。回帐时外衣及鞋袜尽为沾湿。因气象家要在此地作满两月成绩，今日决定留钱默满、马学尔及春舫留在此地，作满成绩，等八月一日后再前行追大队。作日记后早寝。今日嗽时，觉右胁微痛。

二十日，今早忽梦大壮死，同季芳谈其生平，不禁涕泣，醒时犹有余痛，嗳！这是什么样的噩梦呢！颇想写信告诉他说，后又不能自决。起尚未七点钟。中夜雨已止，有风，至十一点钟光景，天遂晴。稍眠。送信给达尔汉贝勒王的人回来，王回赠点心一匣、哈达一副、椅毡一件，并有一回信，问有北京、汉口、上海的风景片否，甚懊悔出京时未带此类蒙古人最欢迎的东西。午餐后与一切团员及蒙古族兵二人在赫定先生帐前合照一像。又稍眠；终日惰睡，自觉可耻。将《汉书》、《后汉书》内所载关于居延海事，译予赫定先生听。今日因驼鞍皆湿，必须晒干后始能启行，所以必须待至后日。

二十一日早起，检点什物。驼夫把驼鞍全上起来，才知道今天之不能走，并不是因为昨天鞍子晒不干，是因为昨天没有工夫上鞍子；鞍子必须头一天上起，第二天才能早行。随便看一点英文报。午餐后稍眠，翻阅《圣武记》。浴。写大壮信和孙信一封。晚餐时听说明天五点起，六点起行。

二十二日五点钟起。今天将分三队起行：第一队一百五六十骆驼，大宗食物行李全在此队；第二队四五十骆驼，厨房器具、随身行李、大部分团员、科学仪器在此队；第三队一二十骆驼，为氢气铁管等物具。第一队于六点多钟由拉尔生、韩普尔、米纶威帅之起行。第二队至九点多钟，快收拾好的时候，忽见一群乱七八糟的骆驼，有的驮着箱子，有的没有驮，向东乱跑，知道第一队骆驼惊了，蒙古人全骑上马，很快地出去捉骆驼，遂不能起行。登西边小山头上一望，看见些骆驼三三五五地走，有的已被捉住，然预计今天已无起身的可能，乃重将帐篷支起，稍眠。午餐后随便看一点书，七点钟出到骆驼惊处，知离住所约八九里；至则赫定、拉尔生、米纶威、冯考尔诸人皆在。箱件散乱一二里中，然损坏者尚少。未来时，听说赫定先生的装银钱的箱子有两个尚未找到，颇为焦急；至则闻已找到；找到的地方离住所约十四五里。骆驼差不多全找到。稍谈片时，同冯考尔同归，至拉尔生、赫定、郝默尔、米纶威、韩普尔则于惊驼处止宿，其余团员留原处，约明天早晨全移于ㄏㄨㄐㄝㄦㄊㄨㄍㄡㄌ［忽介尔图勾勒］（即惊驼处）至原住所，已九点半钟，餐后稍谈论即寝。驼身体伟大而胆子极小；加之第一队骆驼中有很多二三年中并没有工作的，身健力足。前几天，拉尔生同引骆驼的蒙古族人已经有点发愁，恐怕头几天要出乱子。赫定先生则觉得就出乱子，也好玩得很，常常拿着说笑。并且说："如果骆驼惊走，则李伯冷可能作几张很好的电影片子。"然则今天所遇，并不是意外的事情。可是事情过后，赫定先生一方面固然又得到写文章的材料，并没有什么不高兴；可是另外一方面，因此偶遇，要耽误三两天的路程，并且骆驼箱件是否能完全找到，重要物品是否能完全无损失，全有点成问题，所以他也不能不有一点发急。拉尔生今日提议多雇几个引骆驼的汉人，使他们分开牵引，一个人牵十数个，稍分开一点走，有一群惊，他群还能牵住，不至全团惊走。其实这个意思前几天就有人献议，如果开头就这样做，今天很可以不出乱子，这一点就不能不归咎于拉尔生的大意了。并且今天拉尔生邀李伯冷同第一队走，李伯冷不肯，失了极好的作电影的机会，实在是一件很大的损失。

二十三日，今天早起听说还是要分三小队走：第一队李伯冷主仆及厨房一切；第二队，我们中国人的帐篷行李同科学器具；第三队氢气铁管。第一队出发时已十一点钟，我同皋九、益占、达三步行引哈密（团里养的一个蒙古狗的名字）先第一队往新住所。途中哈密忽向小土堆上用蹄扒土，细看，才知道土堆上有一个洞，它大约嗅到了什么气味，所以去扒。叫它走，它一定不肯走。它扒扒闻闻，扒到好几分钟的时候，果然扒出来一个田鼠，把它咬死，才安心地往前走。走到后，问骆驼，则尚差六个，东西大约已找全。第二队仅我们的帐篷行李，至于科学仪器则改成第三队。氢气铁管只好等明天再来。晚上又找回一匹骆驼。3.988；N.76.30W.（此地第一数目为本日所走公里数；第二数目为本日行路方向：N，北；S，南；E，东；W，西。前N.后W.为从正北向西数。譬如今日所行为西偏北十四度许，故从北向西数得七十六度余，又小数点后并非秒数，乃度的百分数。后仿此。此数目皆据赫定先生的计算）。

二十四日，今日开始学德文，教习一人：米纶威；学生五人：我同黄仲良、皋九、益占、达三。米纶威自愿教我们说德国语，甚为可感，不过我的耳音不灵，学语言时颇增一点困难。午餐后稍眠，醒则西北方浓云如墨，恐怕下雨，大家赶紧把箱件盖好，但并没有下。浴。写给希渊信一封。此地水甚少，走了二里多路，才找着一点可浴的水。抄德文单字。晚餐后稍谈，念德文单字。寝时十一点钟，微雨数点。今日最高温度三十一度，昨夜最低温度十六度，为此地今年夏天夜里的最高温度。今天因为近来虽无病，身上小不适宜的地方颇多，拟自今日起，作一卫生备考把身体的变态全记起来，以备稽查，乃一留神而不合适的地方到处发现，这样的身体怎么样能做事！年已四十，学业无成，而身体又若此！会当竭力谨慎，并作练习，使得壮健。

二十五日，天将明时，大雨一阵。早起，天较凉爽。习德文。下午稍眠，接续习德文。同赫定先生闲谈，他的意思以为我们到新疆时，可劝杨增新立一大学。他说是一个大学，其实是一种我们近来所叫作学院或研究院的东西。有学生固可教授，没有学生，也可以作种种的研究和计划。新疆的气候何若，地质何若，植物动物的分配何若，民族的变化何若，……固可以精详地研究，其他实用的问题，如道路应如何修筑，森林应如何培植，河流应如何利用，矿产应如何取出……也可以精密地计划。如果此种大学能够成立，五年以后，即见成效；十年以后，新疆即可大为改观。他这种意思，我非常地赞成。并且我觉得这种百年的大计，在纯粹学术的和实用的效果以外，还可以有一种政治的意义。因为我们在新疆行政所最患苦的，是人种纷歧；最重要的，是不能使回民认同我们。看《新疆图志》所载，就可以看出办学的困难：一说读经，回民就说，我们自有《哥兰经》可读；一说习历史，回民就说我们自有回教和阿拉伯的历史须习；而最大的阻力就是入学校时的必须拜孔子。这件事情，回民以为叛教，以为大耻，宁愿出钱，而不愿入学"习牌牌子"；归结，天山北路有学生而无款项，南路则有款项而无学生：这虽是清末的情形，恐怕现在同当时，也不见得有什么大差别。实在入学时强拜孔子，是一件最荒谬不过的事情：孔子并不是一个宗教家，我们硬把他奉成宗教家，以抵抗回教的谟罕默德，已经有点不通；并且如果真是想拿中国古代的道理改变回民旧有的学问，那回民所说，确是太有理由了。阿拉伯直接承受希腊的文化，开欧洲近代学术的先河：他们的哲学、文学，绝不在中国下；真正的科学且远在中国前：郭守敬的历法，李冶、朱世杰的数学，皆受回人很大的影响，已足证明阿拉伯文化的优长。像有这样悠久超胜历史的民族，我们就想用若干陈腐的道理，借国家的势力强他们舍己从我；俄国不能成功于波兰，英国不能成功于爱尔兰，我国国力不及二国，而欲成功于新疆，"缘木求鱼"，不足以喻其拙了！我们现在只有一方面多设学校，教授近代精确的学术；另外一方面，在大学中精研阿拉伯及其他古国的文化。告诉回民说："你们自有宗教，自有历史，我们全承认，并且不愿干涉。但是你们固有的文化，是古代的陈迹，并不是现代精确的学问。你们如果不想在现在的时代生活则已，如果还想生活，那你们对于现代的学术就不能置之不问。可是我们所设的学校，就是供给你们近代学术的地方，就是供给你们真正生活方法的地方，与你们的宗教并无冲突，你们尽可安心求学了。至于你们对于阿拉伯的文化尊重，骄傲，固然不错，但是你们对于它是否真正知道？如果不想真正知道则已，如果想真正知道，那除了就近上我们的大学去研究，没有另外的方法。"如果能这样做，回民因文化的需要，三五十年后，或者可以有相当的认同。除了这条办法，我确信并没有第二条另外的道路。所以大学的设立，实在是百年的大计；可是杨督是否能有这样的眼光，那却是无从预计，只好走着再说——昨晚睡时大雨一阵，今晨五六点钟又大雨，所以今日天气凉爽。

二十六日起习德文（以后照例习者略不载）。下午赫定先生想知道中国"大皇帝"（Les Grands Empereurs）的大略，用笔记起，我就举秦皇、汉武、唐太宗、玄宗、明太祖、成祖、宣宗、清康熙、雍正、乾隆事迹的大略告诉他。接希渊信一封，说他们已经找到石器六七千件。现在住的地方，叫作 Gechik。"新火山石类极夥。石器时代之人即在此制造石器。故昨日一日即得二千余件，今日仍源源而来，或可得万余件。"这实在是一件很重要的发现。他并且求赫定先生再给他一部分的伙食；同赫定先生说后，即命学生帮助外国人收拾此部分伙食，并写回信给希渊——今天听说后天行李大队先走，至于人则大后天再走。睡时颇暖，然起风即凉爽。今日写家信一封。

二十七日，起时天尚热，后风起，且天阴，渐渐凉爽。下午风颇大，天冷。写给范莲青、袁国珍信一封。塞拉特（团中所用一蒙古人）从北京回，将他买来的纸本墨水等物分给各学生用。看见人家给赫定先生的报，上载美人 Andrews 自辩护的文章。他开头说我们当时反对 Expedition 一字的不当；以后说中国人从 Anderson 工作以后，才晓得历史以前古物的可贵；如果不然，恐怕再迟一百年，还不晓得，那些东西要腐烂于地上地下；以后又说他所拿往美国的东西，并没有商业上的价值，只有学术上的价值，云云。他所说的第一段，或者有点道理。至于中国人跟着 Anderson 才晓得历史以前古物的可贵，那完全是错误的——他或者很知道，却故意这样错误——因为学术界的人，谁也晓得 Anderson 开头并不是一个考古家。他因为中国古物多，才去考古，开头还闹了许多的笑话。中国人因财力不足，不能寻求，何尝是跟着他才知道考古？他所运往美国的古生物，既有学术上很高的价值，无论何国全不能让它随便出境，也是当然的办法。他这样的辩护，真是强词夺理——因眼皮颇涩痒，乃点一点眼药，早睡。睡时正下一种小雾丝雨。

二十八日，起时仍下雾丝雨。听说夜中较大，整下一夜；我则夜中稍醒，并不知道。天气甚寒。行李队因雨未能起行。下午天渐晴。补作前三日日记。借来《华北明星报》数份，最晚者至本月十九日，翻阅一过，知奉军退至顺德，冯军进至彰德；山东方面则南军退至山东江苏界上；南京、山西、奉天正在谈和，主要的条件，为各守防地，三方合力对付武汉的共产党，奉天承认三民主义，并允许国民党在境内设立等类。并有十七号的露透电，言何健于昨日占据汉阳，本日占据汉口，驱除共产党，未知确否。大约武汉政府势力日渐缩小，俄人已全解职，蒋介石意欲先解决武汉，后图大局，是为事实。寝时已过十二点钟。

二十九日，六点多钟起，则行李大队已出发，共一百四五十骆驼，拉尔生、米纶威、李伯冷及一厨子、一仆人、十余蒙古人、七汉人帅之以行。随便看德文。下午稍眠。浴。拉尔生派二蒙古人归，言今日安行二十五公里。决定明早动身。晚检点东西，寝时约十一点。

三十日，昨晚寝后多时始眠，今早三点多钟即醒，将五点起。起时天色清朗，虽有微云，似无雨意。至八点，全队将完全起身时，天已浓阴。八点半起身时，已微雨。本意走两点钟后再骑骆驼，但雨愈大，故走五六里后即上骆驼。所过地皆平坦，略有沙岭起伏。十二点时雨略停一二十分钟，复下。

两点略过，到ㄑㄧㄣㄉㄚㄇ[岑达莫]，为大队驻地，即止。

ㄑㄧㄣㄉㄚㄇ [岑达莫]，蒙古语三环也。因西有三小山相连，故名。下身略沾湿，到蒙古人帐中向火取暖。雨止。今日雨时为西南或南风，后转西北风，雨遂停止。午餐时已将四点。稍眠，起已七点。天已晴。闻拉尔生说西北方有一种古墓，仲良已往看一次，我同他又去看。西北将二里许有一小石山。山东坡上有石块堆积一片，明为人积；周围约一丈五尺许，南六七尺外有立石一行，皆高尺许。山根又有一片，北立石二。仲良所见共五，然此次我们并未去找。继续向北，有一小河，无水，后闻仍为ㄚㄇㄙㄝㄦ [阿莫瑟尔] 河。过河北，有一小山，上有鄂博。从东方下，则见有此种石坟十余。西北隅有一石块，出地尺余，上已由人工磨去棱角，疑为碑碣之属。归已九点。晚餐后稍谈即寝。24.660；S.76.04W.

三十一日，今日天气甚好，因晾湿物，故未能起身。起借三苦力到昨晚所见的石坟处作发掘。未出发前，先一人独到北边原上，见一大石坟，向东七八步许，有一小坟。返途中过一蒙古包前，只见有一赤足妇人及一小女，将去，后有一人马褂长袍赤足出来招呼，乃随之进去。此人能说山西话，为茂明安旗的蒙古兵，出献奶子茶及饽饽（以面为之。据言用油炸，然无多油味），意甚殷勤。归同仲良、达三、庄永成及苦力四人往作发掘。先掘若碑碣之石块，约二三尺，即完，并无字迹及花纹。外掘坟二：一为长方形（长方形者，所见惟此一个），在东北方；一为椭圆形，在西。长方形者，上去土石一层，下有石灰质，大家以为大有希望。归，午餐后，稍息。听哈士纶说：ㄎㄚㄗㄌㄛㄈ [卡兹洛夫] 掘七公尺后始见物。预计今日顶多能作七八尺，明天大队又必须启行，想留仲良同庄永成留此地继续作几天。正在商议间，有一人持片来，名为登的圪，头衔为乌兰察布茂明安旗二品顶戴。据言即住在西边鄂博下的蒙古包中，来问候，并请不要"掘他的地势"。以为他要干涉，乃请仲良同塞拉特去同他交涉。到山上去看发掘，地性甚紧，不像从前曾经动过，已有舍弃的意思。仲良等回，据说他非常客气，他说："如果你们一定要发掘，再比我们势力大的人也不能阻止你们。但是我们在这里住已经多少辈，前几天几个外国人（指那林一队说）在这里过，取了鄂博上几块石头，我们的羊死了三个，人病了一个。所以请诸位给上头说，多加好言才好……"听罢，心中颇为凄惨，他们的迷信无知识固属可怜，然而因我们这点研究，搅扰人家安平的生活，总觉得有点过意不去。天色已晚，发掘无希望，乃决意舍去。本意想到鄂博上看一看，然终不去。归，接到希渊信一封，知道他们在这南边一二十里的地方。

八月一日，夜睡不佳，五点多钟起，闻达三听郝德博士说因经度偏西，钟点应往后错一点（此后所记皆按新钟点）。六点半钟启行。今天所走无大山，然地势渐高。山石如卧羊、如伏虎，疏疏落落，极饶兴趣。骆驼惊四五个。过ㄗㄚㄏㄚㄏㄚㄉㄚ [匝哈哈达]，其地有一蒙古包。沿途甚多石砌方池，内有乱石，四角不合，亦未能盛水，不知何用。地名ㄏㄚㄋㄧㄗㄚㄏㄚㄗㄉㄠ [哈尼匝哈兹牢]。ㄏㄚㄋㄧ [哈尼] 蒙古语谓羊；ㄗㄚㄏㄚ [匝哈] 即汉译之察罕，意谓白；ㄗㄉㄠ [兹牢] 即汉译之齐老，意谓石。因山多白石似羊，故名。又前进至ㄏㄚㄋㄧ [哈尼] 河，十点二十分即止宿。今日行将三十里，步行十五六里。驻地前有小河，河身石颇多，水极少，然甚清。水向南流，闻南入黄河。蒙古地见流水，以此次为第一；水中小鱼颇多，心中畅然。午餐后稍眠。起到河边一游，河边有土房三座、蒙古包一。蒙古包中所住为归化派来收骆驼税者。至土房中，则皆为山西人，在此卖米面草料等物。因此地为一大道口，所以生意还好。此地属乌喇特"东公旗"管地，从前年起，已开放。前两个月每元可买面二十斤，现因天旱，每元只能买七八斤，且不容易找到。这一切全是一个代州做生意姓安的告诉我说。晚餐后骆驼又惊，走失两个，派蒙古人往找，不知明日能起行否。接丁仲良信一封，言因苦力事，与那林颇有困难。16.200；S.66.04W。

二日，今晨蒙古人未返，未能起行。派人到希渊处，告以将速行。出，沿河向南行，河下游仍无水。见有一井，并有庄户耕田。所种为麻子、番薯、谷、稷等物。闻种已第三年，或因旱，或因匪警，现尚未收到粮食。耕作者七八人，多正定、藁城县人，租地两顷，期限二十年，价洋共二十元。有一老人，吸鸦片烟，大约为地主，并无妇孺。归又同皋九、益占、达三等同往观。此田作人为达三邻县人，情意颇殷勤。午餐后稍眠。接希渊信一封，言得陶器正在发掘，并言今天想来一趟，不晓得能找着马否。整理上月账目。到南边走四五里，见开垦地颇多；种有菽麦、油菜等类。归则耽误了德文功课。郝默尔医生来谈，言明早想到田家田地去看，请一学生陪他去，乃请皋九同他一块去。今早黄仲良到西边四五十里处寻一古城，返时十点多钟。据言城墙除西面稍低外，余三面皆尚高丈余。城门何处尚可看出。有一河贯城内，现已无水。城西里许有一河，尚有水。所可异的，是城留如是之高，而城内房屋街市的遗迹一概无存。现此地有人垦种。仲良等小作发掘，得陶片若干。仲良据此陶片，猜想为北魏或唐的古城云。寝时天阴。

三日，晨四五点钟时微雨，旋晴。六点半后起身。地有陂陀起伏。将十里许，地名ㄍㄨㄦㄏㄨㄉㄨㄎ［戈投尔胡杜克］。ㄍㄨㄦ［戈投尔］蒙古语谓洼地，ㄍㄨㄦㄏㄨㄉㄨㄎ［戈投尔胡杜克］谓洼地中有井。地有包头人在此卖米面草料者。到此地时前队骆驼又惊走几个，蒙古人往寻骆驼，余驼亦均将行李卸下。又前行十里许，地名大石头，蒙古人则名ㄕㄉㄚㄅㄉㄚㄎ［什拉博拉克］。ㄕㄉㄚ［什拉］即汉译之西拉，意谓黄；ㄕㄉㄚㄅㄉㄚㄎ［什拉博拉克］可译黄水泉。亦有包头人卖料。此二地皆有妇女。再前行，郝默尔医生从后至，言后队全好（因惊骆驼前队已改成后队）。再前有地名二搭股、四搭股、六搭股，皆合股在此地做生意者，因股份的多寡以为地名（六搭股蒙古名ㄊㄚㄅㄨㄇㄨㄊ［塔布穆特］，ㄊㄚㄅㄨ［塔布］意谓五，ㄇㄨㄊ［穆特］意谓树，译言五棵树）。再前入山，不高峻而曲折甚多。ㄕㄨㄏㄨㄥㄊㄞ［祖弘泰］河（非蒙古名，或汉语"朱红带"的讹音，亦未可知）萦回其间，有水，过来过去，次数甚多，疑为数河并流。内有一人家卖料。过此则不复见人家。出山为ㄇㄝㄉㄥ［蔑棱］河。此时已下午三点钟，大家觉得可止宿，然前队已行，只好跟随前进。五点多钟浓云如墨，霹雳怒吼，电光火流，黑云似破。不多时雨。乃下骆驼，穿上雨衣，用油布将行李盖好，自己牵着两个骆驼，慢慢地前进。此时饥烦全忘，意气横发。当此等壮美的天气，有几个行人在此广漠辽阔的黄沙碧草的上边，引着几个忠实的伴侣——骆驼——向着暂时的目的地前进——人类何种目的地，不是暂时的呢——而此目的地却仍在前途苍苍茫茫之中，这是何等的景象！雨不甚大。六七点钟至一地，止宿。此地平阔，但得水颇有困难。餐后九点钟即寝。今日步行将及半。拉尔生等压行李，天晚不能及大队，宿于ㄇㄝㄌㄥ[蔑棱]河。40.660；S.76.3W.

四日，昨夜一觉睡去，无梦；醒来天已六点钟。问地名知为ㄚㄅㄨㄉㄦ[阿布德尔]，或名ㄚㄅㄨㄉㄥㄊㄞ[阿布登泰]。ㄚㄅㄨㄉㄦ[阿布德尔]，蒙古语谓箱，ㄊㄞ[泰]意谓称，因住地西方三四里处，有岩石突起如二箱，故名。住地北山下有一庙，蒙古名ㄅㄡㄉㄏㄣㄉㄧㄣㄙㄨㄇㄨ[博勒痕迪恩苏穆]，汉名佛爷庙。昨日郝默尔往观，则庙门全锁，无居人。闻北分队的住地离我们住地不过二十里，乃定于九[点]钟启行，拟与分队相合。行李收拾完毕，先步行往箱石处，至则黄仲良先在上。登高四望，二石丘孤立，周围为略有起伏的平原，远山如屏，极畅心目。仲良下为我照一相。下，同至大路，又稍走二三里，乃停下等骆驼。骆驼动身时实为十一点。时已十二点，稍食饼干及水，继续前行。乃走至四点光景尚未到，后队骆驼七十余又全惊走。下骆驼力牵，我们所骑，幸得不惊，然不能前进。过一时许，生瑞恒骑马来过，据说他们的驻地离这里只三四里地。昨日大雨雹，雹子大逾核桃，帐中物尽湿。井被沙淤，故大队过此，不能驻，已继续前行。闻十里外有水，但也许在二十里外。如天太晚，可到彼驻处住，因三四里外尚有井能取水。又等一时，太阳将落，乃命王殿臣留此，看守大队箱件，苦力引骆驼先行。到北分队时，天已定黑，遂止宿。地名ㄙㄧㄌㄊㄨ[思力图]，ㄙㄧㄌㄧ[思力]蒙古语谓山梁，ㄊㄨ[图]谓土。地北倚山根。今日所行地北有连山，不高峻，时有断续。寝时颇晚。今日我国学生已随前队至哈柳图河，所以骆驼惊时无多中国人招呼，马森伯因自己太忙，精神激动，疑中国人懒惰，对我话颇无理,严辞斥之。他不久也知道,自己道歉,自然也就没事了。

五日早起,有人到大队去,乃写一信请学生等查考大队中中国团员的箱件号数,以便核计有无损失。十点多钟向大队启行。一点多钟过一大河,大队即在河右岸高冈上止宿。河名ㄏㄜㄉㄧㄡㄨㄊㄞㄍㄨㄡㄌ[赫留乌泰勾勒],即旧图中之哈柳图河。河水量颇多,亦因雨后。与赫定先生谈论团中事宜。团中厨役仆夫在驻地拾得瓦片甚多,按花纹,当为汉代无疑。又发掘得一鹿角及余物。在地面拾得五铢钱二,轮廓字迹皆完整;尚有半个。河边有两蒙古包、一帐篷。晚餐后往视,则住者亦为汉人卖草料者。据言彼等是很老的生意,在此卖草料已有七八十年。前些时有垦务局委员来与"东大公"商议,将其属地开放,东大公不许,现正在相持中。哈柳图河上流甚远,彼等所知尚有百余里。至源出何所,彼亦不能知。下游过乌兰脑包,入民地。至是否入黄河,彼亦不知。……自ㄚㄅㄨㄉㄦ[阿布德尔]至此共38.595;N.80.7W.

六日,夜中睡醒,闻那林来到。今早北分队全来。因昨日受赫定先生命令前来,晚不能至,遂驻队露宿(夜中甚热),故今晨甚早即到。借得数苦力在住所附近作发掘。黄仲良则同皋九、益占转回到来路二十里处观古烽火台。写一信与东大公(官名ㄉㄞㄊㄞㄉㄚ[岱台达],不知何意),请其派一熟悉地理及水草之人来引路,并请其代雇几个熟悉骆驼的人。到那林帐篷,则赫定、郝默尔及北分队队员全在那里会议将来工作事宜。商议许久,决定那林和海德的三角测绘(La triangulation)将来至三德庙为止:因照原来计划,制至噶顺诺尔,则需时太多,时间不敷;如至此即止,则又太不成段落,所以取此折中办法。又决定派人至希渊处,请其一人独来,会议工作事宜。因写一信与希渊。午餐后稍息。发掘结果得一坯筑小台。初疑为砖制屋前小土阶，后细察，始知非砖，乃系一种黑土所制坯，其质甚坚。或为两层，但上层因不小心，疑为经火烧之焦土弃去许多，只剩一两块。下层则甚整齐，共十余坯，两列。周围有"⌐"形瓦甚多，高寸余，一侧长三四寸，一侧略短，四块对起，可成方形。发现之初，不甚留意，随便取出。后注意其原来位置，特留三四组，审慎扫出，则亦似对非对，未知何用。内时见黑灰，疑为炉属，但找不出显明证据。外发现铜箭头、铜䂿、小儿泥制兽各物颇不少。仲良等返，言春舫等后队已至ㄙㄧㄌㄧㄊㄨ［思力图］住宿，明日可到。

七日，昨夜梦游一园。内惟有重重石山，出园后门则巨树黄叶，秋光宜人。门上有一四字匾额，为一潦倒终身之一小名家所书。匾为纸制，已有破裂，醒时尚记三字，现在只记第一字为"而"字。梦中若谓此园新开放，风景佳胜，回头当与季芳同来一游云云。早起送拉尔生率行李大队出发，天微雨。今日仍继续发掘，又得铜箭头及鹿角若干事。将午，接春舫来信，言彼地石器陶器甚多，请派人去采集，并送来旧瓦数件。赫定先生亦接马学尔信，请求在彼地再住两日。赫定因此等瓦片系最近时物，无大价值，回信命其明日早来。黄仲良正在监视发掘，无人往采集石器，问学生中是否有人愿往，终亦无人去。今日因后队及希渊皆尚未到，故又将行期暂缓一天。全日时雨时止，然皆不大。借得《华北明星报》一观，最晚者至上月二十四日。无甚要事。大约南、北京和议不成，南京并宣言议和系谣传，绝无其事。何健在武汉驱逐共产党事似真，然又有人谓共产党与俄人全聚在张发奎军中，系一种策略，谋与蒋介石血战云云。

八日，今早起时太阳刚出，遂携一本德文文法，向北出游。看见北山不远，想不过五六里，又见山根有庙，遂欲到庙内一游及登山一望。然山根实距驻所十二三里，走了两点多钟的光景，才走到庙前。到时想到腰中一个钱没有，且时候已晚，遂不入。看见偏东山上有树，遂向东行。过一干河身，看见一个帐篷，有一蒙古仆人、一汉人仆人、一蒙古人、一蒙古喇嘛。问他们，知道他们是从阿拉善来将朝五台者。此蒙古人带两仆人，携有枪械望远镜等物，衣饰鲜明，当系富翁。入彼帐中稍息，进酪浆、点心，意甚殷渥。辞出登小山，石路险峻，石中间生树三十余株，皆系榆树，大者可三四把，高不逾三四公尺，皆在山阳，如果有人经营，很有可望。归途过一蒙古包前，一犬极凶恶，幸有手杖，不至为所咬。今日仍继续发掘，结果与昨日相似。将午后队到。春舫拾得石器颇多，佳者不少，并有一石酒杯。但此杯底座纯为近时式，恐年代不久。下午稍眠，希渊来，言其南分队明日可到此地。决定明日起身，南北分队稍留，仍继续以前工作；并留黄仲良、庄永成等继续发掘两三天，再追大队。晚餐后与赫定先生、黄仲良、希渊继续谈论，寝时已两点钟。

九日五点钟起，八点半钟启行。途中遇蒙古包甚少，左右皆有小山。下午一点多钟至一小河边，止宿。地名ㄏㄥㄍㄦㄜㄍㄡㄌ［亨戈尔厄勾勒］，水咸。晚，月色颇佳。补作前两日日记，未完，风起，遂寝，时将十一点。今日，步行五六公里。甚困乏，午餐前后睡两次，约两点多钟。18.900；N.71.W.

十日晨，微雨。起时六［点］钟。未几雨止，八点一刻启行。

今日道右陂陀起伏，道左小山连绵。道左有一庙，名ㄅㄝㄧㄥㄨㄇㄨ[牒津苏穆]。四点钟至一地，南北皆有小山，中为一干河道，止宿。地名ㄍㄜㄕㄚㄊㄨ[戈沙图]。今日步行十公里许。晚，月光极明。有二商帮从蒙古札萨克图汗返，亦宿此地。问之，据言去的商帮简直不能进，即回来的商帮，万元的货几须出税金万元，生意无法做云云。睡时十一点。32.070；N.78.4W.

十一日起六点钟。商人中有一庄姓患腿疼，请郝默尔医生诊视，诊视时，郝默尔请我作翻译。疗治毕，郝默尔想知道这种病与天时、食物的关系，久之，不能得要领。因为这种病与普通的痿痹（Le Rhumatisme）不同，病症为牙疼，至于普通的痿痹则与牙疼无关。郝默尔确信此种病由于食物中缺乏生命素（La Vitamine）所致，所以总想设法问出此病与食物及天气的特别关系。至于商人虽也知道牙疼的不同，然而总是与痿痹相混，他们有一种成见，说它由于湿气或寒气。他们不说他们所亲眼看见的，却说他们所相信的，所以终于不得要领。八点钟起身，路两边全为陂陀起伏。先向西行，后向西北行，此为向外蒙的大路。良久，始分出向西南行。一点半钟进一山口，左岸峭峻，右岸稍平；中有一小河，河上绿草如茵，风景颇佳，遂止宿。地名ㄇㄨㄦㄏㄜㄎㄧㄎ[穆尔赫奇克]。然此地如遇暴雨，当危险不小。今日步行约十一公里。用茶后眠。起，登到右山上一观。山谷甚短，东南除对面一岭外，山势已尽，至西北则为连山。对面峰比我所上的山略高。我上的时候，达三同郝德博士在对面山上，隔谷声可相闻。据郝德揣想，对面山高处约七十公尺，则我所登处当有六十余公尺。晚餐后稍谈，稍看德文，作日记，寝时已十点半。今日天气甚好，但晨起时已有秋意。21.435；N.87.06W.

十二日，天明时闻雷声，即赶紧起。雨大至，催王殿臣及学生赶快收拾行李，因如果行李收拾好，即山水至，尚可将行李移至高坡上，或赶紧上骆驼，移出谷中；至谷中则危险颇大。幸雨一阵即止。七点三刻起身。出山后则左右只有陂陀起伏。望见西方山根有一庙颇大，蒙古名ㄅㄥˊㄅㄣˊㄇㄨㄇㄨ［崩奔苏穆］。闻前些年庙产丰富，喇嘛数百。近四五年连年亢旱，牲畜无牧草，喇嘛只余三四十云云。又进则道左颇有峰峦。十二时许入山，两旁怪石巉岩，路渐上渐高。一时许，路渐平，山势豁开，石亦渐稀。后又略下。山名ㄏㄦˋㄝˋㄋㄦˇㄛˋ［赫尔耶讷尔喔］。将三点至一干河边，止宿。地名ㄉㄛˋㄦˋㄛˋㄅㄨˋㄦˋㄐㄧˋㄣ［多尔喔布尔津］。稍息。后又到附近山上一看。山无峰峦，无突出，而乱山起伏，势颇雄伟。六点余，微雨一阵。晚风颇大，月光甚好。今日步行约十五公里。途中遇几商帮，皆从宁夏往绥远贩鸦片者。此种病民巨蠹，如果冯玉祥终不能禁，势必步各军阀之后尘！如果国民党不能决意禁止，不久也要为国人所唾弃！寝时约十点钟。

十三日，昨晚听说行李前队驻地离本队驻地不过六七里。今早八［点］钟起身。地势较平衍，然山势未尽，时有大石突出，点缀风景。十一［点］钟山势尽，时见远山，亦无高峻峰峦。两点多钟过一干河身，有井，地名ㄅㄝˋㄦˋㄚㄙㄥˊㄏㄨㄊㄨㄎ［牒尔阿僧忽图克］。南山边有一庙可望见，名ㄗㄅㄠˋㄅㄝˋㄙㄨㄇㄨ［兹佬牒苏穆］，译言石庙。四点半钟，至ㄏㄚㄦˋㄚㄊㄡˋㄦˋㄡˋㄍㄚ［哈尔阿投儿欧嘎］（译言黑头，因北有一小山，石黑，故名），止宿，与行李前队合。闻离三德庙不过百里，后日可到。晚餐后同学生到黑头小山上一游，回，闲谈，寝时约十一点。今日步行约十八公里。黑皮靴底已经磨穿。

十四日，今早尚未五点钟，即听见马学尔在帐外说话，并叫ㄧㄡㄦㄉㄚㄕ［尤尔达什］（团中所养犬名），继闻手枪二响，心颇警戒。细听，不像有什么强盗，遂不起，然从此即睡不着。早起后问马学尔，据说此时有一野犬，入彼帐中，偷喝他为ㄉㄧㄎ［迪克］（他所养的一个小獐子）所预备的牛奶，并追咬ㄉㄧㄎ［迪克］，使它受伤。等到他起来追赶，这个野犬还不肯走，等放了两枪，才逃去云云。八［点］钟起身，行十四五里，至一干河身，西岸有几个蒙古包，皆为汉人卖草料者，地名ㄐㄧㄚㄘㄍㄢ［嘉茨干］。以为应往西行，后知错误，复返东岸。又行十余里，路两旁有小山，中有流水，名ㄘㄚㄏㄢㄍㄡㄌ［察罕勾勒］（蒙古语音颇不清，此ㄘㄚㄏㄢ仍为汉译之察罕，意谓白）。路傍河畔行，风景颇佳。三点多钟至一地，名ㄐㄧㄚㄇㄧㄣㄏㄨㄊㄨㄎ［嘉闵忽图克］，止宿。晚餐后同学生等到东边鄂博上一望，颇有千岩万壑之趣。归，坐箱上待月出，意趣幽远。但月出后不久又被云蔽。昨日将钥匙遗失，今早派王殿臣同一蒙古人返寻，下午十点多钟始返队，并未寻出。今日步行八公里。24.810；S.43.99W，

十五日，八时起身，今日全在山中行，一路上下。下午二时半至一地，名ㄏㄚㄦㄚㄡㄅㄡ［哈尔阿欧博］，止宿。稍休息茶点后，因前见此地不远有树，想去看看，遂出。同行者皋九、益占、达三。然所往看之树，又非前所见之树。前所远望者为一株，往看者为三株，在一枯河身中。树为榆，粗可四五把，益占照两片相，望见一鄂博不远，遂往前进。然层叠甚多，至顶时天已六［点］钟。

一望气象甚伟，东北层山，西南平原，望见平原上有树二三十株。因天晚路远，急下。至驻所时整七点。鄂博高，以余度之，约有二百余公尺。然皋九断言不及百公尺。拟明日请狄德满用仪器一测。今日两次雨，然皆只数点即止。步行八公里。上鄂博往返约十二三公里。22.005；S.52.53W.

十六日，今晨狄德满的仪器已装起，无从测量，但郝德博士臆测为百四十公尺许，或有理由也。起身时将九点。地势与昨日相似。道左有鄂博，名ㄑㄚㄏㄢㄨㄅㄨ[察罕欧博]。正午刚过，抵一大干河身，旁有蒙古包颇多，皆为汉人经商于此地者。又前登高阜，行一二里，则大队已止宿，遂止。此时风颇大，方幸到早，然帐竿在后不至，不能搭帐篷。等到两点多钟，后队始全到，搭帐篷稍息。前队到时，已派蒙古人带骆驼去驮水，久候不至，虽欲洗脸亦不可能。过四点钟，负水者始返，才能洗脸喝茶。此时风愈大，黄沙满目，视线不能出十数丈以外。学生的帐篷同我的帐篷相邻，我从他们的帐篷回时，沙石击面作奇痛；从前在书上见"飞沙走石"一词，总以为石何能走？今日乃真见到！晚餐时，风力稍减，沙石已止，天气甚寒。九点钟即就寝。今日步行一公里半。驻地前距三德庙尚有二公里余，隔山未能望见。数欧人曾冒风往游，兴趣真可钦服。三德庙也写作"善丹庙"，蒙古名ㄅㄞㄧㄙㄢㄉㄚㄇㄨㄣㄨ[白音三丹苏穆]。ㄙㄢㄉㄢ[三丹]，蒙古意谓大泉或小河。ㄅㄞㄧㄙㄢㄉㄚㄇㄨㄣㄨ[白音三丹苏穆]可译为富泉庙。14.960；S.57.76W.

十七日，睡一二时后醒，觉身畏寒，已有伤风意（时铺盖颇厚，且帐中温度非甚低）；且风入帐内，吹头觉冷，悔来时未戴睡帽，乃蒙头蜷身而睡。又醒则身上非常难过，乃叫王殿臣起，去请郝默尔医生。此时欲呕，复止，身上出汗甚多。未几，医生提灯来，则汗后苦痛已大减。医生问病源，我告诉他说，近因大约系睡时稍受一点寒，然近几天内，胃力消化不良，与受寒想有密切的关系。测验温度则三八·四；脉搏逾八十。医生乃命服麻子油二小匙，十五分后，又服药二片。时已四点多钟，未几即又沉睡。醒时已八点，觉身子好得多。风已全息，天气极佳。将九时起，往泄一次。到郝默尔处诊视，则温度已低至三七·八，但脉搏尚在八十以上，医生谓此因才出恭后疲乏，嘱服药后卧床静养。酣寝数时，醒后赫定先生来问病。郝默尔来，诊察各处，谓肺脏心脏全佳，外感即可全愈。下午又出恭一次，与平时同。晚觉痊愈，再试温度，则已恢复三十七度，早寝。

十八日，今日痊愈，恢复平时温度，不过胃力觉弱。上德文课。然自前晚起，左脚大指内溃烂流水，今日学德文时，颇疼，故精神极不聚。午餐时赫定先生不在，问人，始知他也病了。往问，知道他昨夜呕泄数次，今日虽止而胃极不舒，绝不思食。返，稍息，同益占出到北边一二里处蒙古包内。将出时，见西北方有大飓风将至，且恐有大雨，急回帐篷，将东西盖好。风忽南忽北，雨不过有数点，移时风止始出。包中住代县的铜匠银匠六七人。做佛像、供器、佩饰各物。然亦兼作驼毛及其他买卖。二包相通，外尚有极卑之土室，为夏日做饭之所，因本地不许盖房，即此卑室，建筑时也尚有困难——闲谈许久，始出。到附近小鄂博上一望。归后，达三等约往游庙，我因天晚不去，他们也不至而回。晚餐时听说明天仍前队先行，大队再休息一两天。

十九日，昨天夜里，又走失了两个骆驼，所以前队仍不能出发。脚总不好，只好请医生看一下。他给一种药粉，敷上，蜇得甚疼。稍寝，晚餐时疼始止，故终日不出。骆驼找回一个。今日因黄仲良未到，再给他留十天饮食，并写信一封，请他赶紧追大队；交给此地商号，请他代交。

二十日，上午将十一点，同春舫同出到东北一二里处有蒙古包处一游。此地有蒙古包一二十座，皆为汉人经商于此地者。三德庙附近虽尚有商铺散处，而此地则为其最重要的商场。我们进去两家。第一家号名"同心西"，为此地最殷实商家之一，已在此地经商四十余年。他们的生意以放款为大宗，年利三分。至其商货，似不甚多。第二家号名忘记，为从同心西分出之新生意。货品皆在包内陈列，不似同心西的不见货品。所陈列大约为蒙古人衣饰所需。中间烟具横陈，带烟包坐在旁边的，大约是他们的掌柜了。此间最殷实的商家为"同心西"、"天议长"、"永盛厚"三家。据学生们说："在这三家全没有看见烟具，其他各家则多有烟具。"据此也可以看出鸦片与国民生计的关系了。午餐后，在赫定先生帐内听话匣子内欧西音乐歌唱。我对于音乐一点不懂而极爱听。现在在此蒙古辽阔无边的草地上面，忽然听到各种优美的音乐，不禁令人神往，也不能知其所以然。与学生四人、能说蒙古话的拉骆驼者一人同出，到三德庙一观。庙在一山坡上，高下错综，远景甚佳。房屋多于昆都仑招［召］而少于白灵庙，纯为西藏式。前二庙门上皆有满、汉、蒙、藏文合璧的匾额，此庙匾额上只有藏文，中间尚有数字，是满文，抑为蒙文，我却分不清楚；但似一种文字，或专系蒙文，亦未可知。正殿内画壁中间为一释迦牟尼之大佛像正座；左右下有各种手印及坐像不同之小佛像环列。左右壁十数幅皆大同，不过大佛像手中法器略有不同。共参观二殿，出遇一蒙古妇人，头上戴一红缨帽，颇有意趣。益占想给她照一相，叫会说蒙古话的拉骆驼人给她说，她也愿意。及照时，她却伸舌，扒眼睛，装鬼脸；后又夺得一旱烟袋，衔到口中，两手插腰，作种种怪像，极可笑人。到庙前里许之鄂博上一观。此鄂博下有圆座，圆座上周围可行人，中有一半圆顶，上有各种树枝，有一枝上悬有一径八九寸之小白伞。下四隅列小石堆四行，极为整齐。树枝上挂哈达及印藏文之布块甚多。春舫将印藏文的布取下两块，皋九取下一块，归备风俗学者的研究。回驻地，则黄仲良已由哈柳图河来到。他说在那边继续发掘五天，归结共得铜器七十余件，铁器一百七十余件，牙器二十余件。然所发掘地东西南北皆不过数公尺；如有时日得全体发掘，其成绩当更有可观也。

二十一日，见赫定先生，问病，则昨晚增剧。据医生说是肝病，因为肝上常有石质小块坠下，此次坠下者块较大，存留于通道中，所以昨夜感到非常痛苦。现虽觉愈，然非静养四五天后不能起身云云。赫定先生因日内尚不能起身，因派韩普尔同钱默满到东南方百二三十里处善坝堂（地有比国天主教堂）购食物及新鲜果品，并测量驻所离黄河的确实距离；派益占、春舫与之同去，且为翻译。决定明天拉尔生同郝德等六人明日先行，到噶顺诺尔，筹设气象测候所；我国团员则黄仲良同达三与之同往。请仲良写一请关卡放行执照。寝时甚晚。

二十二日，今早六点起，看前队启行。外国团员除拉尔生、郝德外，尚有米纶威、狄德满、李伯冷、冯考尔、华志五人，我国团员则黄、李二人。留此地者除我同赫定博士外,尚余外国团员三人、我国团员一人。赫定先生亦起看启行,问我是否要再睡,我答以俟午餐后再睡;可是他们走了以后,我回到帐篷里面,一点事情不想做,躺到床上,一觉睡去,差不多睡了两点钟才醒。午餐后将《汉书》、《后汉书》、《晋书》、《隋书》、《旧唐书》中的《地理志》及《西域传》检出,翻阅。天气甚热。茶点后,在赫定先生帐内听音乐歌唱。晚餐时天气极佳。此时四周同住所一切寂静,始感到广漠草地的从前人多时从未感到的真趣。我有一点怪想:以为如果有一个大音乐家,对此情景,一定能写出很好的音乐。其实此地除了风雨,还有何声?流水声?没有!鸟声?没有!虫声?除了蝗虫的ㄓㄓ[吱吱],别无他声,并且连此声现在也没有!然而我此时的感觉,确是如此,也可谓奇异了!

二十三日,今日天阴,天气颇寒。随便翻阅各史的《西域传》。茶点后,仍听音乐于赫定先生帐中。是时天已渐晴,由帐门中望见东南方小山上的天尚阴沉,而山色鲜明,景物颇佳。不久又有一人蓝衣、一喇嘛红衣;二人所骑,驴耶马耶?远莫能辨;然二人约距丈余,款段前行,远衬山色天光,居然一幅极美丽的画图。未几,天色转青,似当更美,然行人过去,意趣似失;此意我能知之而不能言其所以然,可谓笨材。虽然,美丽是直接感受的东西,并不是能讲解的或可以推理得来的东西,我或者可用这样的话解嘲么?早寝。终夜风声甚厉。

二十四日,终日翻阅《西域传》,无别事。晚借赫定先生的《通报》一册,翻阅一遍。内容系伯希和博士对于ㄏㄩㄎ[胡克](Pere Huc)《拉萨游记》的批评。ㄏㄩㄎ[胡克]虽然真到过拉萨一次，不像ㄆㄦㄗㄝㄇㄎㄚㄌㄙㄎ［颇尔兹耶瓦勒斯凯］所说完全臆造，然而他文学的本领大，真实的兴味低，并且以耳为目，说些不可能的事情——比方说，蚕子有磨盘大——伯希和此篇，据极可靠的史料层层批驳，实在是一件很有价值的文字。寝时十一点。

二十五日，今日天气甚好，正午甚热，仍随便翻阅《汉书》数卷。赫定先生已痊愈，明天将移驻所于庙前，等韩普尔诸人回来，同时西行。

二十六日，今日十点钟午餐，然行李整理甚慢，起身时已一点多钟。到庙前止宿。所行路 3.270；S.38.45W.庙前山上风景较佳，为移驻重要原因之一，然到庙前时，据说庙四周之山皆系圣地，不能在上搭帐篷，只好在庙前很狭隘的低地止宿。驻所离庙近，喇嘛成群来到帐里，看东看西，大家全有点厌烦；赶他们呢？则此地风俗，客来不问识与不识，均可茶饭住宿，我们虽不能留人居住，然亦不好太无礼也。饮茶后，同赫定先生、哈士纶同到庙里拜访大喇嘛。通报进见，彼坐一小室中炕上，并不起座，且现迫惧的状态，我们也只好出来。哈士纶说另外管事的喇嘛（大喇嘛下有ㄉㄧㄝㄇㄨㄕ［迪诶穆什］，再下有ㄎㄙㄍㄨㄟ［客司饭］）颇懂事。去找他们，他们一个说到乡下去，明天才能回来；另外一个说在前面作佛事，必至日入始完。我们在殿前阶上稍息，殿门紧闭，内有喇嘛念经，殿外炉中（状如平常所用手炉）焚一种草末，臭颇难闻。据随从的蒙古人说，这或者是因为我们来，特别被除不祥，亦未可知。但他的经念毕，允许我们进殿——内只有一少年喇嘛，即午后曾到我的帐中，颇能汉语，我给他两块外国糖，他欣然接食者也。殿中画壁,每幅除正座的释迦外,余人衣饰面孔全像中国人(庙各殿皆作西藏式,独此殿及外院门为中国式建筑,余尚有一殿上小顶为中国式建筑)。出归。晚餐后与郝默尔医生闲谈,彼对于医学知识丰富,极饶兴趣。九点后韩普尔诸人回来。据春舫说:去时第一天走五十里,第二天走七十里,第三天走五十里,始至三道桥。东南去善坝尚有四十里,去黄河尚有百二十里,故未往。回来时因山路太峭峻,走别路,走三天,约二百〔一〕十里。后套内人烟稠密,土地膏腴,但土匪肆扰,水利局只知收钱,不知修渠,皆为人民所患苦!官害及匪害不除,人民能有宁日么?带回青菜及西瓜颇多。食西瓜一块,此为今夏第一次。寝时十二点钟已过。

二十七日,早起见山坡上有两三个喇嘛吹一白物,呜呜作响。迟一二十分钟,聚有十八九个喇嘛,皆穿法衣到山上鄂博前做佛事。早餐后上山去看,则彼等佛事已将完,有两三个喇嘛在鄂博石座上圆顶周围旋转。以后又上到圆顶上面,不知是整理上面树枝呢,或是随便闹着玩的。但是下面的人方在郑重地念经,上面的随便戏笑,无静肃之容。将完时,合唱ㄏㄚㄉㄝ〔哈咧〕、ㄏㄚㄉㄝ〔哈咧〕,不知何意。佛事毕后,聚食。我想再往南面随便看一看,他们叫我,我以为南边又是什么圣地,不许我去,后见他们举起饼盘,才晓得他们让我吃东西。我回来吃他们一个油制的饼,喝了一碗奶茶。吃的时候,我才就近看:鄂博的东面,有似神龛者二层,内并无像设;供品却放在上层,也有二盏小油灯,他们散的时候,就把它们熄了。下层放有柏枝。神龛前的石堆,上空,内燃柏枝。吃罢,他们也就散了,我也回来。今天附近的人来看者颇多,男妇小孩皆有。赫定先生忙着给他们画像,郝默尔医生忙着量他们的身体，终日忙碌。有一个喇嘛领着他的女人（不住庙的喇嘛可随便娶妻）和小孩子来看。他的女人在蒙古族妇人中，或者可以算美丽了。赫定先生想给她画一像，她也大半愿意，但她的丈夫不愿意，我们用的蒙古人来劝驾，就在那里乱拉，殊可笑人。以后蒙古人许她的丈夫一块钱，遂得允许画了两张像。因为昨天回来的骆驼太乏，明天还不能走，必须等到后天才能动身。寝时微雨数点。

二十八日，今天因为大喇嘛禁止庙中喇嘛来帐篷，所以比较清静。午餐有鸡肉，有豆角，有黄瓜，可称盛馔。在京时不知青菜之可贵，此地遂为上珍。晚八点多钟，有一后藏ㄍㄝㄍㄣ［葛艮］（即知前世的人，汉语也叫他作活佛）从后藏进京过三德庙，听说赫定先生在此地，来拜访他。我在陪座。这位ㄍㄝㄍㄣ［葛艮］穿中国衣服，样子也像中国人，头颅极似乡人之张中孚先生。从人五六。赫定先生给他奏话匣子音乐，他们似乎很高兴。去时十点已过。

二十九日，起将六点钟，八点钟起身。今日路仍向南行，且稍偏东，未知何故。今日所行路已稍感到大漠的风味。走八九里后，弥望沙冈起伏，上有ㄏㄚㄦㄇㄨ［哈尔木］（小灌木，至高者不过一二尺。ㄏㄚㄦㄇㄨ［哈尔木］系蒙古名，汉名ㄙㄥㄌㄠㄉ［僧佬丁］，也叫做柏茨。积年根。沙被风吹，积于根侧，历年渐高，大者远望若大坟）丛生，它种植物颇少。较高的地方绝无植物。且前些天所过地多系土间各种一二分大之小石子，今日所行地则几纯为小沙粒所成。远望黄间微红，取视则各种颜色全有。沿途时有小土阜，侧旁如河南西部黄土层的断岸。十一点半钟抵一地，牧草丰美，亦有水，即行止宿。此地四面沙冈环抱，中间低地自东北而西南，长约二三里，宽将及里，名ㄏㄛㄅㄜㄦㄏㄢㄋㄨㄦ[霍博尔罕耨儿]。ㄏㄛㄅㄜㄦㄏㄢ[霍博尔罕]，蒙古语谓小水。此地只有小湫二三，且甚浅，不愧ㄏㄛㄅㄜㄦㄏㄢ[霍博尔罕]之名。马莲甚多，蒙古名ㄆㄚㄎㄜㄦㄉㄞㄍ[叵柯尔岱戈]。稍眠一点钟，蝇子颇讨人厌。见西边有小土阜，往看，则为粘土所成。听说为沙土飞去后所露出者，疑沙土内层，尚不少可耕之土也。午餐后，见马学尔登西南沙岭，乃与益占同登。至最高处约距平地高二十余公尺。上层干燥，但掘深二三寸后，即觉湿润。马学尔从高处滑下，又复登上，其兴趣可想，我因为脚未完全好，所以不敢"步武"。下时，ㄉㄧㄎ[迪克]听见马学尔的声音，直上奔就；野畜熟习，乃能依人若是。晚餐前到小湫侧一看。据医生说："大湫内为咸水，小湫内为淡水。"两湫甚近而味乃不同。今日所食即为此湫中之水，内中不免有马尿也。今日行 14.640；S.1.72E.

三十日，五点多钟醒，六点起，七点二十八分起行。仍向南略偏东行。地势颇多起伏。八点十分后，又入草地（草地沙漠之分为草地中虽有沙而草甚多，地皮固定，虽有风而地势不变；沙漠中虽有草，而沙随风走）。植物最多者，为一种叶似蒿之小灌木，蒙古名ㄇㄥㄍㄡㄌㄩㄡㄨㄛㄅㄨㄙ[蒙勾勒答乌布思]，至ㄏㄚㄦㄇㄨ[哈尔木]虽有，却甚少。再往南，则有一种似柏之小灌木，名却不知。九点三十四分路向偏西转。今日全日所行路西边二三里，即为一望无际的黄沙。噶顺诺尔在西北而我们却向南偏东或偏西走，全是靠住沙漠走，并且时时躲避它。将十一点又入山。山势不高峻。十二点后出山，地势平衍，完全向西南行。一点十分至一干河身，中有井，水佳，上有饮马木槽。过河到西南岸上高处止宿。地名ㄊㄚㄌㄧㄣㄍㄜㄕㄚㄊㄨ［塔林戈沙图］。ㄊㄚㄌㄧㄣ［塔林］，蒙古语谓平地；ㄍㄜㄕㄚㄊㄨ［戈沙图］，谓上有累石之井。王殿臣刚下骆驼，即看见石器的痕迹，以后大家接着找寻；小石器颇多，马学尔并在帐篷中找出破烂石斧一件。也有陶片，按花纹似非近世物。尚有一两片，似属近世。然则此地层经居住数次，亦未可知。今日行 24.075；S.20.3W.

三十一日，六点钟起，七点二十七分启行。向南偏西行。地势平衍，略有起伏。九点半钟许，过一河沟，路左约百余步，有几个蒙古包，道旁有一帐篷。下骆驼想到帐篷前问地名，但只见狗，不见人，只好继续走路。后闻此地叫做ㄚㄇㄚㄨㄙㄨ［阿玛乌苏］。ㄚㄇㄚ［阿玛］谓沟口，ㄚㄇㄚㄨㄙㄨ［阿玛乌苏］谓沟口有水。十点多钟，看见道右远处一片青色，疑为冲破沙漠的大河，但因在蒙古地界，只敢猜作干河身之草地。下骆驼，用［望］远镜望，也看不清，只看见树木颇多。十一点半钟，道急向西转，稍偏南。还有一条向南稍偏西的路，是为向王爷府和西宁等处的大道。此时面前有一小山，山上有一鄂博。路从鄂博北过，此后即向正西走。闻此地为乌喇特东大公旗与阿拉善旗分界处。山下有一帐篷。地名ㄏㄚㄉㄚㄅㄨㄍㄝ［哈达布伽］，蒙古语谓门限。地有井。路向所看见的青草地直下，觉得也不过五六里地，归结又走了三点钟才到。这一节路南边离一小沙漠甚近，将至青草地之前一小节路，则介于沙漠草地之间。沙中有微物放光，草根尤多，或即"沙里淘金"之金，亦未可知。三点二十分止宿。地名ㄅㄛㄌㄥ［博棱］，蒙古语谓棱角。有人说叫做ㄉㄜㄏㄨㄇㄧㄣㄍㄡㄉ［德忽闵勾得］，然据塞拉特说，前面有ㄉㄜㄏㄨㄇㄧㄣㄙㄨㄇㄨ［德忽闵苏穆］，恐怕那边才能叫这个名字。地有蒙古包五六，有井，水佳。用茶点后，稍休息，出到南边沙漠边。距驻所三里正。一望尽是马莲草。说是沙漠，其实只可说是沙成连山。想到上边一望，但因天色甚晚，高峰尚远，遂归。今日行33.255；S.54.3W.步行二公里。

九月一日，六点起，七点二分起身。初行时向西北，后又稍偏南，结果差不多正西（偏南一度）。初行时，牧草极茂。草名ㄅㄨㄉㄦ[布得儿]，味咸，骆驼顶喜欢吃。此时路右不见沙漠，路左总是离小沙漠不远。听说西南十余里内有盐池，出盐颇多，包头即食此盐。七点四十分后，ㄅㄨㄉㄦ[布得儿]渐少，ㄏㄚㄦㄇㄨ[哈尔木]渐多。八点十分遇一井，上有木槽，有几个骆驼，在那里喝水，我所骑的骆驼也想去喝，等了好几分钟，归结一点没有得；听说昨天晚上因为水少，骆驼全没有饮，看见它一点没有得喝，心中颇觉凄然。八点四十五分至一地，有一座中国式房子，为镇番人在此卖草料者。地名ㄅㄞㄧㄢㄇㄡㄊㄜ[白彦穆特]，译为富树，因再往西榆树颇多（所看见的大约有一二百株），故名。此后草不如前茂。道左沙岭势渐尽，道右远山作苍色，然近处仍时有沙冈断续。沿途皆有蒙古包和帐篷。此数十里内，在此沙漠中间，大约可为仙乡矣。但仙乡多蝇，颇为所苦，十一点钟至一庙前，即止宿。庙即ㄉㄜㄏㄨㄇㄧㄌㄙㄨㄇㄨ[德忽闵苏穆]。ㄉㄜㄏㄨㄇㄧㄣ[德忽闵]意为低地，亦有念作ㄉㄜㄎㄜㄇ[德可模]者。庙前有一列房子，为王爷府所派来收税的人所住。稍眠。午餐后稍看德文。茶点后进庙去看。庙不甚大，大殿屋顶皆作中国式。正殿内正座为文殊师利菩萨，右手执剑。壁画亦受中国画影响。后殿尚未修成，中间挂一宗喀巴像。尚有一殿，门未开，执钥匙者不在，遂不能入。庙后有一鄂博，二层，上插树枝、木刀、木枪之属蓬蓬然。后有一"唵"字砖，高约二尺，宽尺余。前方有一泥制神龛，顶仿中国瓦盖房，此鄂博也受了中国化了。同游庙人颇多，到鄂博上只有我同皋九、春舫三人。归。此地井水颇多，水佳。今日行 16.155；S.88.9W.步行五公里强。

二日，五点半起，六点四十分起身。地势有起伏，道右无沙，左间见沙冈。有一种小蒿名ㄊㄨㄙㄦ[吐丝儿]，一种小灌木名ㄋㄧㄥㄐㄦ[柠棘儿]，外有ㄏㄚㄦㄇㄨ[哈尔木]，植物以此三种为最多。八点四十五分至一洼地，草甚茂盛，地上有盐碱之属。九点四十分，道右有蒙古包。十点四十分，又入半沙漠的地方，有树甚多，远望若松，近视非是，因其非针状叶，乃半形叶，且叶上间三四分即有节，即此间重要燃料的ㄐㄧㄚㄍㄠ[嘉皋]。此树蒙古人称为树中之王，然除作燃料外，实无他用。不过此间沙漠有此树点缀风景，殊觉另有风趣。十一点半道右有井，前行不远，即有一所土房子，为王爷府之汉人商家在此收账者。十二点许过一歧路，前行蒙古人亦不认识，即从偏南路走，后因问始知错误，乃转回北路。此节路ㄏㄚㄦㄇㄨ[哈尔木]极多，结实如樱桃，可食，或即北京市上所卖之山豆子。一点钟许，沙势渐尽。两点钟至一地，名ㄏㄧㄋㄝㄨㄙㄨ[什涅乌苏]，即行止宿。ㄕㄧㄋㄝ[什涅]，意为新，大约因地有一新井，故名地为新水。地为一大平原，四望不见沙、山，远处略有冈峦，颜色苍翠，至为宜人。且蝇甚少，比"仙乡"似胜多多。地有数蒙古包，一为代州人在此作买卖者。往与谈，据言此地从来无税，自今年春始行征税，且甚重云云。今日初起身时，路向西北，后又稍转南，结果得正西稍北。行 29.029；N.

85.94W.步行五公里。今日无风，天气甚热，温度至二十六度余。

三日，五点起，夜中温度颇高，六点时十六度余。六点动身。一望平原，无大起伏。远望见树几棵。将午，雨至，然一小阵后即止。一点多，过一小山头名ㄏㄠㄧㄌㄏㄝㄦㄏㄢ［郝依勒赫耶尔罕］，ㄏㄠㄧㄌ［郝依勒］蒙古语谓二，ㄏㄝㄦㄏㄢ［赫耶尔罕］谓土堆。中间分开若门。两点十分至一地名ㄗㄚㄏㄢㄉㄝㄉㄙㄇ［匝罕迭列司］，或念作ㄗㄚㄏㄢㄉㄝㄉㄚㄙㄨ［匝罕迭拉苏］。草地中有一种草，茎细长，可至三四尺，汉人叫作芨芨，或写作雉鸡草，然其音实作"知几"；蒙人叫作ㄉㄝㄉㄙㄇ［迭列司］，或作ㄊㄥㄍㄢ［腾干］。ㄗㄚㄏㄢㄉㄝㄉㄙㄇ［匝罕迭列司］，即白芨芨草的意思。此地有井，有房子一所。房子为甘肃镇番人在此经商者。昨天哈士纶听人说，阿拉善地自今年春，已改从ㄅㄨㄉㄕㄧㄨㄧㄎ［布勒什维克］的制度，每物皆有定价，颇为商人所不便云云。然据此商人（其本店在王爷府）说："每年王爷于阴历六月六日，定各物的市价，由来已远，并不自今日始……"又说阿拉善境内每一处商号每年应出洋百元。此商人在此经商已六年。室内有屏对，木刻匾额，院内有试种瓜属、秦椒、萝卜各菜；在此旷漠中间，已觉楚楚可观。有一小孩，年八岁，随其父来；无妇人，因不允许。此间地太干燥，骆驼没有草吃，故决定明日四点即起，早动身，听说明天路程只有四十里，起早全为骆驼没有草的缘故。听说大队大前天才在这里动身，然则他们不过三天的路。赫定先生要给北分队写信，留给此间商人转交，嘱我也给希渊留一信。因为风大，蜡烛费了半支，一个字也没有写成，只好息烛睡觉。今天走 29.400；N.84.2W.步行十二公里强。整天未见有蒙古包。

四日，四点钟起，尚有微风，给希渊写信一封，嘱其从此以后，每天务须带水两满桶，因为前途的井，不见得靠得住。五点三十四分起身。六点后过一小山头。七点后遇骆驼十余，有妇人，有小孩，系镇番人住后套垦地者。据他们说：我们的大队又丢了两个骆驼，留两个蒙古人在前途数十里内寻找，大队则继续前行。路左无山，路右有小山连绵。骆驼甚饿，路中遇见好草，就让它吃一点，所以走得颇慢。九点三刻入山，然山既不高，路颇开朗，绝不崎岖。十点十分至一地名ㄞㄎㄜㄙㄨㄏㄨㄞ[艾克苏怀]，即行止宿。搭帐篷地为一沙滩，因余地不平的缘故。此地有一井，水不佳，绝无居民。草比昨天驻地较好。下午风愈大，帐篷刮倒好几座，我的帐篷幸未刮倒。今天只走 16.875；N.88.2W，步行八公里弱。六点后，想到此边小山上一望，然因时晚，未至而还，来往约六公里。昨天同今天不见蒙古包，不见鄂博，可谓荒凉已极，然树却时时见着。

五日，四点钟起，五点半起身。路经平原，左右时见小冈阜。七点二十分，路左见有白色小石积成四大字："身历纪念"；前有"民国十五年"五字，后有"直隶氏立"四字；外以平常石子围成横匾式；大字每字约二尺，笔势苍劲。此亦好事者所为，然不肯题真名，仍不免中国人习气。七点三十五分遇一井，此地大约就叫作ㄏㄚㄦㄚㄙㄨㄏㄨㄞ[哈尔阿苏怀]，后来听说道左有汉商所住房子，然当时实未留神到。八点二十四分，道左有蒙古包，稍前，右有房子为镇番商人所住。据言大队昨天即在前面ㄚㄦㄍㄚㄌㄧㄣ[阿尔嘎林]住。又前行即遇拉尔生所留的蒙古人，才知道并不是走失两个骆驼，是死了一个，病得要死的一个，另外还有九个，太乏不能前走，所以留两个蒙古人，等着北分队来时再一同走。再前行，道旁间见帐篷牧畜房子，已不如前两天的荒凉。十一点三刻，抵ㄚㄦㄍㄚㄌㄣㄨㄥㄨ［阿尔嘎林乌苏］，即行住下。地靠一小山下，前临平原。此地蒙古包很有几座。昨晚吃饭稍多，故睡眠不安；今日午餐后稍息，眠。起登小山头一望，南方为极广阔的平原，近有树木衬托（附近榆树甚多），远有苍山或黄山围绕，西北山虽不高峻，而千山万壑，层叠起伏，惟有博大雄伟四字，始足尽其胜状。用肉眼观，形势或稍嫌平散，且远山层次不清；用远镜把光一聚，风景尤觉精奇。下到一商家，则赫定先生、哈士纶、钱默满、春舫皆前在。商家有蒙古包一座、房子一座，另外还正在建筑。主人杨姓，为山西孝义县人，但伙计们则为镇番人。主人前在ㄏㄚㄦㄚㄙㄨㄏㄨㄞ［哈尔阿苏怀］商号做事已十几年，去年才出来在这里安新生意。粮食从王爷府或后套运来。舍前有自种青菜一小片。稍远有井。据言井水在地下流动，穿地到处可得。且言此地汉人甚多，给蒙古人作苦，如筑羊圈之类。筑羊圈为极简单的工作，而蒙古人仍不能自做，必有待于汉人！今天赫定先生接到拉尔生留信，据他听说，前途有三百里没草。问此商人，他说不至于，并且说前两三站路有很好的草场云云。先听说大队驻地离此地不过一二十里，以后又听说他们今早已经动身前进。晚餐时天气清朗，暮色与树光掩映，天际辽阔，若在大海中。此情此景，相无法照，画不易传，我又没有诗才，又有什么法子！不过此种极雄极丽的景物，不惟任何都市的人，如不出游，永远不能梦见，我的游踪颇远，这一类的景物，至今尚未几遇。我国南方风景，丽而不雄；北方颇雄而不丽。今日所见为此行第一，赫定先生亦同此意也。晚间月色亦好。今日行 22.470；N.87.9W.步行十三公里强。

六日，四点钟起，五点一刻起身。路在山中，然山颇平衍，路亦不崎岖。六点十四分遇一沙河身，无点水。七点五十分出山，为一渐向下行的平原。八点二十五分到一商店。商人为山西汾城县人，从前在外蒙古经商，此店成立不过三四年。他的房子很特别，中间上顶全仿蒙古包式，上留气窗。墙上留空格甚多，为放商品及物品的地方。室中用石灰涂抹，在此草地中，已为难能可贵。此商人说，在阿拉善地，商票整票每年纳银一百二十两，半票六十两。大队昨天从这里走，因为骆驼太乏，还在此商店留几件东西交我们带。此地名ㄊㄨㄅㄞㄧㄇㄋㄡㄦ[图拜奄耨尔]。九点一刻又前行。十点二十五分至一地，名ㄨㄌㄢㄊㄠㄦㄏㄞ[乌兰套尔亥]（译言红头。ㄊㄠㄦㄏㄞ[套尔亥]与ㄊㄡㄦㄡㄍㄚ[投尔欧嘎]实系一字音讹），即行住下。地有井，有镇番商，住蒙古包中，房子正在建筑。草不甚佳。听说前途一直到额济纳河，草皆不好。此地为冯玉祥新开库伦宁夏汽车路经过地。从前用汽车运军火，现已不运。闻三两日前有汽车三五辆经过一次。晚餐后遇一大商帮，有骆驼将二百，从新疆来，系许多小商合成。商人有山西的、直隶的、河南的。河南十余人皆系洛阳及偃师人。今日行 16.590；N.56.5W.步行十二公里强。

七日，四点半起，五点四十二分起身。仍行山中，山势平衍，甚于昨日；昨日谷中时时见树，今日则无有。八点后得一小平原。八点半路左有房子，院中有一蒙古包。进去看，房子锁闭，包内住蒙古人。据他说：我们的大队，昨天就在那里动身。地方叫作ㄏㄚㄦㄇㄚㄎㄊㄞ[哈尔玛柯泰]。ㄏㄚㄦㄇㄚㄎ[哈尔玛柯] 即前所记之ㄏㄚㄦㄇㄨ［哈尔木］，一字异音。三刻，前行又入山，山较高峻，但路极平坦，谷中树颇多。快出山时，高处望见谷外骆驼甚多，前行蒙古人以为大队仍在其地住。九点五十分出谷，始知非是。十点四十五分到一地，名ㄕㄚㄦㄚㄏㄡㄦㄡㄙ［沙尔阿侯尔欧司］住宿。ㄕㄚㄦㄚ［沙尔阿］我想应该作ㄕㄦㄚ［什尔阿］，亦即汉译的西拉，蒙古语为黄，ㄏㄡㄦㄡㄙ［侯尔欧司］译为芦。地名黄芦，其实无芦；草极坏，骆驼找吃，颇非容易。有井，水还好。下午有一个俄国人，叫作Sergeyeff，从新疆来，到赫定先生帐中谈。据说是一个俄国白党，逃在伊犁、迪化等处四五年，现在他的兄弟有在澳洲者，他也要取道天津到澳洲去，遂经过此地。他带四匹骆驼，从额济纳河五天即到此地，其快可知。然此人说话不甚可靠，如说只带烟茶，并无粮食，不需要吃饭，这些话实完全不可信。今日行22.590；N.65.2W.步行十五公里强。今日天气甚热，帐外四点钟至三十度八，帐内至三十二度。晚上风颇大，然不冷，仍可单衣。

八日，终夜风声甚厉，然温度颇高，一被已足。四点半起，五点二十分起行。出发时，步行，与郝默尔医生同行闲谈。团中所养的四双狗，清晨非常地高兴，跟随着我们。稍停一时，忽然一个不见，大为诧异，回头一看，才知道我们两个的路走错，向东北行，狗见大队从别路走，全已回队，我们乃也跟着转回。七点前后过一地，名ㄍㄡㄅㄣㄅㄣㄨㄌㄨㄎ［勾勒板布卢克］，译为三泉，然泉已干，无水。我们这两天过ㄏㄚㄦㄇㄚㄎㄊㄞ［哈尔玛柯泰］，并没有多少ㄏㄚㄦㄇㄚㄎ［哈尔玛柯］；过ㄕㄚㄦㄚㄏㄡㄦㄡㄙ［沙尔阿侯尔欧司］，绝无黄芦；过ㄍㄡㄅㄣㄅㄣㄨㄌㄨㄎ［勾勒板布卢克]，并无井泉；风物若何，略可想见。地势起伏高下，也可以说仍在山中走。九点钟前，至一小低原，远望前面山上若有人立，疑为枯木，然蒙古地界即有树，也未尝在山上。至近才看出是人立的一块大石，上横一石，横石上有顶，合成一十字形，不似寻常鄂博；不知何人所立。九点过一岭，向下行，约低二三十公尺，十点一刻又入山，地势复渐高。从早晨起身直至正午，不遇一人，不见一牲畜；植物差不多只有一点ㄏㄚㄦㄇㄚㄎ[哈尔玛柯]，每株上只有若干绿叶，半死不活。九十点后风愈大，沙粒石子，扑面打来！所看见的，不过是荒山里面几个黄沙堆！古人形容荒凉，总说荒烟蔓草。既然有烟，必有人家，草能滋蔓，生物尚多，彼此相比，觉荒烟蔓草的区域，犹是胜地！然直到今日，才真觉到身在蒙古。此种情境，虽不见得想常经历，然至少一生万不可不身历一次；真实地咀嚼苦味，也自有特别的一种情趣也。正午才见到几个骆驼，牧草稍佳，风亦渐小；继见两个放骆驼的人，已觉另有世界。两点后风又大，刚上骆驼，即见道右井上立木、道左人居。又稍前，即行住下，时两点一刻。风愈大，稍眠，醒时全身已为沙所埋。茶点后到民居一问，则为镇番商人在此地卖草料者，住此地已五六年。闻前途一百五六十里后，才有好水草，必须三天始能经过。此地名ㄏㄚㄦㄚㄗㄚㄍㄜ[哈尔阿匝戈]。ㄗㄚㄍㄜ[匝戈]即前所记ㄐㄧㄚㄍㄠ[嘉皋]之异音。住地附近沙堆甚多，到处皆有ㄗㄚㄍㄜ[匝戈]，有小棵，有大树。它的叶子，骆驼还喜欢吃，则此地牧草还不能算顶坏。此地有两井：近处井水咸，远四五里井稍好一点。我们有从昨晚驻地带来的水，还可饮茶。五六点后风息，然天颇阴。王殿臣到后，即在驻地东数十步内找出一点石器。

晚餐前，钱默满来说住所附近有一古代石堡，请我去看。往看，则正王殿臣找石器的地方，并且他还正在那里找。堡形斜方。从东北至西南方较高，大约系趁山势。他方全系人工积成。内有石栏，即此地商人前在此地住时所积。其余问他，则云全系长成。然人工显然，当系古代人类遗留物。晚寝时绝无点风，然东方阴甚，时闻远雷。今日行34.695；N.72.1W.步行二十一公里强。

九日，因此地牧草尚可对付，故昨日预计今天上午放骆驼，赫定先生同其他有事的人十一点钟起身，全体下午一点钟起身。但昨天晚上有一个骆驼没有找着，大家全出去找，归结骆驼倒是很快地找着，却是有一个牵骆驼的汉人总没有回来，今日早晨四出找人，到午餐时还没有找着，大家全非常焦急，因为此地狼甚多，虽狼素不吃人，然如果有一群饿狼，遇着一个人，也很难说。并且此地往北二三百里几无人烟，如果迷那里边，也很危险。哈士纶同一个蒙古人十一点钟从北方出去，按着足迹去找，归结转到南方一二十里地的地方找着。这个人转了一夜，呼号无应，哭泣不灵，找着时，已伏地待毙了。把他引回来后，已经四点钟；因为此地水咸，听说前面二十五里有淡水，故决定起身。我同赫定先生、春舫及三仆人前行，大众收拾好即走。五点二十分起身。初动身时地势颇有起伏。五点四十分钟后得一平原。回头一望，看见我们队的一个白骆驼跑出来跟着我们走，乃命王殿臣下来把它捉着送回。我下来引着骆驼走。王殿臣把骆驼交给蒙古人再回来，乃令春舫等着他，我一个人引着骆驼走。以后他们追上我，乃将骆驼交给王，因为天色已晚，命他牵着快走。这个时候，因为前面的人走得快，路上只剩我们三个骆驼、三个人。八点前后天黑，路不甚分明，乃趁月色俯身照着骆驼足迹走,意颇兢兢。路在平地,白线尚容易辨晰;最易混的,是间有小水道,淤泥白色,与路线颇难分辨;且淤泥上骆驼足迹很不容易找出。然因谨慎,幸未失道。又走,前望见火光,以为赫定先生帐内烛光,至近始知为厨役鲁子明也怕失路,乃燃一火柴引人。起身前赫定先生曾约定,到后即当命蒙古人燃火高处以引后队。此时计时当已不远,到处寻火光不见;路又将入山,左右似有歧途,驼迹难寻,想上一沙岭上一望,乃足陷半尺不可登。正彳亍间,春舫忽闻呼声,乃顺呼声向左入山,走一二十步,已见蒙古人所燃火光熊熊。距要住地不及半里。赫定先生已到一点钟,但因帐篷在鲁子明的骆驼上面,所以还在星月之下坐待。因地势颇低,所以虽在高低两处置火,尚不容易看见。此地名ㄨㄊㄠㄏㄞ[乌陶亥],意为大坑。南面即对沙岭,上有ㄆㄚㄍㄜ[匹戈]不少,北面山颇高,并有三峰耸峙。驻地即在三峰西南足下。三峰前天已看见,昨天已知大路经过山足,今天向山峰走,失路时,已至山足,所以并没有危险,心亦不慌。至后月光皎洁,寒暑适中,回头一想,得此一番小波折,免却旅行中太单调生活,亦觉大可快意。今日为农历中秋,坐沙上,看月光,意兴幽远,绝非未出塞人所能梦到。吃一点饼干,喝一点凉茶。后队十点钟到。困甚,即寝。今日行 13.275;N.78.48W.步行十一公里强。

十日,昨晚刚睡着,王殿臣因茶炖好,来问喝不喝,严词斥去,然因此遂睡不着,直至大家喝毕茶,就寝,声音静,还睡不着,此时心中烦热,乃揭被取凉两三分钟,始得安寝。一觉睡醒,时已七点,乃起,早餐。餐毕,因今早放骆驼,等到下午才能动身,且身体仍感困乏,乃于九点多钟又睡。醒时已将正午。午餐后，两点一刻，仍是我们六个人先动身，大队收拾好再起行。已起身，后因骆驼尚未饮水，又回头使它们饮水；真正起身时已两点半。道左右皆有山，中为宽约里许之谷。道右山中有沙，然不甚多；道左山为沙埋，然时露黑头于沙上。三点二十分路入左边山中。道初颇狭，且山势高峻。走一刻钟以后，山势又展开，与未入谷前颇相仿佛。路上做石器的石质甚多，然未捡到石器。时见上下立的石片。见道左百步许，有地甚低，疑中有水，乃牵骆驼往看，则水已干，四围有芦草。返回大路，远望见春舫已下骆驼，两黄衣人（春舫亦黄衣）相对说话，心中甚疑。走近，才看出是黄仲良。我们虽已知大队离不远，然在此遇着，实属意外。晤谈后，始知大队驻地在前面十余里。大队昨日到那里，牧草有芦苇，尚佳；但无水，即拟继续前行，后牵骆驼的一个汉人掘地得水，乃停下。因牧草还好，所以又多住一天。仲良因在三峰下捡到石器甚多，今天又拟往继续工作，所以在此遇见。时全入沙漠中，过不少的小沙岭，七点稍过，到大队驻所。见郝德及狄德满各团员，听说达三在此工作很好，甚喜。仲良出示所得石器，系新石器时代物，多可珍贵。然所收尚滥，我因非专家，也不能大挑剔。以示赫定先生，彼亦有同样的感想。闲谈，寝时已十二点。大队驻地名ㄎㄨㄌㄣㄉㄜㄍㄨㄞ [库伦德乖]。ㄎㄨㄌㄣ [库伦] 蒙古语谓紫；ㄉㄜㄍㄨㄞ [德乖] 谓轮。ㄕㄚㄦㄚㄏㄡㄦㄡㄙㄊㄞ [沙尔阿侯尔欧司泰] 在此地东北二三里。此地纯为沙漠，帐篷即在沙中支。人多半赤脚，因穿鞋一走一陷，沙时时入鞋中，颇不痛快；至于赤脚行沙中，颇有舒服之感也。今日行 17.040；N.81.3W.步行十三公里。

十一日，今日拉尔生、米纶威、华志、李伯冷率行李队先行；

余均留此地，等将来同行。他们动身时，我尚未起。起后，听说在三德庙所雇的引骆驼的一个汉人，偷了团内两匹最好的骆驼逃去。细问乃知为一四五十岁的人，此人前几天我也曾同他说过话，貌似老实，乃不诚实如此。闻并偷有食物及蒙古人衣服银钱等类。此人可谓至愚，因沙中足迹难藏，且蒙古人寻足迹的能力极大，被捉殆非难事。我所踌躇的，不是捉着捉不着的问题，却是捉来后怎样办理的问题。因为此地离官厅甚远，犯人颇难处置也。哈士纶同四个蒙古人往寻，九点他同两个蒙古人回来，说找不出足迹。稍停一会儿，其他两个蒙古人回，说在南边找出，大家遂又往找。下午五点钟，哈士纶同两个蒙古人回，仍失足迹。但塞拉特同马泰还没有回来，则仍有希望。今日天气甚热，下午在帐中睡，几不穿衣服，犹汗如雨下。晚，大雷雨，然稍雨即止。

十二日，夜中雨数阵，仍不大。早晨天晴，然终日大风，沙积帐中寸余；我的帐门关闭，还是如此。今日赫定先生出一百五十元的赏格，要另组织一队，必须将贼捉着，即在此稽留一礼拜亦所不惜。尚未起身，我正在帐中写字，达三跑来说："他们回来了，看见骆驼从东南来，大约是捉回来了。"大家差不多全出去看，我也出去，看见他们把他缚回来，心中颇为恻然。他们把他引过去后，赫定先生告诉我说，昨天他们出发的时候，已经命令他们捉得以后，不准打他，现在也不能虐待他；不过为本团安全计，不能放他。他的话我非常赞成。以后在赫定先生帐中将塞拉特及马泰叫到，加以奖励，并询其详情。据说：他们两个向东南寻找，共失足迹三次。失迹后，他们就分开向前寻找，找得再行合追。偷驼的人并屡次旋转，冀掩蹄迹，然终被寻得。下午四点许，即行捉着。但夜中又行逃脱。逃脱后，竟敢复回偷骆驼，遂又被捉获云云。似此则此人貌充老实，恐系积贼也。下午借得《古动物学古生物学通论》随便翻阅。晚餐前，看见赫定先生蹲在帐前，静看沙流。与之谈，始知沙流有若干定律，极饶兴趣。自然界中何处不是学问？但非苦钻故纸之人所能知耳！八点多钟，春舫来，言外国人给偷骆驼人"箍脚镣"，恐系虐待，请我去看。往看则他们是因为缚手头不便，给他解开，又恐怕逃脱，不得不给他上脚镣，并无虐待之意，遂返。七点钟时风止；晚，月色甚佳。

十三日，今日因骆驼太乏，所以俟明天才能走。一天天气甚好，但颇凉爽。下午因菜肉不敷，派韩普尔、钱默满往追行李队去取。

十四日，昨日手表大约受震一次，走得太快，钟点不准，所以今日的事，皆不记钟点，等校正清楚后再记。起及启行时间略如前几日。起时月光甚好。外国人仍命偷骆驼人牵骆驼前行，盖因他在前面，如果逃走，骆驼立时停下，后面立时可知道。他装着呻吟苦痛，求我放他，如不然，不如死于此地。我告诉他说：我们最近的时候，万不能放他，也不能任他逃走；既管他吃饭睡觉，也万不能任他坐食；并且也已预支工钱，工作未完，即无偷盗的事迹，亦应工作；如果不安心工作，乱出主意，不过是自己多加苦痛；我们很知道他并未衰老，且颇能干，用不着那样假装。说罢未几时，他也不呻吟了，完全同平人一样。路经一山口，未几即又展开。日光晴明，斜射细沙"波"上，很像透明。波背日光的方向也差不多海波的苍渺。远望右方沙岭，突起骤落，形如新月，两翼前涌，又疑惑是大潮将至，不急走奔避，就要跟随巨浪，同归苍溟！返顾左方，汹涌之势，不亚于右，又疑惑是身已入旋涡，只好随运命以飘浮！巨浪的上面，桅樯倒斜，好像一叶扁舟，即将飘沉，静神沉思，才晓得是ㄕㄚㄍㄜ[匝戈]丛生，因风歪斜。并且戈壁坦平，远铺岭外，极像大海的汪洋！远望天际，苍茫断续，或疑蓬莱仙岛，浮沉云间！据物理学家说：沙波与海波，除速度不同外，全依同样的定律进行，然则在沙漠中，能令人生大洋的幻觉，固无足怪。不久路上细沙完而沙石起，平铺散漫，绝无纹漪，才恍然于美景之不易多得。出山后，又约四五里，至一地，有井，水佳，即行止宿。地名ㄨㄏㄩㄦㄨㄙㄨ[乌赫盂尔乌苏]，ㄨㄏㄩㄦ[乌赫盂尔]蒙古谓牛，译言牛水。稍眠，午餐后，出到东北沙岭上，眺望东北方的戈壁。今日行17.250；N.81.48W.路甚弯曲。步行约一半。

十五日，昨夜中甚寒，加上一被，得不冷。早晨六点温度四度余。起身时已将六点。路旁为略有起伏之大沙石原。路右隔戈壁，东北望见大山，名ㄏㄢㄨㄌㄚ[罕乌拉]，译曰汗山，听说横绝戈壁，三四天可到；西北远山名ㄕㄚㄏㄢㄨㄌㄚ[匝罕乌拉]，译曰白山，横戈壁亦两三天可到。此二山全在外蒙古境。白山有庙，并有税卡。十点钟许，面前一山，路急向西北转。左望山中有红堆，若帐篷，若蒙古包。南边山前，又像立有石柱，遂下来牵着骆驼去看。其地离大路约二三里。灰黄山坡上忽有大红土堆，高四五公尺，上下共三层，层次分明，西南角上似可表明原来为方形，余无棱隅。地上周围约七十二步。登上，土质极为轻松。堆西偏南两三步，又一小圆堆，高二三公尺，中粗，上下皆细，粗处周围约三公尺余。东边尚有堆，皆扁平，似已颓倒，此数堆初见疑为建筑之喇嘛坟，然地上绝无灰石可证。前所见之石柱形，在堆南偏东山腰，约三四十步许。在堆前看,很像庙前的破门,门洞犹存,即趋往视。物为灰石质(L'argile),直立若废墙,下有洞若门;人工呢?天工呢?殊未能臆定。再稍东,石下有红土,与堆同色,似可证明土堆有天工的可能性。西北过一山坡,又有一堆更高,上下四层。后(西偏南)倚山,前列两小堆,高一公尺余,皆如"土馒头"状,排列整齐。后山上又有灰石直立若墙;中分,若门已倒。外有沙颇坚,其纹理若北海小西天的泥塑落迦。人为,天工,终无从断定。我对于地质,绝无所知;应考古家之名来,而对于考古又非本行;处处困难,深用自愧。北归大路,路上只剩我一个人,除南方外,尚为一广漠的平原,然极目四望,除了我同我的骆驼以外,并没有一个动物。此时心极踌躇,如果前途有一条歧途,我却很难想出法子了。明知研究气象的人,八点钟才起身,大约还在后头,然我的表不很准,也许已经过去,所以也不敢等。走了一点多钟,又入沙山。有一歧路,幸而是上反对方向去的。沙山中左转右转,大约不止"九折""十八盘"。风景如何,方向如何,我此时只因心畏歧途,一点不暇赏玩和注意了!幸骆驼足迹尚明。又走一点多钟,出山,入一低地,芦草、ㄆㄚㄍㄜ[匹戈],交绿争长,路极明,但因地硬,骆驼足迹反不能见。已经看见别人驻帐篷的踪迹,而我们的帐篷还看不见,心极犹豫。忽然看见骆驼同骑骆驼的人,以为帐篷不远了,稍近,则见骆驼背上并无鞍子(我们的骆驼,如不常住,夜间并不卸鞍子),才知道不是。然既见人,就是迷了路,夜间总还有法子想。走近去问,犹恐怕他不懂汉话。及一交谈,居然是一个代州人在这里放骆驼的,大喜过望。他说大队过去一会,前边一两里地有水,即当止宿,心才大安。我也很知道这里的人所说的里最靠不住；他说一两里很可以有五六里；然心无牵挂，任骆驼随便的走。走了二三里后，郝德博士从后来，才晓得他们也还在后头。又走二里，才到。地名去ㄊㄧㄣㄍㄢㄨㄙㄨ〔提恩干乌苏〕，或去ㄊㄧㄥㄍㄢㄏㄨㄊㄨㄎ〔厅干忽图克〕。ㄊㄧㄥㄍㄢ〔厅干〕意为灯，译言灯水或灯泉。有井，水佳；草还好。今日行 31.050；N.62.1W.步行约十六七公里。与希渊信一封，对他说沿途水草大概，托途遇的商帮带去。

十六日，昨夜稍温，故未加被，夜中被不着体处即凉。起身时约五点二十分。地大体平坦；仍北临戈壁，南间见沙山。步行同黄仲良闲谈，路又无大变化，所以途间无可纪者。十点余即看见前面有一树林。十一点许，到林间。树在内〔地〕曾见过，可以说在杨和柳之间，因为同在一树，而嫩叶尖长，似柳；枝稍老，叶即如杨。但树身又不似白杨，颇近榆槐（此处汉人叫它作梧桐，其实即古书上之胡桐）。因风景甚好，即行止宿。大家全很高兴，因为这样的林木，即在内地已不可多得，况在蒙古数月几全不见树木，而忽遇此，则喜出望外，真意中事。林中间有小空地，即环空地相向搭一圈帐篷，风振树木，虽非松而有涛声，令人心旷神怡。地略有碱。四围一望皆芦苇。附近有井，水不咸，但久不淘，出嗅稍具粪味。后本团使人掏出淤泥若干，即成好水。地名ㄛㄦㄢㄊㄛㄦㄛㄧ〔喔尔安特喔尔喔伊〕，ㄛㄦㄢ〔喔尔安〕意谓多，ㄊㄛㄦㄛ〔特喔尔喔伊〕即此树名。但在蒙古，地名颇多歧异，有系一音讹转，有系完全他名；即以此地作例，据我们所听说的，共有异源的三个名字，上所记者，不过其一。地南方沙岭横亘，重叠不断，晚茶后约六点钟，益占提议到南边一最高沙岭上一望，归结我同仲良、益占、春舫四人同往。将出发时,郝默尔问我们何往,我对他说我们将深入并将迷踪于沙岭间。他指着帐篷中间所积大木(大队到后命蒙古人找来的)说,我们晚上就要点起大火,即使天黑迷途,也还可以望着火光寻找回来。我当时觉得用不着,然因此心中为之一壮。南行二三里许,已有小沙岭起伏,ㄕㄚㄍㄜ[匝戈]丛生;已成大漠风貌。时太阳已将落,仲良、春舫不愿前进,嘱以在此坚待,同益占继续前行。回首北望,晚霞树影与广漠的戈壁相辉映,景甚伟丽,然亦无暇细观,前行颇急。初以为翻过三四重沙岭即可到跟前,然翻过一高岭,始知尚有若干岭间隔。归结越过的不下一二十重才到高岭足。沙松岭峻,虽行沙中,稍小心即无危险,而登时极难。爬很长的时候,才到峰尖。南望尚有一较高之岭,望似甚近,然此时暮色苍茫,星光满天,万不敢再向此绝漠中前进。在峰尖稍息,各吸烟一卷,始计划下山。未下山时火光已见,乃对准极星微右方向,始敢下山,因为火光到谷中即不能见,星光则无论何时全可以看见,万不至于迷途故也。下时连滑带走,极快。翻越半点钟,火光已近,才晓得所见大火,并非帐篷间大木所燃,却是仲良、春舫在那里点的。下山时看见地平面上有大星,至此才晓得那就是帐篷间的火光。ㄕㄚㄍㄜ[匝戈]木极易燃,拱把的枯木,用几根火柴,就可以展转燃着,真可谓出人意表。将火加足,才开始回转。途中又燃大火两处,遍山皆树、皆柴,不过中间距离尚大,并且此时只有微风,万不至因此即行烧山。途间戏言我们虽不杀人,却是沿途放火。返至帐篷,南望沙山,火光尚熊熊然。至时大家正在围火演音乐歌唱话片。这样林木,这样火光,这样歌声,真令人觉得生活于女仙(Les Fees)的团中。后夜已将深,半月已升于林端，虽围火而觉寒；人已渐散，但赫定先生兴犹未阑，自歌数曲，始互祝夜安。此晚兴致极为酣畅；才真自己感觉到，如不能有美术的鼓舞，到处能得到乐趣者，万不能作大事也。我们没有鲜肉食，已经十几天，今天才买到羊，其喜可知。今日行18.465；N.87.6W.步行八公里半。

十七日，早晨未走，补作日记，闲谈。下午将三点始行动身。前几天听说前边有ㄍㄛㄧㄧㄍㄡㄌ [郭依蛋勾勒]，汉人音讹，念作拐子湖，其地到处有水、有草，以为真一流水的河，路随河走，今天才晓得ㄍㄛㄧㄧㄍㄡㄌ [郭依蛋勾勒] 即指北临戈壁，南望沙岭中间六七里宽，有草有井的一条窄线。前天下半天出沙山后，已入此河区域，并无什么河流。路上时见蒙古包，牧草颇佳。过一地，名ㄍㄜㄕㄚㄊㄨ [戈沙图]，住有蒙古包。六点半许，抵一地，名ㄚㄦㄕㄢ [阿尔善] 鄂博，即行住下。韩普尔、钱默满、到行李队取菜肉的已经在这里住着等我们三天。他们并没有帐篷，夜中露宿，可谓壮士。但是他们打仗多年，这样生活，却是很习惯的；我们比他们两个岁数全小，而身体远不如，深可惭愧。驻地不远有一鄂博，地名即因此鄂博起。鄂博，蒙古极多，但此鄂博则有数异：普通的鄂博全用石头堆成，此鄂博则用ㄆㄚㄍㄜ [匼戈] 木堆成，一异；鄂博为蒙古风俗，而此鄂博则"有求必应"、"灵应"等布匾遍挂鄂博上，蒙古人所献的藏文经幡却甚少，甚至神龛内之神纸牌位，亦系汉文，二异；布匾上有"活泼源头"字样，鄂博前即泉水，则此鄂博明为此泉水立，而所供非龙王，却系"马王真君"，三异。泉水以半人高之短墙围之，中有蒲草甚多；泉水有数公尺深，极清冽，可与最佳的泉水相比。立饮二杯，甘冷彻肺腑。今日行 12.945；S.84.04W.步行六公里余。

十八日，起身时六点已过。步行同郝默尔闲谈，不觉走了三点多钟。八点钟许过一地，有蒙古包，名ㄨㄦㄊㄨㄋㄚㄇㄚㄎ［乌尔图那马克］。风物大约如昨天，但路间遇见泉水多次；一次洗手后，用手掬饮数把，甘洌宜人，在蒙古算第一次遇见了。前几天在路上询问额济纳河（即现昆都仑河），几乎没有人知道，今天遇好几起人从额济纳河来，并有一起从毛目县来，觉到前途不远。此间骑驴者颇多，即蒙古人亦多牧驴骑驴，则为前此之所无。道两边蒙古包不少。一点多钟，抵一地，春舫看见芨芨草间有泉水流出，尝之宜人，即行住下。因为白天天气热，骆驼容易乏，乃决定明早大队早两点钟即动身，我同赫定先生、春舫及二仆人、一蒙古人则天明再走。观测气象的，放罢气球再走。驻地名ㄅㄡㄌㄥㄅㄡㄦ［博棱勃尔］，驻地不远，有一蒙古包，则名ㄉㄚㄉㄜㄦㄧㄣㄋㄚㄇㄚㄎ日行 28.400；S.83.02W.步行几一半。

十九日，夜，大队动身时醒，直到他们走后才又睡着。起已六点余。将七点半骆驼备好，因为赫定的骆驼较快，所以即一个人牵着骆驼先走。这几天路不易迷，因为总是北临戈壁，南望沙岭；并且道路极明。十点抵一地，望见东南方一二里有一高岗，下有一洞，似为穴居人所遗，下被土拥，然蒙古人从来未闻穴居，心颇诧异，遂留骆驼于草较佳处，一人往看。岗系黄土成，约四五公尺高，洞在岗腰偏下，高约尺许，作◠形。从门内窥，内甚平，深不易见底，疑为远古地底水道所经。登岗一望，则此地离戈壁沙山已较远，不易见。岗边几无草。下岗则骆驼慢慢地来找我。这是为什么呢？我骑它这些天，虽说没有虐待它，却也没有什么好处给它；

虽说间或薅两把草给它吃，也没有什么了不起；那边草好，这边没草，它却是来找我！它端的是为什么呢！今日天气甚热，无风，蝇蚊欺人，大为所苦。手不停挥者一点多钟，还是被它们咬了许多口！一点钟，到一小ㄕㄚㄍㄜ[匝戈]树荫下，吃一点饼干，喝一点水，又牵着骆驼前行。走了一刻钟以后，忽然想到手杖忘在树下，遂又回头往取。三点半抵一地，名ㄛㄦㄜㄍㄥ[喔尔尔厄庚]，住下。地有井，水能喝。五六点钟，郝德等三人尚未到，乃又积了许多ㄕㄚㄍㄜ[匝戈]预备夜间燃着引导他们，可是他们天还没有全黑，已经到了。然而火仍燃着。柴干风微，焰高丈余；火虽无用，而赤焰美丽异常，北京既无此柴，亦不能有此大火。赏览多时，回帐寝，时九点钟刚过。今天行 28.110；N.74.1W.步行二十一二公里。

二十日，这几天夜里全是重被上盖毡子或盖衣服；昨天因为天气太热，晚又无风，所以只盖重被，没有加东西。然夜间觉冷，加上衣服，仅得不冷。因为前途还有沙漠七十余里，此地水草尚好，所以决定今日不走，休息骆驼，明日下午才动身。天气很热。明日即交秋分节，而盛暑如此，大约是吾乡所谓"秋老虎"了。然太阳一落，夹衣犹寒，变化迅速若是。今天黄仲良到东北二十里许小山上找石器，无所得。然山前有一干湖，周围约四五里。内所积为盐为碱，尚未能断定（蒙古人说是碱，然尝着不带苦味，故或疑是盐），积六七寸厚，亦无人采拣。

二十一日，昨夜最低温度四度，因盖的厚得不冷。下午二点二十分我同春舫、王殿臣先动身，路为高低颇有变化的沙滩。漫山遍野，死的、活的、直的、斜的、立的、卧的，全是ㄕㄚㄍㄜ[匝戈]，如果因此而称为沙漠中之王，那却是绝无愧色。并且据赫定先生说："沙中一生ㄗㄚㄍㄛ[匝戈]，沙即不流。俄国近几十年来，在里海附近沙漠中大种此树，成效甚著。"然则如果将来我们能利用它，使旷漠的戈壁变成葱葱郁郁的ㄗㄚㄍㄛ[匝戈]林，那时候天时地利一定全受影响，则ㄗㄚㄍㄛ[匝戈]对于蒙古前途，固有极大的关系也。四点半后，路入沙岭间，左转右回；ㄗㄚㄍㄛ[匝戈]亦无，惟低处稍有芦草。六点刚过，抵一地，名ㄛㄦㄦㄛㄍㄥ[沙尔阿札戈]，即行住下。地有井，水好；也有ㄗㄚㄍㄛ[匝戈]，骆驼尚有食料，故决定明日仍下午起身。晚有商帮亦住此地，为镇番人从ㄍㄨㄦㄌㄝ[古尔列]向分ㄉㄛㄎㄛㄇ[德可模]庙贩卖驼、羊毛者（ㄍㄨㄦㄌㄝ[古尔列]在此地西南二百余里）。据说，我们明天后，有百二三十里的戈壁滩，中无水，须带水，两天可过；过后，去黑城（ㄎㄚㄦㄚㄏㄡㄊㄡ[卡尔阿侯投]）只余七十里云云。这些地方，他们曾经走过，所说大约可靠。七点多，大队到，据说今天又跑了两个骆驼，一个立时捉住，另外一个跑了十数里才捉住。今天行 14.230；N.68.1W.步行六公里弱，沙土太软，步行颇困难。

二十二日，昨夜颇暖，重被已足，最低温度九度三。今日本定下午起身，走二十里即住，等明天过戈壁；然今早问镇番商人，据言二十里处地名海泉（ㄉㄚㄉㄝㄏㄨㄊㄨㄎ[达列忽图克]）；然四十里处亦有水，不过稍难找一点；过ㄉㄚㄉㄝㄏㄨㄊㄨㄎ[达列忽图克]后，到处皆有ㄗㄚㄍㄛ[匝戈]，后渐无有，再过一段，又有；当这个重有ㄗㄚㄍㄛ[匝戈]的地方，道左有三沙岭，离大道一二里，湖水即在此沙岭前；过了沙岭并有一井，不过更难找云云。回来告诉哈士纶说，请他斟酌，或可住四十里处，因为那样，前面无水的戈壁当可缩短一点。他讯问以后，决定走四十里。下午赫定先生同两蒙古人一点起身，我同春舫、王殿臣动身时，已一点半。今日所走的路大致与昨日相仿佛；第一点钟所走的路，可叫作ㄕㄚㄍㄜ [匝戈]路；第二点钟所走的路，可叫作回转路；第三点钟又是ㄕㄚㄍㄜ [匝戈]路；第四点钟起首时，似乎又要变成回转路，然过两三沙岭后，却进了一个大ㄕㄚㄍㄜ [匝戈]林，四围沙岭，中间低地，葱葱郁郁，极为可爱。直到第五点钟，才又入回转路。此时驼背行李歪下，又收拾一番，耽误半点钟。又见ㄕㄚㄍㄜ [匝戈]时，天已将七点，即行止宿。地名ㄕㄠㄅㄦㄧㄣㄖㄨㄦ [韶勃尔音耨尔]。初出发时稍偏西北，四点，过ㄉㄚㄌㄝㄏㄨㄊㄨㄎ [达列忽图克]后路向南南西，后转向西南行。他们说四十里，实只18.300；S.80.W.但沙深难走。如果拿平常的速度计算，或已不止四十里。步行十一公里强，头两点钟步行时，天气极热，将水壶的水喝完，尚未解渴；以后又将春舫的半壶水喝完，才好一点。此地水咸。大队十点后才到，从ㄉㄚㄌㄝㄏㄨㄊㄨㄎ [达列忽图克]带来几桶淡水。茶煮成时，已快十二点。饮茶两大杯，吃一小面包，寝时已过一点。今天路上遇见一大商帮从迪化来，骆驼一二百，大狗五六条。狗看见我引着一个骆驼走，就一拥群吠，大有吃了我的神气。我只好静等着它们；它们离我一两步远，不敢再进，向着我乱吠。适有人喝退。他们的箱上题"合记药局"。有一骆驼，背两边负两个——只可以说是两个敞门的大箱子，每一个里面坐一个人。有一个人往外伸头，我问他带的什么"宝货"，他说我们什么也没有！后面稍远一个人告诉我说，他们带的贝母。不过我想，他们这一百多骆驼所带的未必全是贝母也。晚上又遇从古城来的一个大商帮,带的皮毛,骆驼一二百。

二十三日,昨日听说此地的湖颇大,所以早晨就找人一同去看,归结同钱默满一块去。翻了好几道沙岭,最后登到一个很高的岭,才看到所谓大湖者,周围不过百余步,水深不过两三寸而已!从岭上一滑而下,遂归。天气甚热。起身时,已两点半钟。今日沙较浅,路较直,亦较易行。路旁ᎮᎩᎦᎧ [匜戈] 亦尚多,然有一节弥望平原,遍地沙石,植物极少,这或者就是真正的戈壁罢。不过这样的路很坚固容易走,且不甚长。六点半钟后,又入回转路,然不久七点即抵驻地。附近ᎮᎩᎦᎧ [匜戈] 甚茂,地名ᏃᏁᏝᎢᏝᎮᎩᎦᎧ [僧竞匜戈]。ᎮᎩᎦᎧ [僧竞],译为低地。至后春舫即在附近ᎮᎩᎦᎧ [匜戈] 根旁试着掘井,我也帮助他,二三尺后土甚湿,叫蒙古人来看,他说没有水,也就中止。然而我总觉得掘得太浅,如能掘到三四公尺深,总可得水。此蒙古人并说在附近里许也稍掘出一点水,可见此地如果工作一番,一定可以得水也。大队将十点到。茶点后寝,时十二点已过。今晚决定,明早大家全不得用水洗脸。晚八点遇一大商帮从古城来,据说西边没水的地方只剩二十余里。今天只行十六公里半强,然则相传百里上下的戈壁,其实不过五十余里而已!这边人言里之不可靠如是。今日行 16.590;S.85.1W.步行八公里强。下午两点的时候,太阳附近一块云边现虹彩。古人所说"云现五彩"与"庆云",大约就是这一类的云彩了。

二十四日,起身时两点少十分。有微风,不很热。沙漠似已完,路颇平正。道右远处,时见沙岭起伏。但沙色白,不与前黄色同。三点半后,又稍有沙。未久即出,入一低地,芦草疏密相间,不很深。四点半时,遇一歧路,我们同行三人全下驼审视许久,两边皆有驼迹,不过左边驼迹似非新,乃决定自右边走,耽延半点钟。六点多钟,又遇歧途,两边驼迹皆似非新,因右边似太偏北,乃自左行。前面望见似帐篷非帐篷的白色物,心甚犹疑。走到则为塞拉特,在此地等我们已经五天(他是前几天派到行李队取氢气管子的)。据他说:"这里是往新疆的大路,赫定先生则在北边小鄂博边树林内扎帐篷,那边是往黑城的大路,行李队已向黑城出发三天。……"遂向北走里许,抵驻所,时已六点。赫定先生系从右边路来。地为一疏散之杨柳林,东有一小鄂博,西有一大鄂博,为阿拉善、旧土尔扈特分界处,地名ㄅㄡㄦㄗㄨㄥㄐㄧㄣ[勃尔宗金]。登小鄂博一望,平原远铺,疏林掩映,白沙苍山,点缀天际,非到蒙古来不能屡见此类的奇景也。树叶有现黄色者,真已有了秋色么!日中固单衣挥汗,这样天气,能与霜露并行么!归,大队已到,与仲良、春舫等坐箱上谈,谈论风景的雄胜,我说明早如能早起登大鄂博上观日出,必更有可观者。谈论稍久,暮色迷茫,夹衣一件一件地加上,身得不冷,两脚已知寒,始知时已深秋,叶黄固自应尔!晚,补作日记,未完,寝,时十[点]钟。今日行14.000;N.61.6W.步行六公里余。

二十五日,早醒,从帐篷门裂缝处,望见西方上面为初临大地的紫色晓光,下面为即将退避的青色夜气,知太阳将出,即起,疾趋向西方鄂博。但将至鄂博,太阳已出地平,起晚约半点钟,已经没有法子!鄂博在一高五六丈之大土台上。登土台的最高处,用远镜四望。从西北起,转到北方,近处疏树散布,极远云山缥缈——

我说云山缥渺,因为远看一线,不知是云是山;东端下缺,的确是云,然西边连亘,终疑是山;但山至何处止,云自何处起,"既竭目力",莫能识认——最奇者则为中层之柽柳冢垒垒——沙漠中间生植物,根连土结,不能飞走,时久遂成巨堆,此类植物以柽柳(ㄏㄚㄦㄇㄨ[哈尔木])为最多,故戏名之曰柽柳冢——远望若咸阳北原上的古坟;内间有沙岭横亘,又若功臣从葬,环列帝陵。真耶假耶,色随目迷。东方平原远际,白沙起伏。南方则极目天涯,略无片翳;近处则炊烟直上,终亦不见人家。西方略有土阜横亘。总而言之,虽起迟未得见日出前晓光的各种变化,而此种宏伟的景物,自足大畅心怀。鄂博为土坯筑成,大约此地少石,不得不尔。归途中遇见仲良、益占,也是要上鄂博的。迟一会儿,仲良回来,在上面拾了许多陶片,很有好的。我当时因为只顾远望,近者毫不留意,颇可一笑。稍息后,同春舫到东北方,寻找做买卖的人,离驻所约四五里。共有四家:一家为山西孝义县生意,其本号在王爷府(蒙古名ㄧㄚㄇㄨㄕㄤ[亚牟尚])。此家亦颇成局面,住两蒙古包;余三家皆为包头商人,有两家共住一帐篷内;余一家,独住一帐篷。他们从前全是在蒙古国经商,现因蒙古国生意不容易做,才来到这里。据他们说:这里离黑城七十里,黑城离噶顺淖尔,不过三天路程。又说:阿拉善同旧土尔扈特分界尚在此地西,此地鄂博尚非分界鄂博也。归,天气甚热。赫定先生已出发。昨天本定只走三十五里,然今天听说必须走五十里始有水能住,乃与春舫匆卒午餐,毕,即起身,时已两点。预计今晚必八九点钟始可到驻地,春舫的路线图,将不能全画。初行为一平原,后过一土陵,过处有缺口如门。未几即得四周封闭之一低地,中有树林,绿黄叶相间,风景颇佳。又登一土阜,未几,又得一同样之低地,则见赫定先生的帐篷已驻下,大为诧异,时不过五点余。据引路的蒙古人说:"这里离黑城还有六十里,前途全没有水,还有一处有水,但不在路旁,未见得能找到。"也明知道他的话全靠不住,然亦无法,只得住下。地名ㄙㄨㄏㄨㄝㄏㄨㄊㄨㄎ[苏忽耶忽图克],又有人说叫作ㄔㄧㄚㄇㄧㄠㄏㄨㄊㄨㄎ[查杪忽图克]。地有二井,相距一两丈:北边水只三四尺深,不咸,但味不佳;南边水深八九尺,水佳。牧草尚好。晚餐时,又闻离黑城二十里处有水,决定明早走,大队即驻彼处。至欲往黑城者,先自行认定,下午少带几个骆驼,换替着骑,继续前往,因为那里没有水草的缘故。今日行 13.980;N.52.1W.未步行。

廿六日,大队三点钟起行,起行时,又有一骆驼跑掉,天明后才找回来。我同赫定、春舫、仆人同几个蒙古人于七点多钟出发。刚出发,赫定先生所骑的骆驼又腿瘸,换骆驼后,又换量路线图的底线(作路线图,以时间定距离,按骆驼步数计算时间。每天出发时,于路旁插四标,共距离一百五十公尺,于骆驼过时计算速度,是谓底线),及真正出发时,八点已过。地势仍如昨日,低地土阜相间。九点半后,行不过 5.760;N.69.6W.又已见大队驻下,这边讲里数不可靠,能到这步田地!这里草尚好,有井,水不咸而味坏。下骆驼,吃点东西,郝德、韩普尔、冯考尔、达三、狄德满几个人徒步向黑城去,我吃东西后,也就同黄仲良、益占三个徒步前行。至于骆驼则留下吃几点钟草,下午再去,大队驻地不很靠大路;出来时候问塞拉特,据他说前途四五里,有两个鄂博,路从鄂博中间过,不久即可望见黑城。我们向北走,登高一望,只看见一个鄂博，无法，只好向着鄂博走。仲良看见有骆驼足迹向西，就以为路应向西，然他们几个刚过去而不见足迹，不很像是正路。以后我们分开：仲良偏西，我同益占偏北，不很远，相约找着路互相告诉。这样走了六七里后，低沙地尽，得一平原；用远镜探视，则城墙及塔影已隐约可辨，方向在正北。我们以后也不寻路，就一直向前走。所行路大体为"石子原"，颇好走。中间隔以数低地；有一低地，杨树成林，风景颇佳，然亦无暇停留。天甚热。到时两点刚过，所带的水已经喝完，还是非常的渴。黑城为一正方土城，东西、南北各半里余，垣堞大体完整。城外西南角有一庙，建筑上为一大圆顶，前为一大圆门，门向东南，余三面亦有小门，不似中土式。内多积土，佛像全无，圆顶已缺一小部分，露天，然余部分有些地方，石灰尚未脱落，若专就外形观，时代似非太早。大家全到里边休息，但此地蝇子极多，颇令人恼。这个时候大家可以说全没有另外的意思，只有说怎么样能找到一点水才好。稍休息，到城内（从西门进城，只有此一门）潦草一看，城正中为一土台，或当年的瞭望楼在其上；北面正中墙未全倒，旁有琉璃瓦片，建筑似颇宏壮。土台前有一佛龛，神像无存，但圆泥佛像颇多。余还有不少的破墙断垣。西北隅有一深沟，大约是 Kozlov、Stein、Warner 诸人在此地掏摸古物的遗痕。西北城角上有一塔，大约系和尚坟，远处所见，即此塔影也。城外西北隅有塔，有破庙，弃掷圆泥佛像甚多。再往西，还有些破墙，大约也是庙的留遗。五点半后，春舫、郝默尔、钱默满、马学尔、皋九陆续到，煮成咖啡，喝了不少；晚餐后又喝不少，才完全解渴。此夜除牵骆驼的人及苦力外，外国团员来此者七人，中国团员六人，只带两个帐篷，于是大家全要露宿，归结，只有仲良同郝德各住一帐篷。完全露宿，我可以算第一次。晚不冷。今日步行约十五六公里。

廿七日，夜中睡得很痛快，但后半夜稍有风，幸在三德庙定做一睡帽，得不冷。早餐后，春舫要给黑城作一个略图，我以为可以帮助他量一量，遂同春舫、益占进城。然随便走一走，还是困得了不得，就随便躺在地下，又睡一觉。醒后大队已全到。前两天总以为今天可到额济纳河了，今天又听说还有五十里，所以决定下午只走到附近十余里处，明天再往。下午一点钟时，大队已走，仲良、春舫还想在那里工作一会儿，我因为精神简直不行，遂先走。穿过了许多"怪柳冢"，得一小平原，道左又有断垣数条，此间不邻大道，并无汉人居住，故臆度其与黑城有关；然此时亦不愿看。稍前，即抵驻所。地名ㄙㄚㄦㄚㄏㄨㄌㄩㄝ［沙尔阿忽律耶］；无水，但大队带的有水，茶水不致缺乏。天甚热。午餐后身甚不快。大睡了一觉，精神才得恢复。时天气已凉爽，乃往西南断垣处一观，往返约五六里。当年建筑似为方形，但现在则只有东南隅墙尚在。墙甚厚，墙上有孔穴甚多，皆系当年贯木的地方，木材现存者不少，且有突出墙外一二尺者，不知何用。周围甚低，似为当年壕沟。壕沟外东西尚有破墙。据引路的蒙古人说，黑城北面有这样的古迹五六处。据我推想黑城是当年顶重要的城，这几处是附近营垒保护大城者。还有一种证明：庄永成、王殿臣等在黑城及此地，捡到古钱有十几个之多，大多数系宋钱，绝无宋以后者，足证此两地同时，且黑城毁于元初之说，大约可靠。我们此次到黑城，因为不愿意在那里多耽误工夫，并没有想大工作，然小工作如画图之类，还想作一部分，归结因为天太热，人太疲乏，虽人竭力鼓勇，而作得非常的少，因此得一旅行经验，就是：没有宽裕的时日，不能工作；工作以前万不可太疲乏。自前晚驻地至此为 17.865；N.327W.

二十八日，起时已将七［点］钟，我起在赫定先生后，此为第一次。起身时，七点四十分。路颇平坦。路两旁有土塔四五座，皆已中空，大约是 Kozlov、Stein、Warner 数人掏摸经卷时所做的事情。有一塔边，上架有木棍数条，大约也是他们当日所登。途中颇有杨林。走了两三点钟，遇一交叉路，两边皆有蹄迹，下驼审视，判定以右者为是。又闻骆驼叫声，疑大队或又已驻下，正迟顾间，则大队的一蒙古人已来迎接。据说大队尚在前边，但已驻下，并且已到河上。似此则昨日到此，饶有余力，乃住到无水、草不很佳的ㄕㄚㄦㄚㄏㄨㄉㄐㄧㄝ［沙尔阿忽律耶］，岂非巨谬，然已无可奈何。前进未几步，即见河——自在包头看黄河后，此次始见真河，因为余河皆断续，实不能名为河，哈柳图河水虽颇大，然正在雨后，我们离那里的时候，水已经小得多，所以我疑惑它三两星期以后，或竟断流——水甚黄，水流汤汤，对畔林木蔚茂，耳目一新。然闻前面尚有河。过河后不远，见大河，始为额济纳河正流，刚所过者为其支流。已见对河大队驻所，且已与行李队会合，大喜过望。过河后以为即到，然河边不能走，蒙古人牵着骆驼从怪柳冢间转了大半里才真到。驻地前临大河，后倚杨林。我选择搭帐篷地的条件：一为在树林中，二为坐帐内可望大河。帐篷搭成后，坐在帐中，望见对岸云林掩映，实为天然极美妙的一幅画图。这样的景物，我国南方或尚不难找出，至于北方，实不多见，况我们在两月沙漠旅行之后，忽然遇见这样一个休息的地方，宜乎同人相见，"全欣欣然有喜色"也。午餐后稍眠。起时天气甚热，团员很多到河里洗澡，我不敢下去，不过在帐中用水遍身洗濯而已。晚餐后天气不冷，在树下箱上，同仲良坐谈良久；夜气已深，稍觉身寒，遂各归帐寝。今日行 9.960；N.36W.步行五公里弱。

计此次七月二十二日从ㄏㄚㄋㄚ［哈纳］河起身，九月二十八日抵额济纳河，共行六十九日。然中间休息共二十七日，实行四十二日。路程为八百六十四公里，约合一千五百中里。中间缺水者三日。

第二卷
由额济纳河至哈密

二十九日,夜中风颇大,但不甚寒。早起天气甚好。借得皋九《外蒙古近世史》一本,翻阅一过。书从外蒙古民元独立起,至民十陈毅从库伦恰克图退出止,史料尚精赡,且不妄加议论,致坠报馆鼓吹的恶习,总算像样一点的著作。不过称之曰史,殊属不伦。无组织;且对于外蒙古政治变化与我国内政及世界大战的关系,一点未能指明,何能称史?公布一种可靠的史料,以待作史者的采择,实在是一件极有功绩的事。作史是一件极难的事情,且史料不齐,亦无从着手。著作者当自审能力,或专就公布史料方面努力。当自己一定想参加一点意见的时候,即于序中或附录里面声明。如果能这样组织,虽不作史,自是一种不朽的著作。午餐后与赫定先生谈,知道大队即驻于此,将来即从此地起身往哈密。至设气象测候所事,则另派专人到索果淖尔和噶顺淖尔附近选择。并决定明天将偷骆驼人释放,及派皋九将采集品送至北京,派春舫到毛目,留益占在此地各事。回帐,与益占说,他不很愿意。极意勉励,他允暂留,希望以后能同他测候所调换,我许以竭力设法。茶点后同仲良、春舫到帐篷后小沙岭上一望。岭虽小而在此数十里中,即为至高点,所以眼界甚阔。观落日后始下。晚餐后,蒙古人捡了许多树身树枝在帐前空阔地方点起。同赫定先生及其他团员围火坐谈至九点,始回帐篷。

三十日,后半夜起风颇大,终日有风,至晚餐时始住。同赫定先生将偷骆驼人叫到,把他劝谕一番,送他几天的干粮,命二蒙古人将他引至数十里以外释放。派人到额济纳、旧土尔扈特、札萨尔送名片并送一点东西,且告以改日即往拜会。茶点后同仲良、春舫到南边河畔一游,后穿林中,始为胡桐林,胡桐林尽为柽柳林。柽柳林虽不高大,而枝叶别具风姿,自饶美趣。我自法国回来后八九年,并没有看见一个真正的树林,此河畔树林虽不算很大,然延袤数里,已非开封及北京附近所能有;且不剪不伐,野趣尤能使人起深长之思,不禁徘徊流连。今日天气甚凉,日中最高,温度只十一度余。

十月一日,上午翻阅《新疆图志》关于同治年间战乱的记载。下午眠一时,翻阅《西夏记》。我对于西夏的知识,异常简陋,对于内容,不能有什么意见。不过大体看来,著者对于我国所有关于西夏的材料,搜集得还算不少,并且对于材料的来源,他所能找到的,全一一指明;他所找不到,单据张、吴、陈三家采来的,即以三家书标目,这全是很好的。除此以外,则此书用编年体,已不甚合适;顶重要的毛病则为当史料互相抵触时,批评太不精确。总之作史收集材料不过是一种预备的工作,搜集以后,还有批评、组织两层,全极重要,并且非常的困难。我国现在的作者,顶多就是做到搜集材料,至于后面两层,我还不晓得有人能做到一部分否。今日的要务:第一,就是指出搜集材料的重要,使专事搜集的人知道他们自己真正的使命,如无批评、组织的能力,不必妄去乱作;第二,是鼓励批评的精神与组织的能力。在这第二点,我以为宜多有批评的杂志,使作批评的人有交换意见的机关,因为个人所能想到的端的有限,有多人互相磋磨,始能底于精确也。晚餐后,帐外燃火,火光颇雄丽,很多的人围火坐谈。后又命随来的蒙古人歌唱、吹笛、拉弦子,声音抑扬婉转,颇堪娱耳。一调名ᠵᠠᡤᠠᠨ ᠡᠭᠦᠯᠡ[扎罕努尔],译为白云。余调名则未问。春舫及赫定先生全说它颇单调,我个人则听音的耳不聪,未能指出。九点回帐篷,稍看一点《辽史·地理志考》。作日记,还没有全作完,时候已经过十二点了,蜡烛也完了,简直灭了,我也只好睡觉了。今日天气温和,无风。

二日,早晨同学生等谈论筹备庆贺双十节事宜,此地一切东西全不方便,筹备颇不容易,然也只好尽我们力之所能为。找门德拉塔同塞拉特,教他们告诉一切蒙古人,说明此事理由及大约礼节,并请他们有什么玩意也可以加入馀兴。说罢,他们全很高兴地同别人说。看德文,以后当每日练习。午餐前甚困,躺在床上,一觉睡去,忽闻摇铃声,以为下午茶点铃也,正想不去,看表,时尚未一点,大诧异,以为表已停,一听,又并未停,定醒移时,始悟为午餐铃,殊可笑人。午餐后,郝默尔医生、哈士纶同塞拉特及一牵骆驼人并五匹骆驼往索果淖尔同噶顺淖尔附近,与之作别。黄仲良要明日出发,往寻居延城,令春舫开一伙食单子,并向外国人领出。昨晚赫定先生许借给我 Von Le coq 的 Auf HellasShuren in Ostturkistan 一本,今日下午,冯考尔送来。晚,外国人又燃火甚大,听说今天为德总统兴登堡的生日,所以德国人特燃大火以资庆祝,兴登堡固有可令人敬处,然这里的外国人可以说全是他的信徒。围火坐观，九时回帐。翻阅 Von Le Coq 的书，所懂得的，不过十之一二。寝时十一点钟已过。

三日，旧土尔扈特札撒克派人来回名片，同赫定先生接见使人，知道札撒克名达什，爵为郡王，并闻其年已七十，两目不明云云。前几日赫定先生命蒙古人凿一独木舟，放在河里，走得不很好；以后又命凿两舟，用板并钉，上又用木板钉平，前留两门，以便水入时可开门泼出。今日下午做成，赫定先生约同坐上去试。时船上除我们两个外，尚有冯考尔及蒙古人ᠭᠤᠨᠪᠤ[贡博]。人多水浅，船不易行。赫定先生以六十老翁乃能持桨力撑；至于我则虽尝划船，然皆在静水中，且船也全不相同，所以至此决无能为力；虽能站住，又不便碍他人事，只好坐下。三人撑，一人独坐，不胜感愧。走不多远，终究不大能走，遂靠岸。一不小心，船歪水上板，赶紧跳上岸而鞋已半湿！归稍眠。仲良因骆驼不好，又不能出发，与赫定先生商酌办法，决定明日在二十骆驼中（因将来要上哈密的骆驼此时须休息，不能用。只有将来要留此地的骆驼才能出去，所以只有二十五匹乏骆驼。昨天医生又带去五匹，只剩二十四）挑选一次，如能挑够更好，如挑不够，只好设法另雇。晚上又因牵骆驼的人不会说蒙古话，往给赫定先生说，请其更换。因谈及欧洲现在飞行状况。此时的欧洲已与我在那里的时候大不相同，空中旅行已完全成了极普通的事情。回顾我国的交通现状，不觉神伤。

四日，仲良因替换骆驼，至将午始能起身。下午稍眠，写家信。晚餐后仍在帐外围火闲谈。狄德满弹 mandoline，清醒娱耳，然我意不存，所弹大半并未听见，可为辜负！归帐九点，略读

AufHellas Spuren（《希腊之迹象》），寝时十一点已过。

五日，续读《希腊之迹象》。书记德人四次到吐鲁番，共运去古物四百三十三箱！披读之下，中心悒悒。我固一非国家主义者，且素主张科学、知识，为人类的公产，然吾家旧物，不能自家保存整理，竟让外人随便地攫取，譬如一树，枝叶剥尽，老干虽未死，亦凄郁而无色；对此惨象，亦安能不令人愤悒耶！昨晚赫定先生对我说，此事在科学上并非不幸，因第四次远征队去未几时，即逢地震；如非德人将此等材料运去，即要完全毁灭。我对于国闻太疏略，不晓得他的话真实的程度若何（后知并无此事），即使全如所言，而事出偶然，绝不能使人因此而气平。及看见著作人说："我们来吐鲁番太晚，如果早来，对于此种有名的带萨萨尼的希腊风味的（Sassanidisch Hellenistischen）画可得的更多；有一人告诉他说，第一次远征队到那里五年以前，他曾得到很多摩尼教的小书，金碧辉煌，但是第一他恐怕这些为异端的书，第二又恐怕中国官吏借端敲诈，就把这些书籍完全弃诸河中！"读到这里，又不能不"悁悁以悲"了。颇欲写两首诗借鸣愤慨，然精神不聚，不能得一语，只好出去散步，稍遣积闷。下午又稍读。晚餐后仍围火谈。归八点半，再稍读，寝十一点钟已过。

六日，早同益占出去，循河南走，约四五里，见数蒙古包、一帐篷，并有二汉人即将上骆驼，近则一人面像很熟，但想不起在哪里见过，谈次，才知道他为ㄅㄡㄦㄗㄨㄥㄐㄧㄣ［博尔宗金］的商人来这边收帐，他还能认识我。因益占想买毡条，就同进蒙古包，包为蒙古人住。问他毡是否要卖，他回答不卖。他又进酪浆、奶油、奶皮，情意殷渥，蒙古风俗固大抵若是。帐篷中为汉人在此做生意的。我们进去，内有一人方在高卧——更可以说是低卧，因为在这边的人当然是睡在地下——益占叫他两声，他还没有醒，我们本没有什么事，就出来。归稍息。午餐时听说有蒙古人从东方来，据说他听人说我们的后队已经到ㄍㄛㄧㄞㄍㄡㄌ〔戈喔依蚩勾勒〕——他并不知道是哪一队——然则他们三五天内能到，也在意中。午餐后翻阅《新疆图志》中左宗棠经营新疆时的奏议。所感觉的是，通常总是说左氏从新疆归朝后，夸张过甚，器量褊浅，实在又怎么样能怪他的骄傲！他经营西域时，虽兵尚敷用，而兵饷支绌万分；加以英俄从中挑拨，朝臣已有闭关之议，如非他力任其难，则西疆糜烂，英俄收渔人之利，且因他们的争竞，早引起世界的战事，亦未可知。并且他此时六十老翁，而犹晓夜治军书，以至咯血转筋，终不肯因此稍挫壮志，他的精神也真正有可佩服的地方。晚餐后月光极好而天气甚寒。在学生帐中稍谈。归帐仍翻阅左氏奏议。

七日，夜中觉较寒，早起听说夜中结冰，最低温度地面上为零下二度，空气中为零上一度。今日天气甚好，无风，日中温度颇高，然太阳西偏，即已感觉寒，深秋气候，固应尔尔。早晨仍翻阅左氏同其他疆臣奏议。午餐时，决定先派华志直接到迪化取钱并欧人的信件，返到哈密，同大队相会。天将晚，着外套，登小沙岭上一望。我们到的时候，林中只有几株黄叶（我曾问郝默尔，同一林木，何以此黄彼绿？他说大约有几株下，岩石较高，水份较缺，所以先黄。我又问他，同一树或同一枝，何以此叶黄而彼叶绿？他说木中纤维，老嫩不同，其引水力亦不相等，所以叶同时或黄或绿），曾几何时而多半已成金色！且黄色鲜朗，光彩若可照人。城内也有黄叶，然因空气不活泼，叶不纯黄，即已枯败，所以令人不快。我前好几年，已经感觉到城郊的黄叶大不相同。此地黄叶与北京郊外黄叶之比，又几与城郊黄叶之比相当，所以此地黄叶的美丽，决非蛰处都市的人所能梦见。并且城市的败叶，不能令人赏心悦目，也并不是因为它不纯黄。吾帐篷左边各树，不过开始微黄，然其颜色腴丽，亦足令人爱玩。要言之，放叶[眼]一观，叶有浓绿，有微黄，有金黄，各色相间。分开来看，各叶有各叶的辉彩；合起来看，互相衬托，绚烂照耀，璨若云锦，真足令人起一种无法名言的美感。我常怪吾国诗人，间或赞叹红叶，而对于黄叶的美丽，从来无人言及。如一提黄叶，辄使人起一种凋落的悲感。我总疑惑他们总是伏处都市，所看见的不出间井间的败叶，所以感觉如此！如果他们能到真正的自然界内睁开眼看一看，能到像额济纳河这样的地方游一游，他们一定可以恍然大悟，感到秋季的景物比其他各季的全美丽！归晚餐。月色极佳。立河畔，看见水流汩汩，月光摇摇；对岸林木浓黑，上间白云，凑成另外一种美丽的画图。回头一看，黄叶却完全看不出，好像一种浓绿的叶子上浮月光。自然界中的美景，如有人能领略，岂有尽藏耶！归寝时十点余。

八日，夜中最低温度为零上三度。今日早稍谈筹备国庆事宜。午餐后眠。借到卫礼贤所著《中国的灵魂》（Die Seele Chinas），翻阅一点。晚茶后登沙岭一望，黄叶更多，前些天黄的已现橘色。想望远，乃下取望远镜再上，徘徊甚久。听见晚餐铃始下。晚餐后仍围火谈。归翻阅《中国的灵魂》。寝时将十一点。

九日，终日风，天气甚寒。终日忙着筹备国庆。因天寒，换着中国衣服。给理事会写信，开一个头，又因事搁下。本预备明日十点开会，行礼后馀兴约两点钟，至十二点后散会午餐，但后因德人皆非常高兴，加入了许多玩艺，预计至早也得三四点钟散会，乃改为十二点钟茶点，散会后午餐。赫定先生并命蒙古人拾取很多的柴，预备明晚点起大火，以志庆贺。钱默满忙着帮助我们预备会场，预料明日当有可观。晚甚寒，月明如昼。早寝。

十日，夜中身上不冷，但因未戴睡帽，觉头寒。早起则帐中皆结冰，问最低温度，知已达零下八度三！因放氢气球未完，开会时间改为十点半。今日天虽寒而天朗气清，晚上又逢满月，实为意想不到的好天气。开会向国旗行礼，唱国歌，欢呼后，演说。我的演说约有二段：第一段略解释大家对于民国的误会，第二段略举当日鲁国的例子，指明中国的国情，就是发展自有的文化，并且对于攻击我们的人拼命地反抗，现在的运动仍是这样的意思。以后，赫定先生、钱默满、郝德、春舫皆有演说。馀兴分两段：第一段为音乐、唱歌等事；第二段为各种武技、运动等事。第一段有蒙古人音乐和唱歌，及学生等音乐、歌唱、幻术。我既不能唱，又不会音乐，乃念《岳阳楼记》一篇及《敕勒歌》一章。第一段毕，天已正午，乃用茶点。第二段在日程上者共十五种之多。然做出者只有百公尺竞走、拳技、摔跤、单足跳远、三级跳远、水中竞走六事。最严重者为水中竞走，横涉额济纳河，再转回来。今日水虽不太凉，然亦只有十度半，加之以竞走，实非容易。此运动为德人提议，开头几无中国人敢下，归结德人下去三个：华志、马学尔、钱默满；我国人也下去三个：益占及厨役张、洗衣役魏。结果华志第一，益占次之，魏又次之，馀又次之。华志最矫健，百公尺竞走、单足跃远亦皆第一。摔跤德人及汉人皆未敢真入比赛，差不多全是蒙古人：ㄇㄣㄉㄜㄌㄚㄊㄜ［门德拉特］年富力强，且躯干伟大，第一；ㄍㄨㄥㄅㄡ［贡博］青年矫健，第二；ㄙㄝㄦㄑㄝ［思耶尔切］摔跤老手，现虽上岁数，而非行家遇着他，真不值他三拳两脚，第三。春舫三级跳远，得第二。张的拳技也很可观。此六事作毕，已经四点多钟；只好吃饭。饭用中国做法，虽限于材料，不能做出几样，然欧人甚喜，尤其是赫定先生，因为我们的厨役，对于欧菜，实在做得不好，至于中菜，则比较易消化也。餐后，商量给奖品。奖品钱为团中所出，至于物品则为我个人、春舫及外国人所捐助。晚，举大火，火光冲天。时月明如昼。大家乃又于月光下作袋中跳、拔河、四足竞走各戏。最剧烈者为拔河。第二次德人一边，蒙古人一边，德人失败，不服，又开始第三次。归结绳断，两边皆倒。第四次学生与德人较：学生方面，益占、皋九、达三三人；德人方面，则为学生所自选之敌手：马学尔、米纶威、狄德满，皆彼方之健者。归结，学生虽败而益占、达三的强毅，固极可称；惟皋九稍弱。以后或歌或吹或弹，或练行军、唱军歌，直至十点钟，始散会。预备之初，惟恐馀兴不能延长至两点钟，至于尽终日之欢，全体皆大欢喜，则始愿真不及此！礼场无花无灯彩，然钱默满帮助学生用各种颜色的鲜叶点缀，真非天安门外的牌楼所能比拟！在此四望少见人居的地方，竟能这样欢欣鼓舞地祝贺国庆，外国人全谓为最特殊、最美丽的节气，洵非虚语。回帐时，皎月中天，黄叶满地，另是一番景象！即寝。

十一日，夜中最低温度八度，然昨日七点钟零下三度，今日七[点]钟则为零下五度。本议今日益占、春舫同马学尔到毛目取信及购物，然因昨日游戏太疲乏，改于明日；又因赫定先生忘对哈士纶说，骆驼远出放草，明天回不来，改在后日。上午写给致理事会信，致甘肃省政府信。下午将此二信并黄仲良前已写成的致新疆政府信请赫定先生签字。赫定要把我昨天所演说及朗诵的文字记下来，因将《岳阳楼记》及《敕勒歌》口译出，并将演说大意复述，请他记下。

十二日，夜中温度与前几夜相仿，白天则较暖。早晨同益占、达三到沙岭上一望，树叶落的不少，黄叶未落者略现紫色；未黄者略现黑色，疑惑它将来就要那样落下，不能黄了。河右岸尚有多树浓绿，中拥若干深橘色之小树，自有特殊风味。归，完前几天所未写成的家信；写致毛目县邮政局信一封。下午抄录赫定先生路线图上从ㄏㄚㄋㄚ［哈纳］河到这里各站的距离方向。郝默尔同哈士纶从噶顺淖尔回来。据说来去沿河风景甚好；至两湖边则绝无树木，草类亦少，无可观览，云云。晚餐后围火坐谈，归写给半农、兼士、叔平信一封，驼群诸友人信一封。寝时十一点已过。

十三日，夜中最低零下四度，全日温和。早晨春舫等三人预备起身。十点余尚未启行，忽闻河东岸有十余骆驼回来，以为系希渊或那林后队来到，及近，才知道是ㄇㄚㄊㄞ［马泰］等所领在后边休息的乏骆驼。这一队骆驼通共十六，死了五个，回到者十一。春舫等动身时已一点钟。下午因为华志后日将起程赴迪化，再给新疆杨督军写信一封、迪化邮政局信一封、证明书一。晚餐后围火坐谈，郝默尔说："这里郡王要修新衙门，汉地工人一二十，差不多全患牙疼腿疼，当时因此种缺少生命素症无药可医，只好命他们每天买新鲜牛奶或羊奶吃。现在知道生肉内含生命素颇多，且价较贱……"他请我们拜会郡王的时候，可以顺便告诉他们说。如果他们每天能购食生肉一片,两月后约可痊愈。归帐补写日记,未完,蜡烛完了,灭了,只好出去。外边月明如昼,群犬怒吠,往看,不晓得哈密同ㄎㄚㄦㄚㄏㄡㄊㄨ[卡尔阿侯投](另一犬名)为什么在赫定先生帐前大打,几将他的帐子蹴倒。郝默尔很困难地才把它们拉开,它们两个全已经滴血淋淋了!时火已无焰,然温和可人,胜有焰者远甚,遂与郝默尔继续谈生命素问题甚久,归寝时十一点半。

十四日,夜中温度同昨夜差不多,全日温和。随便掀阅《新疆图志》。午餐后寝。因天暖,外国人多下河浴。晚餐后围火坐谈,大家饮酒给华志送行,赫定先生有演说。归帐欲补作日记,则笔头胶到笔帽里边,无论何法皆不能出,此次不晓得怎么样能忘带其他毛笔,颇以为恨,只好就寝。

十五日,今日天气颇暖。颇费事才把笔头取出,收拾若干时候,对付能用,现在所用还是它。决定后天到索果淖尔附近拜会郡王,后游东西二海子(东海子即索果淖尔,西海子即噶顺淖尔),大约一星期当可回来。补作日记。晚茶后,登沙岭一观。浓绿者已少,金色黄叶已全无有,林木或苍郁,或略现紫色。天色尚早,乃从西方下,向西漫游。遇数树,叶尚浓绿,近前审视,尚绝无枯败的意思,余树则已枯黄半落,因早黄者,大约系嫩的、过老的、早衰的、或缺少水分的,至于正盛年水分不缺的树,则虽遇见零下七八度的温度,尚可支持若干时候。并且这样树的叶子是渐紫渐枯,并不变黄色。走了三四里,太阳已将入山,遂返。觉得这样近,万无迷路的事情,遂随便走。今晚天色不甚清明,晚景无大可观,然返顾西方,则天上余光尚明,树色已经沉黑,明暗相映,仍成一幅美丽的画图。走得颇远,尚未得旧路,心中颇惊惶,然恃前边有河,以为到河边总可以看出我们的驻地在哪边,遂向河直趋。闻左边林中有犬声、骆驼声,想去一问,又觉得无须,仍向前行,未几即见河。方向不误而驻所在南在北,仍无把握。时已黄昏,看南边有高地,疑在南方,然侧耳细听,则北方有犬声,又有铃声,以为或离驻所不远,是我们晚饭的铃,也未可知,遂沿河向北走。然走了百几十步后,觉得万不是我们住的地方,因为驻所靠河而此犬声则离河稍远,因疑走得过南,走到前几天所过蒙古包的南边,然无论如何,总是以找着人问问为是。并且也听见人声,遂向人声走去。走近,有数蒙古包,但非前日所过者。先看见一小孩及许多羊、骆驼。小孩不懂汉话,又找见一妇人,正在招呼幼驼吃奶,我即以蒙古话问好,她也回答;但我只会这一句,再同她说汉话,则完全不懂!此时我非常地狼狈,天已定黑,情知离驻所不远,沿河边总可走到,然惟恐方向走错,愈走愈远!只希望找着一个男人,他或者能懂得两句汉话,如果再能送我几步则更如天之福!看见包中有光,遂掀帘一看,中间火光正燃,旁有一人正在酣眠,貌似汉人,遂把他叫醒,果为汉人!他让我进去,谈次据说他姓王,太原人,一人在此做生意;我们驻所在南边二三里云云。以后又进来两个女人、一个男人、一大群小孩子。女人给我说话;据王翻译,是说天色已晚,让我们住她那里,我辞以不能,即请王姓送我,他慨然允许,遂出。途中详谈,才晓得他本在ㄅㄨㄦㄗㄨㄥㄐㄧㄣ[勃尔宗金]王爷府生意中做事,以后出来,在ㄍㄛㄧㄔㄍㄡㄌ[戈喔依蚩勾勒]自己做生意,但因伙计不佳,遂致赔累,现生意不做,来此地收账。他住在我们南边帐篷内,前几天经益占叫几声高卧不醒的就是他。他今天因为马跑找马，遂走到这里。这家也是他的债主，家只有妇人，并无男子，云云。没有走几步，已见我们驻所所燃的火光。到时约将八点。吃饭后往围火稍谈。

十六日，夜中最低温度零下两度半，早晨翻阅中山的实业计划。大体看来，此种计划虽极伟大而实确实可行，噫此种计划为理想空谈者，一定是喜欢在泥窝里滚的脏猪了！午餐后眠。起检点东西。晚围火坐谈，郝默尔近来检书，说："这边最流行的Scorbut（症状为牙床疼烂及腿疼）是因为缺少C种生命素（生命素共有三种）。此种生命素是萝卜、白菜（青叶者）、白薯、番茄、豆角、葱、豆芽里面含的最多，生肉次之。"然则我们冬天所食，净是些饱含C种生命素的菜蔬，骤然缺乏，其患病固宜。此等知认必须广为传播，始可预防。等到迪化后，当设法宣传，因为在这边的汉人大半皆患此症。如能预防或疗治，真正功德无量。

十七日，夜中最低温度零上半度。早晨接到黄仲良信一封。收拾东西，九点三刻动身。赫定先生同哈士纶昨天在船上往下流走三四里，后登岸步行回驻地。今天同骑骆驼先到昨日登岸地，再上船前行。至拉尔生、达三亦乘驼由陆路走，外带王、鲁二仆及蒙古人三。韩普尔同钱默满亦乘驼同出发，但彼二人为独立一队，不一定跟我们同走。初出行时有沙，不久即完毕。有一两节戈壁，然亦与林木相间。我在骆驼上面，不晓得怎么样想到平素所不满意的中小学教育问题。我从很长的时候，就觉到我们现在北京的中小学校——其实别处也是一样——同我个人理想太不合：坏的不必说，即如师大附中同孔德学校全是北京比较有名的学校，前者功课较佳而太拘形式，后者精神颇活泼，而公子小姐气太重，且太偏文艺，科学同体育方面，皆不惬人意。可是我虽然觉得他们办得不好，我理想中的学校端的应该怎么样办，却还没有一定的意见。今天的思路愈抽愈长，很得到不少具体的计划。详细须改日整理，此地不能详说。约言之，我是想把身体的锻炼、思想的练习、美感的陶熔三件不大容易兼顾的事情，设法使它们平均发展，而尤以前两项为最注重。联络它们的关键就是自然界。对于雅典，取其美感和清楚的思想；对于近代的科学家，取其实验的态度；对于欧洲中世纪武士，取其勇侠的精神。同德国及日本教育大不同的地方，是他们为偏狭的国家主义者，我们却仍承袭我们大同的主义；同现在我国教育大不同的地方，是我们对于书本非常轻视，最主要的是引着学生练习着观察自然界，并且从外面看起，我们的教育是粗野的，非柔靡的。我自信这样的教育才是正路，等翌日将意见完全整理好后，即当竭力鼓吹以期实行。我今日因为想设法使教育转视线于自然界，以致自然界在我面前展舒，我几乎毫无所见，极可笑人。十二点一刻抵我们放骆驼的地方，下骆驼，大家以为或即在此住，然等两点多钟，赫定先生及拉尔生等全不来，我觉得一定要住这里，遂令他们搭帐篷。刚收拾好，稍休息，ㄅㄢㄍㄝ［班伽］骑骆驼来，说他们已前行，驻地在河彼岸不远，让我们跟去，遂又收拾起身。然起身后，则向反对方向回转，走三四里，渡河，河滩颇宽，尚有软泥。又前进五六分钟，即抵驻地。驻地为在树林中一隙地，东邻河，因为额济纳河从上流一二公里处分二支：刚才所过者名ㄡㄅㄨㄧㄣㄍㄡㄌ［欧勃音勾勒］，西入噶顺淖尔；现在所看见者名ㄉㄥㄉㄦㄍㄡㄌ［登笃尔勾勒］，东入索果淖尔。后者河道甚狭，然闻水较深，行船较易。林木较原驻所更大，风景颇佳。韩普尔同钱默满则早已前行，不住此地。

十八日，夜中颇暖，最低温度零上二度八。早餐后看赫定先生同哈士纶上船。赫定先生量船长，量水流速度（岸上量一个底线，掷一物于水中，看它走几秒钟，作三四次后始定）后始上船。哈士纶则赤足裸四肢，只着一毛背心、一短裤，俨然一水手，在后持棹管船。此时颇有风；落叶飘飘，黄流滚滚，二人乃乘一叶扁舟沉没于河湾林中，这是什么样的境地！并且对于这件事，他们还有很可佩服的地方，就是他们不管到什么地方，于万无可设法之中，总要自己设种种法子，去达到目的；一次两次不成功，能试验到五次六次；别人不能帮助，就自己亲身下去！他们一定要用船游额济纳河的计划，我们中国人现在还有笑他们的，然后知中外人的局度器识果不易相及也！再者他们这一次的游，在科学上也有大的关系，因为从前的人永远没有在船上作一幅额济纳河的详图，赫定先生此次所作图还是一种新东西。大家总是觉得治科学的人的生活太嫌枯燥，缺乏美感，我从前对于这一类的意思就不很相信。今天的感觉就是科学家的生活与美术完全相合，因为他们的目标全是自然界也。九点刚过，起身，向北行，总是从杨林或红柽林穿过来，穿过去，步步引人入胜。十二点后在河边稍停，等船不到，又上驼行。将二点，抵一地，蒙古人听说离郡王府尚有二十里，遂行止宿。驻处在一疏林前，帐门对河，距离丈余，风景佳胜。树尚浓绿，无变色的意思，尤为特殊。稍眠，起，船尚未到，颇疑惑他们已经过去。四点后，船到。赫定先生的帐篷偏南，门距河只四五尺，有大树数株，颇可系船，下船即可入帐，诗情画意，令人叹赏不止。赫定先生说：在船上，方向时转，没有过三分钟不需要看 Combas 者，所以颇疲乏。然彼下船后见风景绝佳，立时又作简画一幅。餐后趁太阳未落，又赶作简画一幅。他作毕后，大家共看他所作的路线图。据他说，有一节，河广不过十二三公尺，两岸茂林深密，枝叶相交，若行"碧洞"中，惊美骇奇，不禁狂叫。惜乎我未乘船，不能饱此眼福！今日据达三计算，约行十九公里；步行三公里。

十九日，夜中最低温度三度三。七点三刻，大队尚未齐备，先一人沿河先行。对岸林木甚茂，大多数的叶尚绿，或微红。昨晚驻地树叶不变色，有人以为是离河太近，水分足的缘故，但从今天看起，一定不对，因为有一节，近河一层已经全枯黄，而后层河高的地方，倒反绿中微红。又往前走，河向左曲，河流甚宽。今天顺河走的时候，总有一种幻觉，就是：看见前面林木以为在此岸，走到跟前，则河已左转，隔在彼岸；此时总以为转向西走了，一看太阳，则仍是向北走；屡次如是，至今思之，尚未得其理。林木中时闻鸟声，颇似莺啭，但声较短，未知是何鸟。时见骆驼，就河饮水，近人不惊。此地比原驻地较北，而林木较绿，未知何故；或者因为地面较低，亦未可知。左岸树林无右岸的蕃茂。九点余，对岸林中有蒙古包，山树掩映，意态佳绝，颇想涉河一玩，但因水凉，终未敢尝试。稍息，船亦到，遂与船先后向前行。时天颇热，手携棉袍，颇觉困乏，待驼至，上驼。路离河较远，地下横死木颇多，即立者有一半已死，余者亦枯郁不茂。十二点余至一地，下骆驼休息，且待船到。面前数十步，有一土阜，上无草木。登上，望见前三四里许，有一庙，庙后有若干土房，大约就是郡王府了。庙府在一高原上，童然无草木、无风景之可言，而郡王乃卜居于其处，兴味之未可强同，至于如此。东北方远处望见帐篷，大约是韩普尔、钱默满二人已经到了。船至后，即上骆驼，向帐篷方向走去，两点半到。他们两个昨天到ㄡㄅㄡㄧㄥㄍㄨㄣ〔欧勃音勾勒〕，今天从那里起身，也才到一点钟。地名ㄙㄝㄦㄙㄥㄑㄝ〔思耶尔僧伽〕，庙名ㄉㄚㄍㄉㄧㄥㄍㄥㄅㄚ〔达戈林庚巴〕。驻地前临ㄑㄇㄦㄍㄨㄣㄍㄨㄣ〔祈乌尔衮勾勒〕，为ㄉㄥㄉㄨㄦㄍㄨㄣ〔登笃尔勾勒〕的异名。驻地四望无树木，遍地芦草，现已黄枯。太阳落时，风住云静，晚霞光彩耀目，似特以补此地风景的不足。时韩普尔、钱默满脱衣下水，量河宽水深。河此地宽二十公尺稍弱，每一公尺处量一深度，最深者七十五公分。今日河道弯曲颇多，但水较深（最深处以二公尺半的竿下探，尚未能至底），故较易行舟。陆路据达三计算为十三公里半强。步行约八公里余。今天赫定先生因路上风景甚好，差ㄅㄢㄑㄝ〔班伽〕送信给李伯冷，命其明日前来。

二十日，夜中觉寒，最低温度零下一度八。终日风。早晨派蒙古人持赫定同我的名片到王府请他定时间相见。回来，据说这几天不能相见，等到二十七八再派人到我们那里订时期。才听的时候，我同赫定先生全非常地生气，以后才想到他对于我们因为莫名其妙，实在有点害怕；他所说的二十七八，大约是派人到毛目或酒泉，询问应该怎么样对付我们，到那个时候，大约可以有回音，才可以决定。并且据哈士纶说他们（他同黄仲良、郝默尔）见这位郡王的长王子（因为郡王老而盲，不能见人），人颇和气，他并且老实告诉他们说：他对于我们不很放心，然则他这种过甚的小心实在是很可恕的，我午餐后立时给他写一封信，把我们见他要说的话对他全说，并说我们完全研究学问，不作任何政治的运动，留此地气象测候所的团员，也不至于冲突本地固有习惯及损害塔庙等类的举动；能见固好，如此时不能见，好在钱默满同益占在这里随时可以相见，至于我们则不能再来云云。派人送去后，有一人跟来，说他们那里无人识汉字，请给他念一念。我给他讲一遍，塞拉特翻给他听。他听后说我们如果没有要紧，能再留一天，也可以相见，我回答说我们事情很忙，如果明天上午能相见，也可以等半天，否则无须。他说回去商量后，即来回信。然至现在亦尚未有回信。因为郝默尔托我给病人所说的方法，给他们的大豆，还没有给他们，所以明天早晨还未能走。晚餐后围火坐谈。赫定先生明天或后天将用船游索果淖尔，测量水深，但船实太迁就，如有骤风，颇有危险，因劝他不要入湖，或多停几天，将船收拾好再去（如果用羊皮将船蒙上钉好，使水不能进去，则危险可减许多）。他总觉得不要紧，并且仗恃自己会水，总是想就这样的去。此老翁好名及大胆，固有点太过，然而其冒险的精神，也太令人佩服！我虽然比他年纪小得多，而既无经验，又不习游泳，不能同他一块去工作，既感且愧。我更感于我理想中略具斯巴达风味的学校，万不可不办了。下午三四点钟时，李伯冷同其仆人宋来到。

二十一日，夜中最低温度零下半度。早起，王子来，同他相见。谈论一切，并请他保护此地的气象测候所，他全表示好意。王子鬓发已苍，大约四十几上下。如果我的观察不误，当系一个诚实人。他去后，我同达三同到庙上，找那一班病人，并将团中所带的豆子，交给他们一小口袋，使他们泡豆芽吃。先见一个姓梅的，系他们管事的人，他是西宁人，工人全是他从西宁招来，为修新王府的。同他谈，知道他们因为冰冻，不能作工，快回家乡去，等到明春再来。他出献青稞炒面和牛奶油，这两种东西全是放在茶里吃的，略尝一碗，味亦颇佳。出观新修王府，外墙白，上有红缘，似庙宇。内全系汉式，有走廊，颇楚楚可观。共三四十间，听说包工不过一千六百两银子，若置北京附近，恐怕不下五六千元。因为木材本地全有，砖瓦石灰全是匠人自己在此地烧的。烧石灰的灰石则取之北方百余里山上。出看病人，稍谈即出。庙在附近，颇小，只有一殿一院，无暇进观。归途中见大队已动身，王殿臣压骆驼迎来。上骆驼，时十一点三刻。前行不久，即见积水，时须绕避，大约此等低地，古代全在湖中也。一点二十分已离湖不远，遂靠河驻下。到湖边一看，需时七分十五秒。湖边水浅，无岸，远望北边有岸。前闻此湖水淡，略尝，亦颇含咸味。归稍息，洗脚后，顺河到入湖处。河向东北行，弯曲颇多，将入湖时先分三支，后分支无数，水极浅，船万不能走。刚才赫定先生乘船来此，船尚置于此地。遂沿岸西行，至一小半岛上，则四个外国人全在那里。对岸近处，有小岭，上有鄂博，远有连山。据哈士纶说：鄂博名ㄅㄨㄦㄨㄨㄅㄨ［博尔欧欧博］，ㄅㄨㄦㄨ［博尔欧］，青也；远山东端两峰，名ㄋㄛㄧㄣㄅㄨㄅㄨ［诺音博克兜］，ㄋㄛㄧㄣ［诺音］意谓首领，ㄅㄨㄅㄨ［博克兜］，神也。再西名ㄎㄨㄎㄜㄕㄣ［库柯申］；再西，名ㄊㄛㄙㄊㄝ［妥思帖］，此二名未知何意。据他说远山有二三百里远，皆已属外蒙古，然据泥水匠言，灰石即在此山中取，仍属旧土尔扈特旗，二说未知孰是。此时ㄇㄣㄅㄨ［门兜］在湖边淘泥，据说河口船万不能进湖，所以要在此处开一沟，以便船从此入湖。今日驼行六公里九，先到庙上步行二十分钟。

二十二日，最低温度零下一度六。本意今天早起，七点半同达三同去游湖一周，乃未起时，七点半已过，赶紧起，又因达三衣破须缝,出时已九点七分。初意尽一日之力,转一周,当有余力,所以紧随湖边走,任何曲折,全要走到,且走得不快。达三要作湖图,走得更慢,我走半点钟,须要等半点多钟,所以走至一点钟,才走六七公里;且此尚并各种屈折计之,如不计屈折,尚只四公里强,预度或只得全湖四分之一。稍休息吃点东西,商议快点工作,不然,恐天黑时回不到住处。此时拉尔生来,据说,赫定先生船已入湖,全体要搬到湖北岸鄂博下。这样图即勉强作完,亦万回不到北岸,乃令达三留下作图,作到那里是那里,我一个人先行。此时我计算半点钟可到鄂博下,太阳落时,可回至河口,围湖之游已终了,此后回时虽天黑,然沿湖走不至迷途,八点钟当可回到北岸驻所。此后走路颇快,然仍不遗曲折,又走一点半钟才到鄂博下,时已三点钟,路尚未及半,预计日落时,离河口还有很远,今天万没有法子,且颇疲乏,遂停下。此时西风颇紧,颇悔不强劝赫定勿以此种船游湖。固知浪并不大,他们大约可靠东岸,然乘上笨重易吃水的扁舟,终不能令人安心。稍顷,达三、拉尔生皆到。拉尔生说今天风大,赫定先生等今天过不来,当留东岸。我问他们带皮袄没有(前天晚上赫定先生告诉我说,他要带皮袄乘船过湖露宿),他说:"没有,但是他们带有火柴,晚上可捡柴点火,不要紧。"我说:"那要受冷了。"他说:"不要紧,这是旅行时常事。"我心中爽然自失;因为我之不往前进,也有点怕天晚受寒,赫定先生六十五岁老翁,乃以无行李露宿为常事耶!达三又前行一节,天黑后返。快五点钟,骆驼全至,派ㄆㄢㄍㄝ[班伽]给赫定先生送行李,然并未送帐篷。天黑后,看见东南岸有火光,知道他们安抵彼岸,心乃大安。晚寝时九点刚过。湖因与地平无岸,故曲折极多。

昨晚望北边有岸，其实何尝有？现在又见南边有岸了。不过南边湖畔水浅，北边较深。拉尔生说北边好得多，南望像北戴河。北戴河我没有去过。未知何如；不过北边水较深，兼今天有风，颇有波澜，一望苍茫，很有大海的神气。今天走路不过十五六公里，然觉困乏。

二十三日，夜中最低温度零下三度一。早起，九点钟仍同达三继续向东北游湖。知东南隅路程较长，故行颇快，我隔半点钟休息一次，至于达三则除吃东西外，并无休息。我仍随水曲折走，预计下午三点钟以前，可至南岸河口，从分叉浅处渡河。今天风平浪静，天气极好，风从东南来，大约赫定先生同哈士纶很容易过来，过来后，因为此地水咸，或要搬到西面ㄡㄅㄡㄧㄣㄍㄡㄉ［欧勃音勾勒］边上。我们出行以前，预嘱王殿臣，如果要搬，他就带着三个骆驼，到南岸河口附近接我们；如不搬，就无须接，我们自可步行回来。向东北走一点多钟，湖转向东南。据岸势推测，此地最多之风，当为西南南，或为正南，因东北及西北沿岸，沙被水拥，成尺许高的小沙梁，余岸则无有。因此南岸及较北方（此湖尖向东北，故无真正北岸）岸较整齐；至西北及东北方则小半岛极多，尽随水曲折。专就此节言，路要较多一半。东北方距湖一二百步，有高岸约丈余，古代湖水大约能到其处。又因昨日西风，水向东涌，今日退下，故紧随东岸更难走。一点钟吃东西时，遥望东南尚远，只拟太阳落时，能到河口。东南有两大湾，内凹，视足迹知赫定等昨晚在北一湾内住。四点许始到东南隅，路转西行。路较直，以为再过一点左右，当可至河口。五点十分，太阳入山，河口尚在疑似中。五点半以后不敢再随曲折，只好抄近路走。五点三刻，达三已看不见画图。此时我除了休息时间，已走了六点半钟，兼之东岸沙泥时陷，已觉困乏。心中自言，此时最不希望者为北岸火光，因为如见火光，则大队未搬，过河后尚有一二十里路走；否则王殿臣来接，过河即有骆驼骑也。乃转瞬间最不希望之事，竟赫然现于北岸！然亦无可奈何。惟一希望为早到河口，然"行行复行行"，河口尚渺无踪影！此时有一件事，大出我们意料之外者，则"西岸"又见火光也！我们两个稍想以后，全觉得一定是赫定老翁今天觉得天太好，从东又横贯到西岸，在那里露宿。如果那样，我们也没有什么不高兴，因为我今天出许多汗，非常的渴，归途过那里，或者可以得到点喝的。乃湖边转向西北，直至我们到火光正东方，而湖仍向北行不已，然则这个火光一定不是在湖西岸的。此时火光已不甚远，我乃决定向火光直趋，兼大呼。渐渐听见远方的应声。又前，已听见王的声音，大喜；听他说，这就是前天住的旧地方，现在钱默满同韩普尔两先生在这里住，我们的帐篷也带在这里，更大喜过望。但是，但是……还有一道河在面前，怎么样能过去呢？河岸太陡，骆驼不能下；我拟到下游浅处过，随行的蒙古人说下游的泥更深。达三勇甚，脱衣下探，只过腹，我也就脱衣，达三又过来，将他自己的衣服取过去，又过来将我的衣服拿过去。钱默满君怕我嫌水冷，乃大呼刚才量过，水中温度十一度。我跟着达三下水，觉水甚凉，幸只有十几公尺宽，转瞬过河。岸上有大火，急走向火，并披上皮外套，稍息，一点不觉得冷。钱默满君乃言水并未量过，他觉得也不过九度。王说赫定先生今天下午两点钟到岸后本欲西行，所以他来接我们；但他们向西走三四里尚未离湖，又住下云云。晚餐后九点即寝。湖周围，据我们预测，不过五十里左右，然实有四十公里。至于我所走，统昨日的计算，大约离百里不远。

二十四日，最低温度零下四度二。早起，达三因昨晚图未作完，还要过河续成；王殿臣说旧驻处有不少的石器，也还想再去找一找；因决定达三去接续工作，我同王骑骆驼到旧驻所，达三工作后，再从西岸转到那里，再一同向西行。钱默满给我一截灌肠，汤料一包。我觉得无用，然彼意殷殷，只好收下。到湖西岸，遇见大队已动身，因问他们要一部分吃的，继续前行至鄂博下。王往捡石器，我上鄂博上一观，来往约五六里。鄂博以石垒成，然无阶级。前有一毛绳，横挂木杆上，上悬红蓝及他色的丝织品，为他鄂博所无。神桌上有极小泥灯，极小泥筒无底，不知何用。外有泥马、泥元宝、泥骆驼。一泥元宝上画字酷似 1517，但细审，恐系藏文形式偶合。泥骆驼骤看不似，因下系平底，故无腿，上则驼峰高与平常之腿同长。外粗纸中包有吾乡之所谓"白点心"者，不知已经几何年月。下，吃东西，时已两点，因回到西岸等达三，从三点等到五点，绝无踪影，心甚焦急。因捡了许多柴，预备住宿点火。太阳已入地，尚未定黑，达三从北方至，盖彼于十二点半钟工作完后，觉得由东边走至鄂博下，虽稍远而无河渡，且觉得很早就可以到，遂从东边又转一圈，所以晚至现在。相遇后遂向西出发。我们在ムセルムム乙くせ［思耶尔僧伽］时，曾向王子借得一车，为将船从索果淖尔运向噶顺淖尔之用，所以我们今天遇着拉尔生，他就对着我们说顺着大车辙走，总不会错。此时我们先向西北行，遇着车辙，则偏向西南，虽觉得不很对，然只好跟着走。未几天黑，望见西南南有火光，以为是大队点火引我们，对于方向虽怀疑，然因蒙古人绝无在外点火者，遂照着它走。以后辙也看不见了，火光也不见了，以为地低被遮，仍照原方向走。前行走到红桎林中，路极不容易走，然经过几转，仍照西南南走。骆驼停下，知道前面有下坡，我们以为无何要紧，催骆驼下，下后始知其险，盖高约二公尺，颇陡峻，白天到此，万不敢下者，幸不坠，则大笑。又上又下，共三四次，但后几次无第一次之险。红桎稍稀，路较好走，但高过丈，丛生如墙。此时知火光万找不到，则欲走到河边再说，遂向西南走，不远，已见河。想顺河向西北走，则沿河林密无路，此地风景又佳绝，遂在杨林隙止宿。大约快九点钟。地下到处皆柴，遂燃着。河中有淡水，但无水壶盛水，乃将饼干匣子腾出，盛水坐火上，不久即开。吃一点饼干，喝点开水，真盛馔不啻。寝时十[点]钟。

二十五日，夜中最低温度零上一度。早起仍用饼干匣子用汤料作汤，味甚鲜美。外每人分得灌肠两片、饼干三四块，虽未能大饱，已可御饥。外尚余饼干十余、蔻蔻糖三四小块在腰间，留以备饥。派达三向西北方下游去寻大队，王向东南上游去寻，约定走一点钟，无论找着找不着，全回来再商议。二人去后，想补作日记，又怕骆驼跑得太远，乃在帐外近火写。风颇大，有一骆驼走得稍远，把它捉回缚住，继续写下。未几，王到东南七八里，遇一庙，问有外国人否，答以未见；问离湖尚有若干远，答以三十里。达三寻返，言走一点一刻，无所见。据达三意，即欲回至庙旁等待，我决定向西北湖口寻去。起身时，十二点十分。林外有路，向西北走，初为红桎林，弥望无际。出后有沙子原，左可望河。时风愈大，路偏向东北北行，恐走错，又西引向河，河流极曲折。总之我们不大敢离开河走，所以走不少的冤枉路。我们遇着一个赶驴的，我们问他，他一点不懂汉语，但是他大概也知道我们要上噶顺淖尔去，就很诚恳地给我们说了许多，我们也不懂，只好谢谢他。以后大车辙时见时否，寻找亦颇不易。快四点钟，遇见一个蒙古包，我们又去问，他也不懂汉语，但是我们设法使他知道我们同外国人是一起的，他就指手画脚给我们说了许多，大约是他们住得不远，就在那个方向，我们就顺着他所指的方向走。在蒙古包附近，看见有一个蒙古人正在织毛毡，看见蒙古人的真正工业，这算是第一次了。前进未几，又遇见一个蒙古包，那里的人不惟略懂几句汉话，并且知道外国人那边还差三个人。没有走几步，已经看见帐篷，到时四点十分，共走四点钟。见赫定先生后说了很多的话，因为我们别了四天，他第一天作了一个很担心的航行，我第二、第三、第四三天也有很多好玩的经过。晚餐后围火坐谈，赫定先生想去游湖一周，但湖水不能吃，四周除了离此地西二十五里的ㄇㄝㄉㄨㄣㄍㄨㄌ[蔑伦勾勒]，并无井，想用饼干筒子及水壶带水，只能对付够三人用的，所以只拟同哈士纶及向导（即刚才所遇略懂汉语的蒙古人）同去。我听说也想同去，并且如果我去，达三也一定想去。赫定先生因水不易得，不愿我们同去，提议或我们去，或他们去，我却是主张同去。但是想不出运水的好法子。归结想起蒙古人或者有水桶，如果明天能借来，那水就不成问题了。补作日记，未完，寝，时约十点半。

二十六日，夜眠不佳，因到噶顺淖尔须要四天，我所骑的乏骆驼，是否能支持；如果它驮不动人，我昨晚允许可步行一半或三分之二，但睡醒时腿仍觉乏，是否真能办到，全成问题。醒时想过来，想过去，有一点多钟没有睡着。早起天甚冷，最低温度零下八度七。然精神已复原，不觉困乏，觉到噶顺淖尔一定可以去了。又从蒙古人处借到水筒。但据拉尔生说：赫定先生，实不能任此疲乏；如果过于勉强，恐怕他的旧病重犯。我如果要决定去，恐怕他老先生一定跃然欲试，所以只好劝他同回，单派达三同ㄅㄢㄍㄝ［班伽］及向导同去绕湖作路线图。驻地离噶顺淖尔尚远，因为湖附近多淤泥地，不易走近。有一个地方能走到，听说还需要两点半钟。登高处望见湖，据赫定先生揣测，如走直路，最多不过二十分钟。我就想趁着今天未起程前，去试着走到湖边看看。刚走的时候，有许多积水，时须绕越，以为继续如是，即难走到。然不几分钟后，地甚干燥，有许多低陷地，亦无积水，以为不久可到，乃从"红柽冢"间，向北直穿了半点钟，尚不得到。登高一望，则湖并不见近。因不愿耽误回程，遂返。将十二点起身。除达三去绕湖外，李伯冷同哈士纶到来时所过两岸枝柯交叉处去照电影，我们只剩赫定先生、拉尔生同我，外有王、鲁二仆同ㄇㄣㄉㄡ［门兜］而已。所行路大约与昨日相同，不过少走些冤枉路，望见昨日驻地时，将三点钟。前进，从庙西边过。未几，赫定先生去已远，只有拉尔生留在后面给我们指路。忽有一人骑马来，汉话也能对付几句，拦着我们，叫我们向回头西边走，说我们的帐篷在那里。我们疑惑是赫定先生派他来叫我们的，遂跟着他回头走了不少的路，拉尔生不来，他又跑着去叫；回来说，他们还不住，你们还可以从原路走！回到原路，不见一人，也找不出驼迹，只得在柽林中乱穿。正在焦急，闻有呼声，则ㄇㄣㄉㄡ［门兜］来找，大喜。问之，知大队已在前边不远ㄉㄥㄉㄨㄦㄍㄡㄌ［登笃尔勾勒］右岸住下。此骑马人系庙中一喇嘛，至何以闹出这种误会，则我遍问，到现在还不明白。时风大起，太阳已落，抵驻所，围火，穿外套，得不冷。晚餐后风愈大，七点即寝，寝时因达三无帐篷，颇以为念。今日步行约二公里。

二十七日，狂风怒号终夜，因盖厚，得不冷。早起极冷，因达三将最冷温度表带走，故不能知最低温度。早晨量水中温度，得零下小数一，但因风大，除沿岸有少［量］冰外，余均未冻。将水温寒暑表提出水外，未几而表下筒中水已成厚冰。起身时，九［点］钟已过。林木经此次冷风，叶均无存；自然界已呈睡象，等休息后待明年春天再来发华结实。还有几棵高大的树木，横撑空中，或金色照人，或浓绿带黄，好像垂死的英雄，还在奋它们最后的气力，与猛烈的冷风鏖战。时天朗气清，间有微风。十二点，过第二日住地，河边树上，叶亦均未黄落。下午四点余，止宿。驻地在ㄉㄥㄉㄨㄦㄍㄡㄌ［登笃尔勾勒］河畔，然闻离ㄡㄣㄡㄧㄣㄍㄡㄌ［欧勃音勾勒］只二三里。晚，天甚寒，九点钟至零下七度三。帐中置若干火炭，补作日记，未完，墨已成冰块。此时赫定先生看他帐中温度，已至零下五度五，他帐中的火比我的多，然则我的帐中尚不止此数，不得已就寝，时九点半。今日步行四五公里。

二十八日，夜中甚寒，盖得只觉重，不觉暖；被窝稍不着体，再触即觉奇凉。早晨八点许水温度正在零点，冰凌聚成大块，随流而下，形式有若桃者，若盘者，颇规则。赫定先生说：塔里木河中，凌块亦复如是；凌块分合聚散，皆有定律——宇宙间现象何一无定律者——因其常旋转，且互相抵触，故形式常圆。然此河中凌块旋转不速，形式不尽圆，大约因水流不速的缘故。九点钟起身，未十点渡ㄡㄣㄡㄧㄣㄍㄡㄌ［欧勃音勾勒］，有前天骑马的喇嘛及一少年骑二匹马给我们引路。过河后向西北至放骆驼处,到蒙古人帐篷中稍息数分钟,帐中间置火炉,四圈密置毡条,为他们的卧处;火后置一箱,大约为他们公众放银钱的地方。他们的帐篷虽旧且烟熏,然外有重布,实较暖,但内不免烟熏耳。听说北分队已到五六天,但希渊队尚未到。十点半起行。赫定先生及拉尔生的骆驼较快,一点后已不见。因来时至放骆驼处,只需两点半钟,所以至十二点半以后,疑不久将到,即左引至河畔,不敢远离。乃一点半已过,仍不能到,河流甚屈折,沿岸皆怪林,极难走,然此时简直不敢离,据鲁及王意或已超过,然我于河上流三四里、下流三四里全认识,虽此时对于沿岸尚无认识处,而回计引近河时的钟点,万无超过之理,遂极困难主动在林中穿。又许多时,见几个蒙古包,知道是前几天迷路处,才放心前行,至时二点已过。此地荒漠,路线模糊,有疑又苦路无行人可问。今天误于早引近河,至走了许多困难及冤枉路。这一类的事情,将来还不晓得要若干见!至后据丁仲良说,他在ㄨㄌㄢㄊㄠㄦㄏㄞ[乌兰套尔亥]亲见一商人从王爷府来,说前五天见南分队从南二百里处经过,然则他们走了南路,南路通常比北路远七八天,计程他们也该到了,颇为焦急。晚餐后围火坐谈,听贝格满弹唱,忽闻达三已回,大为诧异,问他,才知道他前天晚上,西到ㄇㄝㄌㄨㄣㄍㄡㄌ[蔑伦勾勒]畔住下,晚将睡,忽有人持郡王的命令,叫向导回到王府,不知何故。向导惊慌无措,然亦无法,只好立时回去。又不能得他向导,ㄅㄢㄑㄝ[班伽]不识路,不愿前行,只好回来。与丁仲良闲谈,至十[点]钟,寝。今晨此地最低温度只零下八度余,然问达三,则十四度余,相去不远,而温度竟差到这样多,殊不可解。今日步行二三公里。

二十九日，夜中不冷，最低温度零下四度六。早晨借得仲揆所著《中国地势变迁小史》，翻阅未完，颇困，遂眠。太阳入帐中，照床上，颇热。午餐后与赫定先生谈，知道郝德等后天将先出发，直穿沙漠，先到哈密，筹备气象测候所事宜。前本议定春舫同去，现因春舫未归，拟令达三同去，我的意思拟令他们再等三五天，他不甚愿意，尚未定议。归帐未几，丁仲良、达三、皋九来闲谈。晚餐后看贝格满所找到石器，颇为精品。与赫定先生谈论颇久。归帐补完日记，寝。

三十日，夜中甚暖，最低温度零上一度四。今日无甚大事，只有决定郝德、狄德满、冯考尔、韩普尔、哈士纶及达三明日起身，预备一封公信，给哈密县长，请他关照。晚餐后，围火坐谈，给他们送行，赫定、郝德、韩普尔、哈士纶皆有演说。

三十一日，夜中最低温度零下二度六（从今日起至十一月八日止，所记温度，皆离地二公尺高的温度）。早起送他们起身，他们带蒙古人一、汉人一。他们未带厨子，路上就是冯考尔同狄德满自己做饭，其余的人，捡骆驼粪做燃料，这样的生活，同沙漠殊为调和。归帐，随便翻阅《西夏纪》。因希渊队总不到，派一个人到南边路口去打听。稍眠。午餐后，同赫定博士问欧人各团员的身世，记录下来。问了钱默满、生瑞恒、那林三人。前些时河水略涨，今天忽然大落，二十四点钟内降十三公分。听说因为上游农人于交冬前，还要灌田一次，将河流闸住，所以下流无几。他们并且说两三星期后田灌毕，水要大来，比从前更大。

十一月一日，最低温度零度正。翻阅《辽史》《金史》及《西夏记》。晚餐后继续问欧洲团员身世，问贝格满、郝默尔、李伯冷、马森伯四人。

二日，最低［温度］零下五度一。继续阅《西夏记》。下午赫定先生来说听引路的蒙古人说，于上月十八日曾在此地南六十里庙附近，看见黄仲良一队，方向毛目对岸的 ᡐᡅᡏᠠᡅᠨ ［忝兹恩］去，非常诧异，因为仲良的原计划，并没有要上南边去也。后遂决定明天派一个蒙古人赶紧南去，请他回来，因为大队不便久耽误也。希渊队总不到，大家全很焦急，人病了？骆驼病了？过了十来天还不到，颇可耽心。赫定先生说："如果多天不到，大家只好起身，好在我们这里留的有人，留一部分钱，请他们慢慢打听：俟有消息，即派人送去。"我细想，也只好有这一个法子。晚餐后，生瑞恒新安好过冬的帐篷，大家给他庆贺，颇说了不少的话。写给黄仲良信一封。

三日，最低温度三度四。今日全天大风，天甚寒。昨天早晨即有人说希渊他们到了，出去用望远镜一看，不过是隔河人家放的空骆驼。今天又听说他们有消息，大约三两天就到，大家全很高兴，详细去问，是从东来的喇嘛闹错了，他把北分队认作他们这一队！过一会儿，又有人说，的确是他们要到，因为喇嘛说只有三个帐篷、十来个骆驼，万不能是北分队的误认。仔细一问，才知道这一帮有外国人，有女人，有小孩子，大约是白俄的一个商人从这近处经过，万不是他们！上午随便看点德文。下午买毡子，以便作一长毡靴。稍眠。起与卖毡商人稍谈。拉尔生来，说马学尔从毛目回到了，黄先生也同他们一块回来，大喜。出则马学尔已到，迟一刻多钟春舫到，仲良同益占则略晚。收到蒙藏院护照，蒙回文各一张，理事会信一封，尚岩、润章、海帆、乐夫信各一封，家信一封。希渊收到报数张，我们拆开看，最晚者至八月十八号，政局大略如下：蒋介石因各方面反对，引退，国民党中极右派亦因之大败，宁汉联合。孙传芳军又南至浦口，然奉、鲁军颇持重，不愿南下。综括全局讲起来，消息总算好的。至于北京学校，则九校合并，改组一京师大学，校长由北京教长刘哲自兼，文科学长胡仁源，理科秦汾，法科林修竹，余科不明；报上说学生反对甚力，然在此种情形之下，一定不会有大效果。私人经济方面则大糟特糟：自端午节后，家中一文未见；值改组，欠薪又全付秋风！不胜焦急。谈至十〔点〕钟，归寝。

四日，夜辗转不成寐，决定暂随大队至迪化，到后再看情形，如果私人经济无办法，即当乘西伯利亚火车至海参崴转上海，或时局已有变化，即至北京。睡着时大约已一两点钟。夜中最低温度八度八。今天商议总是将来工作地域怎么样分配才能有最大效果的问题。此时因希渊不在，颇有困难，商议到晚上，才大约规定。那林同贝格满去研究湖：一罗布淖尔，二腾格里斯湖，三哈喇淖尔。黄仲良、丁仲良同大队到吐鲁番，即留下，一考地质，一考古。俟作完后，丁留天山东段研究地质，黄随将来大队到天山南路。并决定皋九七号起身回北京，将来于包头添设一气象测候所，即由皋九往主持。八号大队起身，那林与贝格满同大队分开西行，亦八号动身。晚谈至十〔点〕钟，钱默满来说羊肉已备好，请赫定先生同我一块去尝，大为诧异，随他到生瑞恒帐内，则马学尔用土耳其法，将生羊肉切成核桃大的块子把许多块穿在一树枝上，脂肪与筋肉相间，用手拿住在火上烤，脂肪消融欲滴时，即急转之使勿滴，如此烤去，以至全熟，取下加盐与香料，其味极佳。马学尔前在

ᠣᠷᠬᠠᠨ ᠲᠠᠷᠢᠶ᠎ᠠ |［欧尔翰特尔厄依］，曾经作过一次，但那一次没有大成功，这一次好得多。另外还有许多面包、洋芋、茶，居然一顿晚餐。但我因天晚，不敢多吃。十一［点］钟返，写一家信。寝时约十二点。

五日，夜中甚寒，最低温度九度六。家信托毛目商人带交毛目邮局。今日精神不聚，什么也不想做，不过稍整理账目。晚上与赫定先生谈皋九回京及将来到包头后食住各问题，甚久。

六日，最低温度九度七。早晨整理箱件，与理事会、刘半农信各一封，又写家信一封。正午有一个俄人来拜会赫定先生，听说名字叫做 Semk off，是一个动物学者，从前曾经同 Kozlov 来过蒙古，现在受库伦博物院的委派，来此采集标本云云。至于曾得我国政府允准与否，有护照与否，我们却不便过问，不过在写给理事会信中附带报告而已。商议寻找古物的人赏金办法。晚上月明极佳。天气觉不冷，然写字时砚水成冰，后帐中拿来火炭，才稍好一点。

七日，最低温度零下六度五。早起，整理箱件完毕。分给寻找古物仆役赏金。因皋九今天要起身回北京，大家合照一相。今日照相时，中国六人，瑞典六人，德国六人，适成三六，可谓巧合。回者共二蒙古人，二汉人，及皋九共五人。起身时十二点钟已过。昨来之俄人今日又同他夫人来，夫妇皆穿中国式的大羊皮袄，在此地实俭朴方便。午餐后稍眠。给希渊留信一封。晚围火坐谈甚久。大家饮酒，与留此地的钱默满、益占、生瑞恒作别，赫定先生有演说。归帐，已饿，吃点东西，作日记，时须呵冻。我想已后数月，不冻当为例外，须记，冻为常事，可不必记了。晚有一商帮从东往西，在此经过，骆驼甚多。派人往问路，他们很愿意给我们引路，但是以我们保护他们不纳税为交换条件，以不能却之。

八日，夜中甚寒，最低温度零下九度三。起，检点行李。过午，王子亲来，略谈；去后起身，时正两点，共有骆驼一百三十四匹。团员同行者，除我同赫定先生外，共九人。因昨早照相的十八人，皋九已回北京，钱默满、益占、生瑞恒留此地气象测候所，至马学尔则同那林、贝格满即于今明日取北道向哈密，故现在只剩十一人。路靠河行，半点后出杨林，为一平沙子原，草已全枯。三点半又入一小林。不久即出。四点即行止宿。驻地离额济纳河不远。东南望见河之一小分支，无水。地无人居，故无地名。晚，月有大晕，明天或将起风。寝九点。今日走八公里二〇五；方向为南转西四十八度七。今晚颇有浮云，天气温暖；写日记时居然没有结冰。

九日，最低温度零下二度半。起时尚未七点，动身时八点五十分。今日所行路与昨日相仿，但无成林的树木，不过疏疏落落，间有几株。沙石遍地，可推想草未枯时亦非佳牧地。初起身未远，道左右时见土墩：据黄仲良及春舫说，从此地到毛目，额济纳河左岸，每隔二三里皆有，疑即汉遮虏障遗址。颇有风，未大寒。十二点过后，路旁又见枯芦。十二点三刻止宿，共行十五公里四百三十五公尺；方向为北转西八十二度二。稍眠。下半天风止，总有浮云，然气候颇温暖。晚餐后，赫定先生想学中国话，我就教他中国话，他教我德国话，如果能天天接续，我的德国话或者能有点进步。寝时九点钟已过。今天驻处没有水，决定明天早晨大家不洗脸。

十日，最低温度零下四度。八点十分起身。开头沙石遍地，间有草根，四望无树木。九点半后，草复茂，亦间见树木。十点半后见一群沙鸟西飞,颇有科仑布寻美洲时看见水鸟的感想;以为既有鸟,当有水,ㄇㄝㄉㄨㄥㄍㄌ[蔑依勾勒]当已不远。十一点后,四望疏林。驻时尚未正午。驻所紧靠ㄇㄝㄉㄨㄥㄍㄡㄌ[蔑依勾勒]的河身,河干无水。共行十三公里九百九十五公尺,方向为北转西六十六度九。午餐时听说附近有一税关,望见西边有一所土房,以为那边有汉人,可以问得事情,所以稍休息后即同丁仲良、春舫同往,至则门锁无人。看见北边有两个人骑骆驼来,以为是此地人,走近,则为我们牵骆驼的蒙古人。问他们,知道西北方有蒙古包,遂同往寻。走未远,即看见一个骑驴的孩子,问他,知道他是天仓的人,在这里替蒙古人放羊。继见一蒙古族老翁,骑一骆驼来,即其主人。他让我们到他家坐,我们遂跟着他们,赶着羊,越过干河身,他的两个蒙古包,就在红柽林中。到则见我们另外几个牵骆驼的人正在他那里买羊。进去见一老妇人,外有一刚满周年的婴儿,捆睡在一木板上,头后有一块毡箬笠,或以遮风。老妇人用一角筒,盛乳哺儿,儿已能向人笑,活泼可人。谈次知道此老翁为一武官,年已七十四岁,应戴蓝顶,官蒙古名ㄗㄜㄉㄨㄥㄍㄡㄌ[责棱],疑即佐领的变音。此老翁有二子二媳,有孙;睡板上者为其外孙。包中有洋瓷食盒等物,固属此地便家。据他说:ㄇㄝㄉㄨㄥㄍㄡㄌ[蔑依勾勒]每年春天有水,夏天因毛目农民灌田,始干;现在十五(大约是指阴历十五)上流即当放坝,水不久当来,牵骆驼人买了他们七个羊,同归。晚餐后,据打听路线的结果说向西南有一条路,即所谓连三早和连四早者,系旧大路,税关就在那条路上,离这里四十里,郝德他们也从那里走。华志所走的路偏北,那林将来大约也要走到那条路上。中间还有一条路,系商人才走出来的，不过一年。沙漠较小，中间无水的地方远不过一百八十里。赫定先生不愿意同他队走一条路，我们要走中路了。驻地名ㄊㄡㄦㄙㄜㄅㄜㄦㄨㄎ［投尔耶博尔乌克］。额济纳河畔有一种树，叶颇似柳，结实若酸枣，可食，汉人叫做山枣，蒙人则叫做ㄊㄡㄦㄙㄜ［投尔耶］；ㄅㄜㄦㄨㄎ［博尔乌克］译为马蹄铁，二字相合，未知何意。

十一日，夜中甚寒，睡眠不佳。最低温度零下十二度，地面最低温度则为零下十四度二。早起，结上衣扣，手已冻僵，其寒可知。八点一刻动身，太阳甚好，但有微风。初过ㄇㄜㄉㄨㄥㄍㄡㄌ［蔑侬勾勒］，一望疏林。九点三刻以后，则林木已完，只间有小灌木。又走一点多钟，则灌木亦完，草亦不茂，只有沙石原，现戈壁的神气。将两点，草木重茂，因今天路太偏北，疑离噶顺淖尔不远，两点一刻住下。共行二十四公里七百五十公尺，步行约二公里；方向为北转西三十九度五七。地名ㄔㄚㄎㄕㄚㄦㄚㄏㄡㄦㄨㄙ［察科沙尔阿侯尔乌思］，ㄔㄚㄎ［察科］意谓界，译言黄芦界（地实距驻所尚十四五里许，其地有井，骆驼到那里找水）。听说往正北走四十里，到噶顺淖尔西南岸。离驻所数十步路旁有木牌，上烙两手印，不知何所取义。据说这条大路从肃州来，北过噶顺淖尔西岸，前进直达库伦。前些时将开为汽车道，曾用汽车勘查一次，木牌即当时所立，但终亦未用。我们今天有一个向导，他只能引我们到这里，再往前他也没有去过。据他说：从这里往西很远的地方，不属于任何人所管；大约因穷漠不毛，渺无人烟，所以成了欧脱地。他又说：噶顺淖尔北边的山叫做ㄊㄡㄙㄊㄡ［投思投］，上有鄂博，属外蒙古ㄅㄚㄦㄉㄣㄓㄚㄙㄚㄎ［巴尔挡札萨克］境，离此地有二全日程。西北方所望见山名ㄨㄋㄨㄎㄜㄊㄜㄝㄧㄣㄏㄚㄦㄚㄨㄌㄚ［乌努科帖音哈尔阿乌拉］。ㄚㄨㄋㄨㄎㄜㄊㄜㄝ［阿乌努科帖］意为狐，ㄏㄚㄦㄚ［哈尔阿］意为黑，译言黑狐山，内多野骆驼，外蒙古人时来打猎，至土尔扈特则虽有猎者（我们的向导即一猎人），而对于此等野畜，恐为神所不许，绝无猎者。下午翻阅《观堂集林》，《流沙坠简序》中说赫定先生在罗布淖尔附近所发现的城，绝非楼兰，乃汉之居庐仓，征引闳富。主要的证据，就是按《水经注》，楼兰故城当在塔里木河入淖尔处，当在湖的西北，此城则在湖东北。我看过后，因为他的证据确凿，以为定论不易，然晚上同赫定先生说，他又不以为然。他说："说楼兰在罗布淖尔西北，固然不错，但塔里木旧河当时在北，蒲昌海亦在今罗布淖尔东北，楼兰故城正在河入海处，与《水经注》合。"他所说极有理由，我们到那里，要再实地看一下。作日记未完，墨冷不能写，只好就寝。

十二日，夜间最低温度零下八度。起身时尚未八点。今天才尝到"今夜不知何处宿，平沙万里绝人烟"的趣味，因为从前虽有荒凉不见人的地方，然只一段，且此段前总有居民，可以问路，至于今天我们虽知道路在这里，路亦甚明，然我们所见的人无一人曾经走过。从前在ㄏㄚㄦㄚㄗㄚㄍㄜ［哈尔阿匝戈］前一站，大半天不见人，即觉寂寞，可是在那里以后，一天不见行人，已成常事，不足为奇。我们此次起身后，已五天，除了ㄇㄝㄉㄨㄥㄍㄡㄌ［蔑侬勾勒］，实在还没有看见一个人！但今天所走，还不算太荒凉，因为还有一两段，杨树虽不高，总还算有，这些段草也较好。完全沙石，故能成平漠，一望无际。天不甚冷，但风颇大；冷风寻隙，钻入人里衣中，使人不痛快。十二点余，望见前面有大队骆驼住宿，即为七号在ムムカメル［僧笃尔］所遇的商人。未一点，我们也停下。共行十九公里五百七十公尺，步行一公里余；方向为北转西六十九度二。驻地名イヌカム卞马丨丨［俦棱粲吉］。听说前途有一百八十里没有水。晚风不住，早寝。

十三日，夜间风甚大，听着真如"波涛夜惊"。然温度颇高，最低零上一度八。七点起则骆驼已放出，旋闻因风大决定不走。终日大风，飞沙走石；方向为西北。翻阅《汉西域图考》。在帐篷内吃饭，沙土仍积饭上若干厚。晚餐后早寝。今日李伯冷想帐篷必有因风倒者，预备照一电影，架子放在帐门口终日，但风虽大，大家全很留心将帐脚压住，终无倒者！

十四日，七点附近，风略小，以为可以起身，然未几又转大，又不能行。此地草虽不好，总还算有；有井，水不致成问题；所以宁可停在这里。因为如果勉强向前走，前途风太大，不能不停下，人畜全没有水，那可更不好了。夜中最低温度零上一度五；如果温度不降至零下数度者，风恐难平息也。仍翻阅《汉西域图考》。赫定先生来谈。下午稍眠。翻阅谢彬著的《新疆游记》。外边喧扰颇甚，出观，则李伯冷的帐篷为风吹倒，纸物乱飞，蒙古人正在整理。晚，郝默尔来谈，始知李伯冷帐篷的倒，并非绝对天然，实有人为掺杂以为电影的资料，为之一笑。并听说今晚有一商团，逆风而来，在北边里许止宿。终日大风不止——方向正西——故亦无人往问消息者。

十五日，夜中醒，闻风已小。最低温度零下五度六。早起尚未动身，见那林队中蒙古人来，才知道昨晚他们在北边住，却因风大，两边互不相知，今天他们已动身，蒙古人留后来看，才互相知道。起身时将八点。路上同他们遇见，谈次，听说他们九号从额济纳河动身，动身之前，见一蒙古人从东来到那里；据他说他在ᠭᠣᠢᠴᠠᠭᠤᠯ[戈喔依蛋勾勒]遇见袁先生，袁先生并且告诉他说，也是要到额济纳河。到期大约比此蒙古人晚四天。如果此话全真实，则希渊现在当已到额济纳河。但话已经传过三四人，据我们过去的经验，尚不能全无保留地相信。今日所走，完全戈壁，地势无大起伏。低处空气摇荡，远望若水。小山浮出，若树、若云、若岛。走近，云树皆失，岛乃生根。此景旷野屡见，不足为奇。向北边小山走。一点半钟后，地势又有起伏，盖已将入山。止宿时三点半。共行三十公里六百七十五公尺，步行八九公里；方向为北转西八度。今日步行不多，然颇觉困乏。驻所附近略有牧草，无水。今日全天有风，至晚始息，然因不大，且温度不低，故不觉寒。

十六日，起较早。夜中最低温度八度四。动身时约七[点]钟，太阳尚未出地平，风静气清，望远山若罩薄雾一层，淡蓝带紫，上衬晓光，色彩鲜艳。昨天驻所也可以说已在山北，因为此地所望见者，并无大山，不过低小冈峦，连绵起伏。昨天下午从山东头越过。现在四望，除东方外，他三方远处全有此种连绵的小山。行一点多钟后，牧草较佳，遂任骆驼随便走，随便吃；因为我所骑骆驼颇为驯良，且走得不慢，任它吃一点，也还不至于大落后边。十一点半，到北山根。山有断处，路从中过。路左有两井坑，或系过去商队所新掘。水上有薄冰，我的骆驼同另外几个到那里喝水后，仍继续前行。过山后，戈壁仍展开；地上石块较大，现黑色。远望小山，仍如前状。三点止宿。离北山已不远。草较昨日为佳，仍无水。行二十九公里十分尺,步行五六公里;方向为北转西四度八。今日天气甚佳,下午始有微风。在骆驼背上,将《新疆游记》,约略翻完。此书著者有意以多取胜;沿革全抄《新疆图志》,尚可原谅;然不注明原书,已非著述体裁。至于议论也不少全文抄录,不注书目,遂疑已有,这些地方也太难了!丁仲良今日在路右看见地上垒石成字,且有一图。他审视后,抄录本上。图略似人阳具,上带睾丸,字共有字母十,后四字母颇似 1700,未知何种文字。丁仲良疑为俄文,固属非是;黄仲良说是藏文,尤为武断。现在不知,只好存疑。晚餐后天颇寒。

十七日,夜中不寒,最低温度只零下三度半。天尚未明,风已成声。起身时七点。路北行入山,左右皆小冈峦,中有平地水道,颇宽。八点后,道旁有ㄗㄚㄍㄛ[匝戈],但高不过二三尺。九点半出山,又见平原,草还不少。望北山较高,大约也不过三四十里远。十点后即止宿。驻处附近,颇有浅积水。终日风不住,令人不快。据赫定先生言:"走路最令人不快者为风,即温度降至于零下三十度,如衣服穿足,兼无风,并没有什么难过的地方,因为虽冷,热空气尚可保存于衣服里面。如有风,温度降至零下,即非常地不痛快,因为冷空气钻入衣中,赶散热空气的原故。"据这几天的经验看起,他这些话实在是信而有征。晚餐时水咸,然闻探得北边二里许有二井,水颇佳,已往驮水。晚,风止。在赫定先生毡幕中谈,听那林说:"从ㄍㄛㄧㄔㄍㄨㄌ[戈喔依虫勾勒]来至额济纳河的蒙古人径到生瑞恒帐中,说他在那里见着同我们一起的人,三四天后就到这里,以后还要到哈密去云云。"如果这些话传得不错,这一次大约一定是希渊他们了。他并且说钱默满听见这个消息，立时派ㄇㄝㄌㄣ［蔑勒恩］带住几个骆驼和粮食前迎，并吩咐他如果迎不到，即须各处打听，总要找着才能回来。今日行十三公里八百公尺；方向为北转西六度一二；步行四公里。据赫定先生说：现在住的地方，已比哈密偏北四公里许；据ㄅㄚㄉㄦㄜ［巴德尔厄］向前探路的结果，据说明天的路转向西北。寝时十点，风虽不大，然又有声。

十八日，早醒。起，无风。最低温度零下五度二。动身时七点八分。走一公里余，路左有二井甚近，水去地面不过二尺许。再前时有松沙，路渐引渐上，颇见陂陀起伏。路旁见二鸟，颇似吾乡所叫做"灰蛮子"，但微带褐色，在地上走，逐之则飞，亦不能远。八点时，骆驼所驮行李，因偏斜坠下，等后边蒙古人到，收拾好，才继续前行，耽误半点钟。将九点半，有歧路，左边的向正西，右边的仍向西北；大队行李已从右边走，我疑惑应从左边。等二十分钟，赫定先生后到，他说右边不错，遂上驼向前走。以前皆步行，颇热。此后路为渐高的平原。驻时尚未十二点，驻地西北方近山，无水，闻因草较佳，故早驻。共行十四公里七百六十公尺，方向为北转西二十七度，步行八公里余。午餐后，眠。晚看《新疆游记》。围火同赫定及海德诸人谈飞行航路同铁路各事。今日那林他们三位又同大队分路，从南边山根走。

十九日，夜中醒，闻风已大起；早晨风愈大，不能起行。最低温度零下一度半。终日狂风怒号。九点钟许，微雪，群山带白，已增美丽（西南山上无雪），方望雪能胜风，而归结适得其反，雪止风怒，未几雪为沙压，全不见。翻阅中山实业计划。中山原计利用战后的过剩工业以整理我国的交通组织，故于我国金融事业一字未提及，现事机已过，宜一面利用外资建树重要的交通干线，另外一方面，整理金融以为渐行自筑的准备。又原计划对于飞行工业一字未提，亦属缺点，飞行对于将来实有重要的关系，将来计划实业者万不可不注意也。四点时温度已降至零下六度。与赫定先生谈，据说此地比额济纳河不过高四五十公尺，昨天气压骤低，乃暴风的预兆，并非高度骤升。五点温度又降一度，预想明天当奇冷无风。餐后加穿一棉袄，又加被窝褥子，毕即寝。

二十日，夜醒闻风已小，早晨风止。最低温度零下十三度八，然夜中因盖得好，得不冷，且并无在ㄉㄥㄉㄨㄦㄍㄡㄌ[登笃尔勾勒]夜觉重的毛病。行李上好后始知望远镜不见，遍寻不得，心甚不宁。起身时八点已过。八点四十分入山，渐行渐高；十点后又渐低下，下午一时后山势渐开。三点住。大队全到后，知望远镜为牵骆驼人高姓所拾得，大约前天没有结好，快到的时候遗在路旁也。驻处有水，草不佳。闻有地名ㄛㄦㄛㄙㄢㄉㄝ[喔尔喔三迭]，ㄛㄦㄛ[喔尔喔]意为杨，ㄙㄢㄉㄝ[三迭]意为泉；此地北二三里有杨树，又水泉甚多，蒙古人找到者六，然闻共有十，疑ㄛㄦㄛㄙㄢㄉㄝ[喔尔喔三迭]即此地，如此揣想不错，则前途尚有一百三十里无水。决定明天早起早走，因如此骆驼才有吃草的时候；然寝时又微闻风声，希望夜中温度多多降低，因温度低始可望无风也。今天行二十六公里三百六十公尺，步行四公里；方向为北转西六十七度。

二十一日，最低温度零下九度一。七点半起身。初行沙堆间，但不远。终日道两边皆有小山，有时道右为沙岭。十点许，见一飞鸟，形似乌鸦，但鸣声不同，既有此鸟，疑离此地不远有水泊之类。下午路皆小碎石子，或石片，颇费力走。两点过后迎面有山颇高峻，路避山转向西南，即行驻下。附近有不少的ㄕㄚㄍㄜ［匝戈］，骆驼也可以吃，但非佳牧草；无水。行二十六公里四百六十公尺，步行十六公里半；方向为北转西七十四度九。颇困乏，稍眠。起翻阅《观堂集林》数篇。

二十二日，最低温度零下八度九。六点起，七点启行，路随一干河身，略偏西南行。两旁不远皆有山。我们从额济纳河畔动身后十余日，所行皆广漠，间有不平，亦不过陂陀起伏，风物异常单调。今日所见山虽非伟大，然山势渐雄奇，或离天山将近，风物将又变化欤？见一群鸟，正向北飞，未辨何鸟。听说这边有一河身，叫做ㄞㄐㄧㄣㄍㄡㄌ［艾金勾勒］，路跟着走几里，皆有水，是否即今日所随的河身，因既无居民，又无来往的商队，绝无问处。八点半抵一处，有二井，因要饮骆驼，即行驻下。阅《观堂集林》；借赫定先生的 Die Chinesischen Handschriften und sonstigen Kleinfunde Sven Hedins in Lou-lan 检阅其残卷及木简的照片，内含楼兰字者，残卷得四，木简得二，然皆尚未足证明此地之必为楼兰。下午稍有风，天阴；四点微雪，未几即止，低处虽积一部分而平处尚未能盖地皮。风时起时止。驻所水微咸，草与昨日驻处相同。今日行六公里七百公尺，完全步行。方向忘记。

二十三日，最低温度零下八度九。七点半起身。昨天驻处井中水少，未能饮骆驼，所以今天仍须见水即驻。道左山颇平衍，道右则较高峻。初行时雪尚未融完，背风低处尚余一二寸厚；晶莹的晓光照在上面，随程途的前进而作星光闪烁，虽非奇幻而清景自可赏玩。此地山势颇似居庸、天寿山一带，所谓"万马奔腾，似从天而下"者也。路在广山谷中，沿河身行，两边小山挟抱，疑开又合，自饶风趣。十点后山势愈开，路离河身，渐行原上。十二点后，则山已远，又成平原。二点后见西南远处有高山，苍郁崔巍，大约就是ㄆㄚㄏㄠㄅㄨㄎㄌㄨㄨㄌㄚ［匝罕博克娄乌拉］，译言白神山。听说此山北水草较佳，未知确否。两点半已过，终不得水，仍驻下。驻处偏西有杨数株。行二十五公里八百公尺，步行十四公里。今日早晨步行时日光晶明，且无风，所以很出点汗，以至觉渴，而水又咸，又想喝，又不能喝，颇以为苦。晚觉有泻肚的光景，也因为水的缘故，且闻团中患泻者已非一人。读《水经注》关于蒲昌海一部分。下午即有微风，寝时闻又有声。

二十四日，最低温度零下九度。起身时七点一刻。地势仍有起伏。道右远处山不高；路渐至白神山北。又遇一"褐色蛮子"，与前几天所见者同。将十二点，远望低处有红柽，且有杨树，颇似额济纳河畔景物。近则见芨芨草丛生，泉流潺湲，大喜，即行住下。近处畦町

显然，似曾种植；Semkoff 说前有人在这边偷种鸦片，大约就是这里了。ㄞㄐㄧㄣㄍㄡㄌ［艾金勾勒］也大约这里才是。因此地水草佳，决定休息两日。见有瘦马随便吃草，但不见居民，疑为前行商队所遗下者，然又闻离此处不远，即见有颈上挂铃的二犬，至为可疑。据拉尔生说：听说这一带有强盗，疑不远有一小商团，见我们来，疑惑是强盗，赶紧避去，遗犬在此，至于强盗未必畜犬，即有犬亦不须带铃云云。我却疑惑就是那些种烟的人，恐怕被捉，所以暂避。午餐后稍眠。因团中面粉已将完，且近日骆驼太乏，需要用料，与赫定先生商议，决定派米纶威明日三点起身，每日赶程

四十公里，先到大石头（在与南路交叉处，大约在此地与哈密中间，又名二家胡桐，有汉人生意一家）采买后，再迎回来。下午有风。今日行十七公里一百六十公尺，步行六公里强；方向为北转西八十八度。

二十五日，最低温度零下五度，终日有风；天气阴沉，似有雪意。伏处帐中不敢出，幸此地柴薪不缺，帐中可蓄炭火，温度或不亚于北京家中！且此地水甚好，昨日因前两天水坏，泻肚一次，今日复原。终日读《观堂集林》。在此沙漠寒风中间，得围炭火读好书，亦一大快事！然看我日记的人或以我为苦中寻乐也！晚风止，穿上大毡靴，蹒蹒跚跚，走到帐篷北边数十步处看水，则已成坚冰，然尚有泉流涓涓，欲穷其源，则又转回帐前十余步内，但源藏芦草中，终不可见。今日米纶威动身，带蒙古人二、汉人一，先往大石头。晚四五点钟温度已降至零下七度，预料明日当严寒。夜间星光甚佳。

二十六日，最低温度零下十八度九，至地面温度则零下二十二度二（自九日起，所记温度皆为空气中高一公尺半的温度；至地面上的温度则较低，差一二三四度不等，其差异则因地面反射的缘故）！然因帐中有火，帐外无风，不觉有什么不痛快。商团所遗马僵卧不能起，团中蒙古人或推之，或挽之，或扶其脊，或拉其尾，勉强起立，旋复倒下；扶起数次，始能勉强走数步！可怜的畜生，瘦骨嶙峋，果能支此严寒耶！赫定先生想知道中文中关于土尔扈特族的历史，乃将《蒙古游牧记》、《圣武记》中此部分摘要翻译，请他笔录。午后赫定先生接到米纶威一信，说前途仍如过去戈壁的情形；去此十二公里，路旁有一中文木牌，说要小心强盗；所带蒙古人僧哥所骑的骆驼，虽不见衰弱，而总是不肯好好往前走，只好派他骑着回来云云。据拉尔生及其他蒙古人的意思，这匹骆驼甚好，万不至于不能走；一定是僧哥听说有强盗，害怕托辞；果如此，则此僧哥可谓胆小如鼠了。下午读《王注西游记》。前疑黑城即邱处机所经过的辽城，从前人说他走过克鲁伦河（陆局河）及和林，后至新疆者或有误解，现在检阅前后文，此疑冰释，因为邱氏先东北行至陆局河，次至窝里朵（即和林）。次过西山南下至鳖思马大城（即别失八里之异音），始循阴山（即天山）西行，记中本文甚明，无可疑者。至黑城乃元太祖所克"黑水诸城"中之一城，与邱处机无干。天终日有云，晚甚清明。下午五点余温度已降至零下十六七度，盖白天无太阳，既无热力，晚间清明，稍有热力亦全消散，所以温度这样的低。晚整理账目。因前途草不佳，下午拉尔生来言明天再休息一日。

二十七日，最低温度零下十九度七，至地面则二十三度。终日阴，少有风。补作日记，继续读《西游记》，至晚始毕。今日丁仲良上山回，言西方不远，似有人家，因见毡幕（非蒙古包），且有犬吠；但天晚未能往视云云。

二十八日，最低温度零下二十度，地面则只二十二度七。起身时约七点半。路向西南行，起首尚有矮小树木，并过干河两道，半点后又成略有ㄆㄚㄍㄜ[匝戈]的戈壁。道右山近，不高，路向西南行，似系躲避此山。道左有远山，颇多层叠，近山苍郁，远山迷茫。十二点一刻，见道左地上铺黑石作大字，往观，则作匾状，题曰"同心自佑"，上有一"献"字，后题"魁顺永"，大约系一生意字号，下列姓名甚多，内有一"云贵"，大约亦系一人名，未必这一班人全为云贵人。时期为民国十六年八月二十一日。后尚题四句说："此条路径，乏少人行；兰（疑滥之讹）税逼迫，致使重登。"辞甚质俚，为过路商人所为。至米纶威所说"小心强盗"字样，则并未见。此后道旁略有一冈阜，两点一刻至山根驻下。草尚可对付，无水。今日天仍有云，间有微风，甚寒。行二十五公里六百五十公尺，步行十一公里余；方向为南转西五十度二。骆驼倒了三个，晚与赫定先生谈，知道骆驼已丢五个，决定明日，除赫定先生外，大家不骑骆驼，至于我个人则骑三分之一。又闻气压表骤降，恐不久又要有大风。寝时十点。

二十九日，醒甚早。最低温度零下十七度。起身时七点已过。不久即入山，山势不高，中间道路两边离山皆尚有数十公尺。石色甚黑。十点山势变高峻，道亦渐狭。路随山弯转，曲折甚多。初行一山谷干河身中。入谷时，见地下去石作大字："此地没水，行人注意。"不久路离河身，愈不平，溪谷崭岩，黑石童然。十一点半，路又开展，山势将尽。十二点到一小山弯中，有一井，即止宿。今日所行，山阴多有积雪，白雪黑石，相映成趣。稍息。听说前路边有字，往观，则右有"公和成"三大字，大约为写字人所属之字号；左上题"月明星稀"四大字，下题"明月松间照"一联，笔势尚不俗，此商人乃多雅兴。但山中虽可有星月，却并无松。下午有风不大，气压仍下降；晚上天气甚寒，即现在写日记时，帐中置火而一时不呵冻，即不能写；如果有人看见此日记的淡墨支绌，即可以想到现在的天气。像这样的气候，又在山中，或望不致大风。驻处草仍不佳，井水甚浅。今晚又将《西游记》略翻一遍，因上次只注意上边所关的地理，行程日期却未留神，此次专考查他的行程。

今日行十五公里六百六十公尺，步行十一公里余，方向为南转西四十五度半。

三十日，夜中时闻风声，未明，拉尔生来说风太大，不能走。起看夜中最低温度零下十五度。风并不大，然因此地为山环，听说离此地不远山上，风即甚大，故终不能走。地下兼有微雪，有人疑为霜，无论有风霜不能凝，且霜亦无积于低处的道理。看王静安著的《靼鞾考》及《蒙古考》。郝默尔来谈，说蒙古人已全无肉食，只好将不能走的骆驼杀掉充食品！我们即纵谈此地的旷漠，计算我们已经走了十六天，除了ㄇㄝㄉㄨㄥㄍㄡㄌ[蔑侬勾勒]外，一个居民也没有见着，并且前途想看见居民，或者仍需要十六天，这三十几程大戈壁，总算像点样子了！我又说："邱处机咏沙漠的诗：'尽日不逢人过往，经年惟有马回还。'然既有马回还，总去人家不远，我们离额济纳河二十余日，除了ㄇㄝㄉㄨㄥㄍㄡㄌ[蔑侬勾勒]及商人所弃之瘦马外，何尝见马是什么样子！"他说："昨日海德到山上，找了半天，何尝有一点野兽的踪迹！"然此地终不算大荒凉；因为还有水哩！不久赫定先生也来，他因为恐怕我冷，约我到他那蒙古包取暖，盛意可感。然我命王殿臣捡柴在帐中点起，且身上穿得厚，一点不冷。纵谈一切，此老不惟读过《西游记》译本，且确知邱处机到萨马尔罕的年月。我新近看两遍，才开始知道；彼此相形，颇觉愧疚。午餐后继续前读，读毕，翻阅《圣武亲征录》。晚餐后稍谈，早寝。晚无风，五点前已零下十度。

十二月一日，夜中最低温度零下二十度四，地面则零下二十四度半。早餐时手捧热茶碗，内面不冷，而手背已僵。有人把帐前长在地上的芦草点着，烘然大火，足救严寒，可惜为时不久。将脚置火边，上截不冷而脚跟冷僵，去火走若干步后，始觉较愈。七点半后起身，天气甚好。所走路为山间一略有起伏的平原。低处有积雪，似此地雪较大。道左望山不远，山亦高峻，大约即ㄕㄚㄏㄇㄅㄡㄎㄉㄡ〔匝罕博克兜〕；道右山较远，不高，然近处时有冈阜。下午阴。两点半止宿。驻所离南面山甚近，牧草仍不见佳，无水。今日将至时又丢一骆驼！行二十六公里六百一十公尺，步行十八公里余，方向为北转东七十九度七。

二日，天将明，雨雪。最低温度零下十二度。七点半钟起身。时太阳已出，而雪犹未已；八点后渐止。地势仍如昨日，道左道右山皆稍远，且道右亦无冈阜。道左山略高峻，道右山较平衍。平衍的山略带皱纹，上盖层雪，远望如大理石成，有时又似白浪，颇现美丽；道左则山极峻厉，雪不掩骨，远望如黑煤盖白面，虽然想用琼瑶等类美丽的字形容它，而感觉中并无此印象，不如不说。又前则山陡峻程度较减，雪不甚露，又转美观。十点后走近南山，形似入山，实又上一多横谷的小原，高下升降，骆驼走着不易。又前，始进山，转一小湾，见前队又已住下，问拉尔生有水否，答言此地无有，但我们带的有水。然迟之又久，茶仍未煮好，问人，始知水桶中水已剩不多，且全已坚冻，不易溶出。往看，则四桶内所余的水共只剩半桶（约有北京挑水夫的一担），即溶出亦难敷今日用，大家乃决定收雪。七手八脚，顷刻成壶。茶点后，黄仲良又拿出罐头中的笋，丁仲良又拿出罐头中的鸡，搀和雪水煮汤，味极鲜美。笋鸡味本清，加以雪水，大家戏呼为三清汤，亦穿过戈壁中的一段趣话。读《元秘史》。赫定先生来谈，知道肉亦全无，只剩罐头，海德同马森伯往猎，则踪迹全无，失望而归；昨天曾杀一瘦不能行的骆驼，只好令蒙古人以此充餐。谈次郝默尔来，手中执锅，内有煎骆驼肉两块，我尝了一脔，如果没有人告诉我说，我一定以为是牛肉了。又听说前面七八里处即有二井，但那面的牧草已被前面商帮的骆驼吃净，尚远不及这里。晚餐时，因为骆驼不好，恐怕不能刻期到哈密，食物须行节俭，乃将晚上的面包黄油减去。餐后，黄仲良因未能大果腹，蓄了一肚子块垒，我一时不小心，同他言语大行冲突，虽未几即毕，然"甚矣饥之难也"！晚月色极佳，四面山峰耸峙，雪月交辉，清光照人，天若特给此奇景以补吾等生活中之小不足者！今日行十三公里二百七十五公尺，方向为南转西八十九度四；步行八公里余。

三日，夜中最低温度十三度，地面则十八度。七点起身。在山谷中行，两旁山势均颇峻伟。七点半山势展开。时太阳尚未出山。从山口向东北四望晓光笼罩的远山，蔚蓝淡紫，静穆美丽；右边山（回望）为雪封，左边雪极少；四面远处山势，皆有千岩万壑之趣，博大雄伟，画图所不能写。路先向上，后又大降，至一干河身，河畔有杨树多株。另一山口，有井，乃将骆驼所负箱件放下，使它们喝水，并取水备人用。拉尔生说南边山上似有古城，我登小峰巅望，也觉得有点仿佛。叫庄永成去看，不过是一种小岭继续。十点过后复行，路傍山根向西北走，正西，西南，南方山皆不远，十一点复入山，时略有微风。十一点驻。驻所无水，草较前略佳，行十公里九百五十公尺，方向为北转西七十三度九，完全步行。稍息，读《元秘史》。午点后赫定先生来谈，知道他在井边路旁接到米纶威的信，上月廿七日写，据说他已经赶到商队，据他们说从这里五天可到大石头。如果此言不误，则米纶威昨日当已到彼间。又说明天不知能到ㄕㄚㄦㄚㄏㄡㄦㄡㄇㄣ［沙尔阿侯尔欧森］否，因现在骆驼太乏，明天只能走二十公里；抵彼间后，因听说水草皆佳，当休息三日，大约米纶威已可回来。否即继续前行，亦不久即当遇着也。

四日，最低温度零下十六度。七点钟起身，行山谷中，方向随山谷转移，有时且向东北行。初觉走三五里后，即将出山入一平原（昨天登山远望的人大约如此说），然接续着走了许多路，转了许多弯，而山势连绵，不见尽处。同郝默尔一同步行，且谈且走，几不知路远近。九点后得一群山周围的一小平地，以为过了前边的山，大约总要到平原了，乃前进不远，即见红柽，又进，渐见杨林，大喜，以为ㄕㄚㄦㄚㄏㄡㄦㄡㄇㄣ［沙尔阿侯尔欧森］或当不远；走近则有一小河，已经结冰，河畔芦草甚多，遂止宿，时九点半。共行十一公里七十五公尺；完全步行；方向为北转西四十一度七。驻地离山口不远，北望口外碧澄苍茫，有若大海。午餐后稍息，往北出山口一望，走十六分钟到山口，口外向东还有平山连绵，向西则如向大海倾斜的海岸。随此"海岸"又前进五六分钟，北望真如巨海无涯。归，看《元秘史》几页，往赫定先生蒙古包中闲谈。此老多识，问他戈壁何以能现这样美丽的景色，他也一点不晓得。晚餐后春舫在帐中闲谈，寝时约十点钟。

五日，最低温度零下十九度二。今日因骆驼乏，在此休息。终日看《元秘史》。晚，春舫来谈，说童世亨所编辑的地图，谬点甚多，最荒谬的为中小学教科用的《中国简明地图》，第一页中国全图，竟至于把比例尺画错！按着他的比例尺，每度竟有四百里的距离！这样的巨谬，出了很多的版，竟没有一个人发觉出来，真属咄咄怪事！以后我们把他编的《中国新区域图》过细研究，真是谬不胜举；比方说，在新疆区域，总图上所见的地名，除了县名外，在分图上能找出来的曾不及十分之三四！商务印书馆能出这样的地图，我们中国人能容受这样的地图，也真是大可痛心的一件事！寝时九点余。决定明天仍休息一天。

六日，夜中听见铃响，细听知道是很大的商帮从这里经过，因叫王殿臣起看他们是否在这里住；如不在此地住，即请拉尔生赶紧派一个人去问他们，因为我们对于前途，全不晓得，并且米面不多，买料的还没有回，他们在这些地方，或者可以帮助我们。拉尔生派人去看，知道他们已经住下，即可等天明往问。夜中最低温度零下十九度一。早餐后同丁仲良、郝默尔、马森伯等到他们帐篷去问，回来将所问的情形告诉赫定先生说；午餐后赫定先生来稍谈，又同他及郝默尔再到商帮询问，回来，太阳已落，又该晚餐了。他们通共有一千多骆驼，九十余人，属于七家，全是给人家驮脚的。至于商货，则由商人于归化点交给他们，于古城点收，并不派人跟随。他们所驮的共属四五十家的货物，大约系茶叶布匹等物。他们七家里面有两家回族，现在到此地的也只五家，另外两家，听说今晚可到。至于路途，他们里面大约只有三两个人走过，我们却没有见着这三两个人，另外的人全是听说的；我们问他们前途的情形，他们所说的也不完全一样。可是大约一致的，就是以下数点：这里还不是ㄕㄦㄚㄏㄡㄦㄡㄙㄣ [沙尔阿侯尔欧森]。ㄕㄦㄚㄏㄡㄦㄡㄙㄣ [沙尔阿侯尔欧森] 还在前途三四十里，水草皆好；二架胡桐在大石头东数十里，并非一地；至于大石头则离此地比我们所预测的远，它在哈密东北，上哈密走那里有点绕弯子，不过到那里，一切全方便了；这里走到那里，大约总得十几站，牧草较佳云云。至于东西，则仆人同蒙古人去多次，共买得面百几十斤；团中买毡八条，每条三元。

晚上决定将他们各次所买的面全收归团中，以便按日子按人数平均支配。决定明日起身。寝后听见风又作响，然则明天是否真能动身呢！

七日，夜中风止，最低温度零下十六度四。七点动身。前两天觉得路要出山的北口，傍瀚"海"行，实则不然：路稍回南，过河，转从山间向西北行；至八点，附近，路仍至瀚"海"边。今天又丢了两个骆驼，商队上也丢了一个。十一点半，路转南进山口，即行住下，此地始为ㄕㄚㄦㄚㄏㄡㄦㄡㄙㄣ［沙尔阿侯尔欧森］，至于昨天所在地，则 Semkoff 所草图上东边有一地名ㄆㄚㄏㄢㄅㄨㄦㄍㄨㄙㄣ［匹罕布尔古森］，恐怕是那个地方了。这几天觉没有睡够，稍走路即喘，住下后睡了两次，全没有大睡着。商帮内最后到的两家还没有走，他们有人走过这条路，晚上派春舫去详细问他，用笔记下。大约是离此地七八十里，始有一湖，有水与否还靠不住；再前进百四十里，始有水；再前则八十里后始有水；再前又百六十里始有水；再前仍须百六十里到二架胡桐始有水。二架胡桐也许有商家，然靠不住；再前四五十里即大石头矣。他们每天走七八十里，没水的地方八天可走完，至于我们，骆驼疲甚，总得十四五天。头五天尤为艰难，因为计算程途。这五天走过后，休息时间内，米纶威一定可以回来，骆驼有料吃，大约可以稍好一点。决定明天早走。驻地为一山口，北临蔚蓝的"大海"——大约为古代的湖泊——东西崇岭耸峙，中有谷有河；口外西方仍有平山绵延。河边多芦,然有几十亩地方,完全烧去,一片黑地,此为有意烧去呢?抑无意延烧呢?全未可知。所可知者,烧过已有不少的时候,因为黑灰上已积有冰雪也。幸所余尚多,牧草不乏。河边亦有町畦痕迹,高处且有破房基址,或者仍是偷种鸦片人所留的遗迹。七点钟即寝。今日行十五公里九百公尺,步行十一公里余;方向为北转西七十四度七。

八日,睡着时大约八点;大约至早晨一两点后醒,以后又辗转不能成寐。五点钟起。最低温度零下十二度四。六点三十五分起身。时太阳未出,山色迷茫,满谷黄芦,遥望如麦浪;河宽三尺,流水潺湲可听。七点黄芦尽。时天已大明,路行谷中,地上石沙,宽平可行。山石黑,山岩峻,庄严沉郁,美观中之最上格也。岩石时玲珑透露,时崭岩峭厉,遥望疑有斧凿痕迹。山转折颇多,谷穷疑尽,将合又分。有时大石当谷口若屏,几疑鬼工。十点后山势渐平,十一点后将尽。将十二点止宿。行二十公里四百九十公尺,步行十二三公里;方向为南转西四十三度九。今日因夜眠不佳,行走觉疲乏。路上舍了四个骆驼,以后又引回三个。前途最近四天颇为严重,然危险,据现在看起仍属绝无,只有鼓勇前进,目的当已不远!稍眠,午点后再眠,醒后精神一振。晚餐后同赫定先生稍谈,听见铃响,郝默尔来说后面商帮来到,赫定先生同我全很高兴地出来看。今夕满月,夜色如昼。在此广大的沙漠,躯干壮伟的骆驼,驮着它们的重担,颈下悬着声音雄肆威重的铜铃,趁着这样的月光,缓缓地前进!我们此时的情绪好像为美丽庄严所侵袭,有一种不可名言的境况;即使勉强形容,又何能传达于没有亲身经过此情此景的人的心坎里边!丁仲良同他们谈,他们说可以匀出五个骆驼，将我们的箱子捎到大石头。然则前途即使再丢几个骆驼，尚不至发生抛弃行李一类不痛快的事情，更为可喜。回帐，寝时九点半。今日驻处无水，草不很好。

　　九日，睡尚佳。六点一刻同郝默尔先行。山势已尽，沿途只有小起伏。七点余路右有丛木，往寻，则见丛木中有凿出的两小坑，下有冰，但难取出。时蒙古人管水桶者亦来，前找，说有水了，往看则有一井，但水中硫黄气太重，然亦取两桶以备洗濯杯盘。将九[点]钟，见昨晚所过的商帮在那里住，遂同进去，吃了他们两杯茶冲炒面，遂出。复行，则地面淤泥甚光滑，想系夏日积水处。将十一点，道右有红柽，听说里边有井，往寻不见。十一点余大队已驻下，此地不惟有水，并且够饮骆驼，水味亦佳，实出意料之外。草亦较好。今日与郝默尔医生谈论，全体步行，不觉已到。赫定先生后到，谈次，知道他昨晚因看驼队过，受寒，夜中大吐，今早及现在全不思食，颇为劳念。归帐稍眠。午点时春舫说同商帮谈捎带行李到大石头事，他们一个骆驼竟要二十八块钱，以后让至二十五块，他给他们十块钱一个，他们还不肯。我们计议一番，以为昨天丢了一个骆驼，今天并没有丢，这样走到前边有水的地方，用不着一定要雇骆驼；到那里，米纶威总可以回来，他大约要雇几个骆驼，就用不着再雇，也就算了。今天有几件可快意的事情：没有丢骆驼，知道骆驼并没有昨天所想的那样坏，一快；前天商帮人说这边二百二十里地没有水，一百二十里处虽有井，只够人喝茶，没有骆驼喝的水，今天不惟遇着很好的并可以供骆驼饮料的水，并且知道我们已经走过他们所说的一百二十里，然则这二百二十里，比例起来，再有两天，不难走到，二快；昨天起初听说丢了四个骆驼，后悔不在ㄗㄚㄦㄚㄏㄨㄦㄨㄨㄥ[沙尔阿侯尔欧森]好草的地方多停两天，等着米纶威回来，但是今天听到商帮上人说黄芦为顶坏的牧草，只能撑肚，不能救饥增力，前天丢四个骆驼，就是因为过吃黄芦，然则无论怎么样绝没有可后悔的地方，三快。晚上赫定先生还不思食，他还想明天继续走路，劝他休息，因决定明天不走。回与丁仲良、春舫闲谈，郝默尔来说有一商帮从西方来，当可问他路途情形及遇见米纶威没有，往看，则为一蒙古人商帮，不懂汉话，叫塞拉特起来问他们，才知道他们为外蒙古人，现从安西买面料来，路过马鬃山，来到此地，只遇见前边商帮，云云，然则我们所要知道的事情，他们并没有什么能告诉我们说。寝时十点。

十日，最低温度零下十六度。团中在ㄗㄚㄏㄖㄅㄕㄨㄦㄍㄨㄇㄨㄥ[匝罕布尔古森]买了几条毡子，今天命蒙古人将帐篷放倒，缝在帐篷里面。终天在丁仲良、春舫帐篷乱谈。天阴无风，天气不冷，下午三四点钟温度升至零上一度。今日赫定先生略愈，决定明天启行。昨晚在此地止宿的蒙古族商人，据说他们也是要到二架胡桐买面料，因为那边买不够，才转到安西去，所以对于从这里到二架胡桐一节路，也还明白。他们所说与汉人商帮所说也大同小异，不过里数较少。他们并且知道这一带的地名，此地据说叫作ㄅㄨㄦㄉㄥㄨㄨㄨ[博尔登乌苏]或ㄅㄨㄉㄥㄅㄨㄉㄚㄎ[博尔登布拉克]。今天又从路旁接到米纶威信一封，知道他于三十日在这边过。昨天马森伯、海德出猎，打到四个黄羊，海德打到一个，今日午饭晚饭皆有肉；我们在ㄏㄚㄋㄚㄍㄨㄌ[哈纳勾勒]的时候天天吃黄羊，大家全厌烦了；在多天没有鲜肉吃以后，黄羊肉又成美味！现在在帐篷里面，没有火，居然不呵冻就可以写日记，又有一快事。七点半即寝。

十一日，昨晚寝后又听见铃响，系一商帮自西来；这两天屡次遇着行人，令人立时感觉已离新疆不远。寝前原约今早四点起，五点起身，夜间王殿臣听见人说话，即起，我看表，时不过一点，他出去打一个转，回来又睡。我又醒后听见很多的人说话，即叫他起，我不久亦起，厨房饭已煮熟，我看表，才三点二十分，告诉他们说，他们才知道起得太早，等至四点早餐，五〔点〕钟起行。今早月有晕，或将起风。起行前听医生说：赫定先生夜中仍思呕吐，颇为耽念。路左右时有小起伏。八点后路又入岗峦间，但不峻厉。南望小山若屏。路不久又较平坦。十一点许离山不远，止宿。稍眠，起午点。赫定先生尚未到，听说他在路上歇着，非常困倦，且有苦痛，医生给他打一吗啡针。但他的精神刚觉恢复，即又起看分度器作路图，他这样的精神，真令人慨叹不已！但我却后悔昨天不劝他在ㄅㄨㄦㄉㄥㄨㄙㄨ〔博尔登乌苏〕多住一两天，因为那边有草有水，至于今天则无水，草又不好，虽欲停留休息，亦很难设法。他两点后到，同他谈，他精神尚好，他说：病同三德庙所患完全一样，仍系肝中结块入通道中，故肝时觉痛云云。似此则以静养多日为宜，然明日又有何法！晚，郝默尔来谈，说大家想给他弄一种床，使他睡上，免致走着振动，他一定不肯；我也仿佛听拉尔生说想给他做一种拖车，使蒙古人前拖，他不愿意，我就想去劝他。及至见他，谈次，知道他并不执拗，但实在想不出好法子，因为他们所想的床，是想用四个骆驼驮着，那样法子本来不好，无怪他不愿意。至于拖车，他倒很愿意，但是找不出东西做，拟明早问拉尔生再说。归帐天已晚，即寝。昨晚所到的商帮，系安西汉人向外蒙

ㄍㄧㄣㄅㄝㄗㄜ〔音别则〕贩卖米面者。问他们商买，他们竟要一块钱三斤，盖他们本不欲卖也。

十二日，早三点半钟起。想去问拉尔生并早餐，乃走到那里，忽觉头晕，遂坐到火边地下，几分钟后晕止，吃粥，起来稍走几步，又晕，乃歪倒地下几分钟，觉愈；起问拉尔生是否有做拖车的办法，他说他昨天的意思，也是用床抬；至于拖车，除了帐竿，就没有东西做；可是帐竿拉几十里后就要全毁；这样冷天，万不能使人没有帐篷住，所以没有法子。又觉晕，回帐休息，将七点出帐，又晕，坐下稍息，觉愈，渐渐起走，可以不晕，遂命起行，时将八点。这几天觉睡得不够，为眩晕的主要原因；此后与赫定先生谈及，他说帐中夜中置火，于卫生不宜，然昨晚今早，帐中不过有一点火炭，火并不大，自然可以有点关系，但必非主要原因。今早月仍有晕。最低温度零下十六度余。将启行时，赫定先生已起，在他的蒙古包前正作简易画，同他稍谈数句，乃行。初上骆驼，喘息甚急促，三四十分后始愈，惟时时呵欠。十点过后路渐入山，我觉得脚凉，乃下步行。山不高，山湾内有红柽颇多，地颇湿润，如有人凿井，当亦不难。不久即出山，过一小干河沟，我已走一点一刻钟，遂再上骆驼。路为略有起伏的平原。十一点后稍有风，不大。一点多钟，远望大队已驻，但一望即知不像有水的地方；即问，果离水尚远。那林即在泉上住，听见我们昨晚派出探水的人说赫定先生有病，即行来此，据他说此间离泉上尚有二十五公里附近。至后眠一点钟。午点后，那林来谈，知道赫定先生已到，据说他在路上前半截精神颇佳，以后起风，颇形委顿，但他仍一路画图。那林又说他现在可以替赫定先生画图，赫定先生已允以后停止，休息矣。

他又说他们所走的路，时遇居民，可以买羊、指路，出乎意料之外；有地方听说有匪人，走到那里则绝无居人，不过留私种鸦片的町畦及破屋，或系原来匪人所居云云（然此后同医生谈，知道那林队有一次八天没有遇着水！后数日，每人每天只准喝一口水！云云。则彼队所遇困难，或有过于大队者，但是那林却没有给我说，或亦俗语所说"只说过五关，不说困麦城"之意欤）。晚郝默尔医生又来，说赫定先生已允许用床抬，他们欧洲四五个团员自己抬；明天大队走到泉上，至于病人及随从则暂住到十二三公里处。他们这样毅然来抬病人，勇毅殊可佩服，然途中如此互相扶助，实亦分内事。拟等到后天再派我国的团员及听差来接迎他们，因为那地方无水不能留多人也。寝时七点余。

十三日，夜中睡佳，将七点起，八点起身。路如昨日，渐渐升高。十二点后入山，山颇峻厉；路屈折甚多，时有狭径。过山巅渐下，望见山谷中有空骆驼二十许，有三人在上面骑着，疑为米纶威所雇，乃停下稍待；但他们不由正路来往，径驰入山间。据王殿臣说，他看见他们带的有枪械；以后听说这附近有四五个蒙古人带有枪械，并有骆驼五十许，然鞍鞯皆系汉式，疑为截劫所得，或者就是这一班人了。又前见海德骑一快骆驼从后越过。一点后出山，未几即见水，见骆驼，然不见帐篷，甚疑，再前始知帐篷为高地所隐。一点半钟住下。驻地有水，草不佳。午餐后眠一时。起见丁仲良至，他说赫定先生今天要到这里，海德前来，即系传此命令，现已有多人往接。天定黑时，他们全到。往看赫定先生，他说肝痛，身外不甚好过，然谈次精神尚佳。他们抬的人，五分钟换一次，共换五十一次乃到。赫定先生今日躺下不能作图，乃命那林看分度表，然仍自行记下，不肯假手他人！晚餐后稍谈，寝九[点]钟余。

十四日，起已将九点。早餐后与赫定先生谈，他的精神甚佳，很能吃些东西，据说再休息几天，即可痊愈。决定明天派春舫同马学尔带几个轻便的骆驼，先赶到大石头或ㄊㄚㄕㄜㄅㄨㄌㄚㄎ[塔舍布拉克]雇车或驮轿，回到这里；大队亦明日动身，每天两三点钟即起动身；我同大队走，但我同丁仲良及王殿臣三人天明始动身，因为丁仲良要绘图的缘故；赫定先生则暂同郝默尔、那林、贝格满留此；大约车或驮轿雇来的时候，赫定先生已经休息全愈，即可起行。天阴，稍有风，四点钟许温度在零下八度二。请郝默尔给我检查身体，结果他说我心脏肺脏全好，不过有点劳倦，等到哈密后休息几天就好了。他又给我一瓶 Pil.Acidarsenic 让我按天饭后服食，说可以强壮血脉。晚上往同赫定先生谈，他今天休息一天，精神甚好，谈时兴趣同平日一样的轩渠。他因为不能前行，举海德为代表，遇事同我商议办理。归帐又同春舫稍谈，寝时九点余。

十五日，大队三四点钟将起身，外边甚纷攘，即醒。他们走后，亦不能复眠。郝默尔来，托带给拉尔生信一封，因为他们留的人，面也只敷一星期的用，等到我们遇见米纶威后，必须将面赶紧送来故也。六点许，一蒙古人来，说春舫叫他来告诉说黄仲良走错了路。叫他问了几句，即派他赶紧到错路上去追。起身时七点三刻。起身后才知道山坡上很明的路，却非正路，仲良即由此路；正路却向西转过山坡又转向西南走。想仲良身上平常带指南针，总不会大错，不久总可转回大队。路颇有起伏，南望皆小冈峦，道右远处小山绵亘。九点附近路在山头，似可绕过不入山，然经引入山。

山不高峻,再前行,颇有峭立的岩石,有几处,路颇狭隘,大车通行时恐有困难。不久即出山。远处弥望皆小冈峦;道左为大淤积地,想夏日积水不少。蒙古人从后来,问他赶上黄先生否,他说赶了二十里许,没有足迹即返;觉得他或已转回大队,殊不以为意。十二点许蒙古人在前走,王殿臣牵着骆驼跟着他走,我骑在骆驼上并不留意,不一时他们走错了路,简直找不出骆驼足迹。蒙古人转向北山根,我知道今天路仍向西南行,命他直向南找,不久即得路。将两点,已抵大队驻所,拉尔生来迎,说黄先生仍未到,颇为诧异。细问庄、傅二人,知除上所述的路外,中间尚有一路,我想着他或者不远,一会见就可以来,如其不然,只有两个可能性:一、在过山时晓得错路,想转回来,乃山中曲折极多,东转西绕,终不得出;二、转回后走到中路,以为这条一定不错,竭力向前赶,蒙古人找的东路,所以赶不着。沉思片时,决定派王、傅到附近山上燃火;庄往中路去截,到后,不向前赶,亦不转后迎,只点起火来,天晚即回;火傍画箭并写字指示大队所在,回途中仍逐处置火。又疑惑他或在旧驻处附近转,乃写信给赫定先生,请他派人寻找,派塞拉特送去,并吩咐他过山时大呼,听有应声否;如仍不得,彼至旧驻所后,即换骆驼向中路去找,因为塞拉特颇机警,中路重要,所以派他走,至于他方则派其他蒙古人找。今晚如找到,即乘驼夜来,明天不误起身;否则明早大队仍须起身,请赫定先生派两骆驼来,将仲良的帐篷行李,取归故处,等将来同留的人一块儿走,因为此处无水——听说草尚好——大队无法等也。午餐后,稍眠。丁仲良说黄先生回来了,大喜。不久已到,问他,他说走东路一二十里,久候大队不至,看指南针,始知错误,并知开头即错，乃转回原驻所；在那里饮茶吃饭后，那林派两个骆驼，一个蒙古族引路人送来云云。谈次，傅（团中所有苦力姓）说在草地走，如果两条路抉择不定，看足迹以外，也可以看骆驼粪，粪干者过去已久，一定不是；粪湿者始属正路。丁仲良又想到看骆驼尿，也可以分别；像近日严寒，驼尿至地即冰，尤易检视。总之此地旷漠，无人可问，然如果人能细心，不愁没有法子也。晚餐后作日记，寝，八点已过。今日行十八公里三百公尺，步行十公里许，方向为南转西七十六度（此数目为丁仲良所算，据海德计算，则有二十二公里之多）。

　　十六日，最低温度零下十五度（自昨日起，此最低数目不甚可靠，因为测量气象的海德每日于四点钟起身，他所记的，不过是早晨三点多钟的温度，通常温度最低在早晨五六点钟的时候；此所记温度可看作三点钟的，要比真正的最低高一点）。大队起身时已醒，后又稍眠，六点一刻起，起身时七点三十七分。地势同前几天一样，弥望小冈峦，路在低处，如登两边冈峦一望，则可见左右远处皆尚有连山。九点至一地，有商队曾在那里住，有泉流出，已全结冰，大约就是他们所说的ㄨㄌㄢㄅㄨㄌㄨㄎ［乌兰布鲁克］了。过此地，路颇丛杂，驼迹甚乱。我所顶诧异的，是很多最新向我们来的方向的驼迹（骆驼足迹为两半圆形，前后大致相同，但其前趾甲处迹较深，颇易辨识），而我们并未遇见一个骆驼，在周围寻找十来分钟，得路，再向前，见黄羊两个；我不能猎，也是它们的幸福。十点许随一干沟，路又入冈峦间，虽两岸无陡岩，然不易走大车处固不止一所。后路又较平。今日天阴，且有风，仿穿西服法将里衣结到裤内，风不得入，冷得较轻一点。十一点半，路又入小山中，渐渐升高，及降下，则见大队已驻下，至时十二点刚过。今天所行路，据丁仲良的计算，不过十二公里七百公尺，然海德说有二十公里。又闻大队在ㄨㄌㄢㄅㄨㄌㄨㄎ[乌兰布鲁克]后，曾走错，来回共费一点多钟。前所见的驼迹，就是他们回头时所遗留，海德并未将此节除下；他所说的数目固嫌太多，至于丁仲良的数目，即他自己亦觉得太少；我觉得今天所行，总在十五与十七公里之间，步行当在九与十公里之间。决定明早量一底线，自计驼步。方向则据仲良说为南转西七十六度。全日阴，下午四点温度已将及零下十度。晚七点一刻即寝。今日驻处无水，草亦不好。

　　十七日，早醒，五点半起，起时月有晕。七点二十六分起身。初行路为冈峦周围的一小草地——更可以说是一小灌木地。九点一刻路又入冈峦间，一直到住时，地势完全单调，颇令人生厌。路渐升渐高，据气压表当有一百十公尺之多。今日天阴，十点后颇有风，并正迎面，温度虽未见太低而极令人不快。十二点二十五分左右，并飞雪数点，然此时太阳有微光，且天上无多云，故不久即驻。下午风略小，气候似稍温。我今天每半点钟记骆驼步数一次，记罢，赶紧抄起，且记时亦戴驼毛半截手套，如此小心，手仅得不僵；然则他们作路图的人手冷更当何似！预计两点以前当可驻下，然两点复三点尚未看见帐篷，非常着急。汉商帮说过ㄨㄌㄢㄅㄨㄌㄨㄎ[乌兰布鲁克]百六十里有水；蒙古人把这一节分两段，第一段七十里有水，后一段四十里有水。蒙古人所说的两道水，我想大约靠得住，至于里数，蒙古人所通常比汉人所说更靠不住。昨晚拉尔生相信蒙古人的话，说再五十里到ㄙㄚㄏㄢㄘㄜㄌㄠ[匝罕侧佬]，我就有点疑惑。今天一定是拉尔生总想赶到水，所以走得太远。三点附近，才看见骆驼，知大队已驻，远望地势，即知非有水的地方！然见道旁多白石英，与ㄗㄚㄏㄢㄊㄜㄉㄠ[匝罕侧佬]之名颇相合，又冀或能有泉。三点一刻到，问，果无水。拉尔生疑惑走错了路，走到直往哈密的路上，将不过大石头。至于ㄗㄚㄏㄢㄊㄜㄉㄠ[匝罕侧佬]，亦撇到北方，不在此路上。我以为不然：我觉得ㄗㄚㄏㄢㄊㄜㄉㄠ[匝罕侧佬]或在前面十数里的地方，远亦不过三十里，后将转北，仍过大石头。我之所以这样推理，一证之汉商帮的话，二证之于道旁的白石英。丁仲良至时，颔下须上结大冰块。"坚冰在须"，我们这一二十天内已成常事，然能结成如此大块却是罕见。同拉尔生在外边站着说几句话回帐，觉得非常地冷，以后喝点热茶，吃点东西，点了点火烤一会才好；往看温度，不过零下八度。晚寝时八点。今日行二十九公里一百公尺，自计。步行十七公里余（方向忘记）。

十八日，昨晚王殿臣说什么东西皆发潮，恐将下雪。夜中闻有风声。今早大队刚起身，看表，则六点已过，赶紧起。雾大。有风而仍有雾，颇出意外。且有大霜，群山上小草一望尽成琼玉，如此大霜，即或非第一次见而亦为第一次注意到。此时落月一弯，浓雾笼山，景象淡丽，令人兴深远之思。起身时七点四十分。路行山间，即有冈峦而势亦崔巍，不似昨日之平衍厌人。霜愈厚积，驼裘皆白，欲名之为雪，而似在空中凝，不自天下。是时天气不寒，走路时身上觉燥，亦近十数日内所未见。九点后山势渐尽，又成陂陀。九点半后雾渐成雪，五十六分已到大队驻所。见黄仲良捡柴回，须眉皓然，不能自见，想同他一样也。驻下后觉得雪要大下，而风一起，又"杲杲出日"。下午大风怒号，天气甚寒。七点馀即寝。今日共行八公里八百公尺，步行八公里弱。今日气压六百三十五公厘五。

十九日，终夜大风怒吼，天明时见雪吹入帐内，不能起身，起已八点余。终天雪并不大，不能盖地皮，帐角留小孔，而一不留神，帐内有地已积雪半尺，足知风势何似。上午闲谈。下午无事，因为想知道欧洲大事与中国相当的年数，借黄仲良的《四裔年表》一看。这本书也不知道是翻译什么人的（我国人翻译他人的书，多数不著著作人的姓名，非常可怪），实在是太不中用了！它一方面太老，完全不晓得最新的史料：比方说，现在的历史家全晓得耶稣不生于西历纪元的第一年，而此书尚沿从前的讹谬；另外一方面，绝不晓得近世的批评，将许多的神话说成历史上的事实，并硬给它一种历史的年月。这一切全不说，因为是前百几十年的人著的，这些还不能怪他。最不可恕的，比方说，于法路易十四王即位的时候（一六四二）记其时方五岁，及他死的年（一七一五）即记"年九十七"，自相矛盾。我现在手旁虽无书，然记得路易十四王即位时，年十余岁，则此二数皆误。最怪的，是于一千八百零四年记曰："拿破仑自称一统之主，故王路易十六在俄，闻之不服。"这不晓得是那里的鬼话！路易十六王于千七百九十三年被杀，为欧洲人的常识，就是这本书也曾记"弑王路易十六，称民主国"，怎么样于十一年以后，又跳出一位路易十六来！其余详于君主及攻占，而略于文化事业，也属太无识见。就是偶然记载，也是全属偶然：比方说，Copernic 著《天体变革论》在欧洲思想界有不可比拟的影响，而此书竟一字不记。外如叙述无法（如应记于希腊格后事，乃记于波斯格后），一事再见（如再记欧林坡大祭，再记发现好望角），种种讹谬,不胜枚举。当日乃译这样荒谬的书,可谓怪事!晚,满天星斗,虽间有雪,总以为明天可晴,然气压又降低至六百三十一公厘。八点钟即寝。

二十日,仍终日大风雪,不能走。八点后始起,八点即寝,终日吃饭、谈天、烤火,无别事。一会儿"杲杲出日";一会虽有太阳光而风雪交加;等到雪大的时候即不见太阳;日并非被云蔽,却被雪蔽,非常奇怪。晚,气压又降至六百二十五公厘,明天恐又难忘风止矣!二十一日,天气、生活一如昨日。今日始悟此地似并未降雪,不过气压太低,风从西来,天山多雪,乃随风飘来,并非真有雪降(后觉此理仍太可疑)。昨天前天因风大未能出恭,今日不能再忍,然无论何处全找不出没有大风的地方!虽出一次恭也须竭力奋斗!这样天气,除了绝漠里边,恐怕不容易遇见!下午作日记,每次呵冻,仅可写四五字,困难可知。晚,气压升至六百二十七公厘八,明天或可望风息。

二十二日,今日风较小,然尚未能起身。早餐后拉尔生来言:"粮食将完,万不能在这里再迟延,而骆驼这几天因风大,不能出外吃草,也不能再负重往前走,只好明日大家带着随身行李,赶着空骆驼向前赶路;至于大宗行李暂留此地,我同蒙古人留此地看守;到前途雇来骆驼,再来搬运。"我们仔细思想,也只有这一个办法,遂将箱件清理一番,风虽稍小而手每过一两分即僵。今日又听牵骆驼人老高说,他听商队说新疆禁粮食出口,想运出来者必须有特许的票子才行,然则米纶威也许是因此就不能在大石头或ㄊㄚㄕㄜㄅㄨㄌㄚㄎ[塔舍布拉克]买粮食或料,乃跑到哈密去办交涉,所以迟延到现在还未能回来,亦未可知。我们因此更不能不攒程到哈密去了。下午大批行李及拉尔生搬到西边二里避风处,至明日要起身的人则全留此。气压升至六百三十六公厘六。四点钟后,风全息,并不甚冷。晚餐后与海德、马森柏、拉尔生、李伯冷等稍谈,预计赫定先生至快也得明年二月初旬才能到哈密,天下事固难预计也。

二十三日,今日冬至节。最低温度零下十七度。天明起,风平气静,大霜如雪。东方晓暾鲜赤,西方返光嫩红,山为粉装,草如玉琢,岂严重时期已过,天将另辟一倩丽庄严的世界以酬偿我们呢?抑在飘风骇浪的四围,偶露出一青草绿岸的沙洲以使我们暂休息呢?八点三刻与拉尔生等作别,起身。山势可云一如十七日所走。十点以前路稍上升,以后渐低,望见前边山下似有平原,那里或有泉水也。十点后有风,不大。十二点许道左山上有一小鄂博。一点后至一小低原,ㄍㄚㄍㄨㄙㄚ[匝戈]比较丰茂,白石英遍地,商帮驻此,骆驼粪迹宛在,以为必可得水,然终不得。一点三刻已至西边小山根,只好驻下。今天到处有雪,水本不成问题,不过据商队说此泉离二架胡同百六十里,得泉即可知前途的距离,所以异常盼望。午点后ㄅㄚㄉㄦㄙㄚ[巴德尔厄]来说今天在路上又卧下两个骆驼;一个太弱,无法救,另外一个尚好,不过腿瘸不能行,留在离此地十几里的地方;想派人去把它送至拉尔生处,或可养好。同马森伯、海德商议,说派一蒙古人送到拉尔生那里,即不能复追大队,他那里又没有粮食;骑骆驼去赶回来,则所骑的骆驼没有吃草的时候;那一个未必能救出,这一个又要死,太觉不值,所以只好弃却!又问他是不是没有肉吃,想要它的肉,并且请他看出哪几个不能再走,即早说明,可以杀掉备用,如果弃置途中,却是无法，ㄅㄚㄉㄦㄜ [巴德尔厄] 泪眼汪汪地答言：宁愿忍饥饮水，不愿再吃骆驼肉！他这样的慈悲，然亦知在此绝漠中粮食已尽，除了吃骆驼肉，又有什么其它的法子呢！晚，忽念及今日冬节，故园有母，北京有妻有子，一定在家吃饺子，念远人，然家乡乱离，北京薪水无着，恐怕皆在愁城中！我又困处于此绝漠中！积思往复，不能自振。也知道世间事全有两方面，未可全向黑暗一面想，然思路既滞，廓除实难。寝八点。今日行十九公里三百公尺，走十二公里许；至时非常困乏。

二十四日，夜半醒，闻风有声，此时令人愁思者，又什么东西过于风声呢！有雪尚可勉行，有风绝无他法！哈密不过三四百里而远若天涯！再想大队全到哈密，又有俟河清的感想！有真危险尚能令人奋发，此刻却无危险，只被软困，真令人悒郁无欢。又寝。起八点余，风略小。补作昨日日记，水弄温，砚台烤温，幸得不冻；然到笔上，又有什么法子使它仍温呢？现在才知道用铅笔作日记为有经验的办法，深悔从前要用毛笔写的错误。起身时十二点半，风虽不太大，然正迎面吹来；雪浪扑面，顷刻成冰，然颇感壮美，心中尚无馁志。将一点半到一干河身内，草尚不恶，即行驻下。捡柴燃火，枯守取温，作一诗以纪实：

天山冬夜西风紧，重衾难暖毡无温。
晨起雾浓霜疑雪，草为玉琢山铺银。
朝曦呆呆白日出，轮圆光寒若僵木。
密云未布霰已飞，风推雪走流溪谷。
时景虽严吾当行，猛进不须愁途穷。

资粮将匮难栖止,涸辙能待枯肆中!
收书束床手如铁,绳成矢直未易结。
命仆引驼且遄征,缓步可免足冻裂。
壮语空言冒雪战,冷风塞鼻冰积面。

(黄仲良说我们能这样冒风雪走路,就可以打仗,并且可以必胜。须上、眉上、帽檐、风镜边全有积冰。)

数步止息喘如牛,后队廿丈何能见!
雪愈滂沛径愈高,驼瘠衣白仆夫劳。
峰回又遇草满川,枯茎败叶临风摇。
路程匪遥驼正饥,岩足御风堪止息。
支帐又惧冰雪侵,择地曳竿数徙倚。
捡柴不虞革靴穿,ㄕㄚㄍㄜ[匝戈]易折雪凝坚

(枝上雪振拂不下)。

冒烟屡吹火始炽,闭帐又得容膝安

(帐初未闭,瞬息雪已盖床。急关上。我同丁仲良同帐,仅得容膝而已)。

回忆都门酷寒日,炮羊酌酒对妻子;
亦有琼岛踏雪登,遥望珠玉盈树枝。

苦乐由来任心造，宴安鸩毒岂是宝！
男儿生当东西南北游，安能株守田园老！

晚风略小，早寝。今日仅行二公里三百公尺，完全步行。

二十五日，早晨又叫ㄅㄚㄉㄦㄜ [巴德尔厄]，告诉他说："现在只能救人，不能救骆驼！你愿意教杀也得杀，不愿意教杀也必须杀！将来无论对于神，对于人，对于骆驼，责任全是我负，与你无干！"他没有法子，就请把昨天卧那两个骆驼牵来杀，不过那怎么能行呢？那里离这里远，一去，今天就不能走路，就告诉他说一定不行。他看没有法子，才推到晚上看出哪个不能走再杀，遂照他这样决定。十一点一刻起身，风雪难行如昨日。我上身穿着皮马褂，下身内穿棉裤，外穿皮套裤，前进时冷风刺面堪厌，身上尚不觉；有时背风休息，即觉髀肉冰冷。我现在才晓得棉衣同皮衣绝不可同日而语，只好穿上皮外套。十二点一刻至一低地，有水，且白石濯濯，才知道今天才到ㄕㄚㄏㄢㄘㄜㄌㄠ [匝罕侧佬]，从前未免太早计。又前行，道转西北。骆驼又卧了三四个，不能多行，未及两点，即驻下。驻地草较佳。今日行六公里三百公尺，步行四公里余。至后，衣上皆盖冰雪，搜打不掉，用手绢慢慢擦掉，仍未免一层湿，用火良久始能烘干。帐门未闭，须臾积雪盈寸，这样风雪，实可骇人。昨日尚多豪兴，今日太感到关山苦趣！晚，同丁仲良计算前途，以为此间离二架胡桐大约还有六十公里光景。傍晚时风略止息，乃将寝时风又呜呜作声，异常焦急。如果全像这两天走路，即至二架胡桐，尚不知何日何时，何论哈密！

二十六日，夜醒，闻风略小，大慰。早起东方放晴，并有一断虹。昨天到后，因为衣湿天冷，什么全没有问，以为他们没有东西吃，骆驼已经杀过，今早问ㄙㄚㄌㄤㄎㄦㄧ [萨郎科尔依]，才知道还没有杀。他并且说昨天所卧的四个骆驼，后牵回来两个，有一个今天早晨起来吃草，另外一个现在还不能起，我即请海德去把它用枪打死；乃迟了半天，又问，则言它已出去吃草；我说吃草也须要把它牵回来！催了两三趟，才承认去牵。时已十一点，快要动身，又问，他们说它又卧下，牵不回来，又说一会儿走的时候，还可以哄着它走。总之推诿稽延，不愿意杀，不顾说得自相矛盾。他们这样的推阻，惹我动了真气，说此骆驼何时不杀，即何时不走！立逼人把海德引去，及引到，又不肯说是哪一个，海德自行寻出，乃行枪毙。时势所迫，竟逼人为屠伯！十点钟后风又作声，起身时十二点一刻。今天虽有风而无雪，得免"冰积面"的苦处；虽然帽檐须上又何尝不全是冰呢？山势如前数日。雪堆累累，枯树亭亭，苦寒中自有风趣！驼背无聊，高唱"驱马天雨雪"之诗，乃唱未数声，而冷风入喉，嗽逆不止，只好闭口枯坐。将三点，路更转西，天又阴沉；遥望西方，愁云弥漫。衣上积霜皆白。风雾霜同时，日光雪片同时，白日严霜，皆为此地特别风物！刚四点驻。庄永成说前在ㄕㄚㄦㄚㄏㄡㄦㄡㄙㄣ [沙尔阿侯尔欧森] 所遇见的商队刚才从这里起身，据他们说此地离二架胡桐不过六七十里，春舫同马学尔已经过去四天云云。今日步行六公里余，共行十余公里，因披外套身重，走路极感烦难。

二十七日，前几天全是西南风，所以讨厌；今天忽转东南，我们向西北行，微风送人，尚不为恶客也。起身时十一点五十分。初行时过一山口，两岸山匪 [阜] 卑微。后即为低地小原相间。低地灌木丛生，带雪摇曳，姿态若浓郁之榆叶梅。小原上则石子殷黑，植物稀少。两点钟后望见前有"广川"，再前又为小山绵亘，远有大山矗立，以为半点钟即可度此广川，直达彼岸；然远望若广川，走起实有不少的起伏。走至将四点钟又遇见昨天所见的商队，他们说二架胡桐离此不过二三十里，即在前边小山洼中；前面的大山就叫作沁城大山，沁城（回名ㄊㄚㄕㄜㄅㄨㄉㄚㄎ［塔舍布拉克］）即在那山根前，且至山内即无柴云云。同他们一块儿走了半点钟，即行驻下。今日步行六公里馀，共行十馀公里。

　　二十八日，晨起天朗气清，大山中峰高出云表，晓光映照，红白调和，恍若靓妆神女，耸身天外。但昙花一现，日出即消。与海德商议，请丁仲良带一蒙古人先到二架胡桐看有商家与否，有羊和面料可买与否。大队十一点半起身，仍行此略有起伏的广川。走到一点半钟始近山，则商队仍在那里驻，未起行。在那里接到丁仲良一字，说那里没有商家，但遇二蒙古人，说离此二十里有卖羊的，已同去买，大队请继续前进云云。入山口，山势颇崇峻，乃知昨日视觉的错误。下午颇有微云，无风，天气温和，积雪消融，颇有春意。谷中有芨芨草，亦为从额济纳河来后所未尝见。将及三点，山势渐开渐平。未四点，又过前在ㄚㄏㄢㄅㄨㄦㄍㄨㄙㄣ［匝罕布尔古森］所见的商队正将起行。他们说道右三里余山中，有蒙古人卖羊的。即行驻下。少顷丁仲良返，买到五只羊、七八十斤面，并有盐若干，大家皆大欢喜！此时才听说引骆驼的汉人及蒙古人自昨天晚上即没有吃饭，如果今日不能买到羊、面等物，他们明天是否能走得动，已成问题，然则大家之欢喜也固宜。有二蒙古人送羊来。我们从上月一号离了ㄇㄝㄉㄨㄥㄍㄡㄌ［蔑依勾勒］，到今日走了四十八天，才算第一次见到居民！问他们，他们说是新疆西边的土尔扈特人，新从马鬃山移居到这边，不久也要走，上沁城去云云。晚餐时，放骆驼人狼吞虎咽，转瞬全羊已完！今日步行二公里余，共行十几公里。

二十九日，近数日人饥，早不愿起，每日放骆驼全由海德起来叫他们。今日天未明，放骆驼人的帐篷已经喧腾，"士饱而歌"，真非虚语。终日天色晴朗。昨日丁仲良因来谷口内随蒙古人走，故未能画图，今早再回去画。作日记，等仲良回来。十一点钟一刻起身。行山中，山虽不高，而高高下下，积雪初融，景物甚佳，所欠缺者，只有梅花几点；如果有横斜数枝，当成极妙画图；然天下事固如斯，何能求全责备！十二点三刻后，路入一干河道中，两岸颇高，青石嶙岣。路直向北，有时且向东北。一点一刻抵一地，名小石头，听说附近有羊场，但未见。地有井，因令骆驼饮水。再前进，路转西北，路旁有石：卧者、立者、斜而倚者、崎而企者，形形色色，姿态万千，虽"小石头"而极可观览。山势渐开，后又紧束。将至四点，见商队前驻，上有土房，有汉人经商于此，遂驻下。地名大石头。有一回兵言奉哈密回王命，来此迎接，略问人数，即行辞去，言明日将有回兵来引路。晚，命厨房烙饼，得以饱餐。到商家，问此地情形，兼商买面料等事。商人黄姓，原籍西安，在此设店五六年，沁城亦有铺子。土炕上烟灯火盆，别有景趣。其人甚老练。此地除商家外，还有几家放羊的。接到春舫信一封，说二十四日过此，有二回兵迎接，换马到庙儿沟去，次日可达，驼队则隔日可达，到那里即径直回去云云。又说米纶威走错路，走到星星峡，疑该处官兵为匪，弃骆驼逃至庙儿沟，现已往哈密去。今日行十余公里，步行七公里余。

三十日，夜中最低温度零下二十度一，然晨起时已升至十度，不觉冷。天阴，飞雪不大，直至下午两三点钟始渐晴霁。一蒙古族排长，带兵十数名从刺梅花泉（在此地北五十里）来，名尔载台，汉话说得很好。所带来的兵有蒙古族人，有缠头。谈次，知道他们并不在一营中。缠兵营驻庙儿沟，营长姓尧；蒙古族营长姓巴，驻哈密；至驻沁城营长则姓陈，为另外一营。留二蒙古族兵、二缠头兵引路，乃去。派两蒙古人回与拉尔生送粮，写一信与赫定先生。下午一点起身。初仍向西北行，行山谷中。两岸青石嶙峋，大石头之取名，或即以此。以后山势或狭或开。三点后，听前边人说米纶威回来了，未久，就看见他们从道右山谷中过来，时天已将晚，此地草尚佳，即行驻下。少顷，米纶威来，神色仓皇，说什么全完了，郝德等不准在哈密设气象测候所，被送到迪化去；什么全反对国民党，大约张作霖全胜了……不清不楚，乱七八糟说一大套。知道他神经错乱，一笑置之。接到春舫信两封。后又叫随米纶威的张生材来问，综括一切，知道情形大略如下：新疆自去年以来，东境与甘肃接界处，即设有若干军队，凡略有重要的人物，皆须电迪化请示，如有武装者，亦须解除武装，始能放行。米纶威在星星峡逃走时，失去洋三百余元，到哈密后，幸县长竭力帮忙，已购得粮食及驼料、应用各物，并雇骆驼十余，回来。郝德到庙儿沟时，因不识中国情形，颇欲强过，故被羁留十数日，经几次往返电商，始准卸除武装后，至哈密。到哈密后，已开始观察气象，后又被禁止，并命赴省，只留达三及哈士纶在哈密。华志亦未能取出钱，不知何故。并闻有蒙古族王公不明气象测候所为何物，请求杨督电阻本团西来，不过电到北京时，我们出发已久，未能赶及云云，此说不知确否。又有种种不近情理的谣言，只可付之一笑，而米纶威却有点相信，宜乎其神经错乱。与黄、丁谈至十一点［钟］，始寝。

三十一日，夜眠不见佳。夜中最低温度二十四度半，终日天甚寒。派ㄅㄚㄉㄦㄜ［巴德尔厄］将米纶威所带来的驼粮，送给后留诸位，再写一信与赫定先生，告诉他一切。将十二点起身，仍行山中，途中高下甚多。两三点时，遇见马学尔雇轿回来，春舫留庙儿沟未回，下骆驼立谈数语，即各辞去。四点钟过后，至一山凹，有井，还有点草，即行驻下。听米纶威说，这里是从小堡上庙儿沟的路，从这里必须八点始能到小堡。再行两点钟后，即积雪甚深，路极崎岖难行。过小堡后始较平易。本欲再向前稍走一节，不过前边完全无草，只好驻下。明天拟令空骆驼九点钟先走，大队十点钟即当起行，下午六点钟，或可望到云云。今晚为除夕，外国团员饮酒过年，颇喧嚣，然我甚困，早寝，不久即睡着。今日行十余公里，步行两公里半。

十七年

元月一日，天气甚好。九点半钟起身。起身时与马森伯且行且谈，不觉走到十公里。马森伯虽思想陈腐，而颇知道不少的东西，且战事固所亲历，谈次，知道些从前未知的事情：比方说，ㄙㄊㄡㄈㄣ［斯投芬］在战前若干年，即已预计从比利时进兵；ㄈㄚㄌㄎㄣㄏㄞㄧㄣ［法勒肯海因］同兴登堡的互相倾轧，皆非常有趣。今日路中雪深将及尺，只有狭路，且行乱山中，路极崎岖，驼乏人疲，苦不可言；虽山景甚佳，尚有何暇观览！四点钟后，引路兵言不久将到小堡，路将渐平；其实五点钟后，坂愈长，高下愈多；骆驼卧下，即不能再起；只好将行李卸下，人慢慢负至坂上，再将骆驼引上，再令它驮起。这样的艰辛，即未走过的人也或者可以想见。直走到七点多钟，下一大坡，才听见犬吠，知道小堡不远。过一小河，广一公尺余，分成两支，过后即见村落。又登高处，即在人家屋前驻下；遍地皆雪，支帐处颇不易得。始以为小堡在山外，现始知其为山中一小村，看气压表，高度已过两千公尺。我们到草地后，已过七月，今日为第一次复见村落，心神一爽。村中居民多系缠头，然亦有汉民四五家，且闻有一汉人在此经商。缠民亦颇能操汉语，我们同他们对付可以达意。晚上山色树影，雪月争辉，景物极佳。我在北京，得一雪月交辉的时候，冒寒登琼岛，以为得未曾有；此时的景物，胜之不啻十倍，然精神已倦，无法振起，"雪满山中"，"月明林下"，虽非"高士"，只好高卧，力疲神衰，无复绮梦，不要说望"美人来"了。今日行二三十公里，步行十四五公里。

二日，今日因骆驼太乏，只好暂休息一天，并且听说昨天一共丢了六个骆驼！上午雪花乱飞，景物之佳，为从来所未曾见；直至下午两三点钟，雪渐晴霁。到汉人小铺中稍谈。主人游姓，直隶武清人，在此经商已十余年；外有一李姓，前在蒙古国经商，现在此间居。谈次，知此地商店，春夏来货，秋冬只收账，现铺中几全无货物。归帐，早餐，时驻帐所倚门内缠民来请饮茶，力辞不获，只好随往。前为一大间屋，后为一复室，复室中有一大炕，上铺毡，即在上坐。此家妇女颇多，缠妇及儿童皆极清秀，黄仲良谓缠妇声音颇似江浙，其言不虚。并不如汉民之避人。我从前悬想缠妇或蔽脸如土耳其人，今日见之，始知不然。主人名ㄙㄚㄦㄚㄇㄠㄊㄧㄚ

[萨尔阿冒梯兹]，实在ㄙㄚㄦㄚ[萨尔阿]其名，ㄇㄠㄊㄧㄗ[冒梯兹]，汉语保正之属。出茶献面包。缠民烤的面包，我从前已听到赫定先生称赞，故今日不以为异。家中所用器具亦颇楚楚可观。此为我与缠民交接的第一次，印象总算很好。出来又同丁、黄同到小铺，详问地方情形，闻居民说，今年雪特别小，乃仍复如此。王殿臣来说ㄙㄚㄦㄚㄇㄠㄊㄧㄗ[萨尔阿冒梯兹]又请吃面，只好又去，面加羊肉，味亦佳胜。数十日以来，常苦不饱，今日午饭晚饭皆得有鸡，又有很好的面包，始得大饫。午餐后同黄、丁渡河复登昨晚从来的路左峰上一望。河下流两岸树木更多，崖石壁立。雪时没胫。对岸得望见沁城雪山最高峰，此山已望见六七日，总以为不远，今日始至跟前。我同丁仲良的意见，全以为离现在驻足地，不过十数里，然以后听说，这就是ㄎㄚㄦㄌㄚㄎㄊㄚㄎ[喀尔喇科塔科]（雪山），高达四千四百五十公尺，最高处离此地尚很有几十里。徘徊颇久，以为不到此绝域，何能见此奇景。向西南望，地势稍平，再远云海苍茫，亦称巨观。晚，月光更明，山景更幽，惜无诗才画笔，未能传达，然我颇疑，即有诗才画笔，而是否真能传达，也还成问题也。

三日，十二点起身。路随河下。山渐卑下，路渐平坦宽广，河边沙枣丛生，红实累累，颇足点缀风景，然闻不可食。杨树亦多。河颇有支流，路或行河左，或到河右，河边间有居民。三点钟后，路转左，得一山间广场，有一小村，即行驻下。此地有人说叫下河，据居民说则名上河，也叫作三汊河，因有三河于此地交流。此地有一营长，住兵一营。营长为东土尔扈特人，名色格赛，听说我们到，即出来请我到他营里喝茶。到那里，又看见他的书记长，姓陆，名怀彬，号质斋，安徽寿县人，在新疆游宦已三十余年，对于新疆情形很熟悉，后来听见春舫说，他所见的好几个营长的幕友，皆尊仰此人，以为不可及。色营长汉话甚好，人颇忠诚；后听春舫说，他肚里记的中国故事甚多；对于土尔扈特由俄来归的逸闻，也能说得原原本本，则此人固自不俗。归帐，正吃东西，则色营长又来请吃便饭，与黄、丁同往，一暖锅，两个碗，羊鸡稻饭，味颇佳。归后又来馈一羊，力辞不获，只好收下。无法还礼，我同黄、丁各捡出数事，勉强送去。今日行十余公里，步行二公里余。

四日，十一点钟起身，色、陆又出亲送。走多半点钟见一村，名下河。途旁山势更开。又走一点多钟，见一村，名头工。再前，有一山突起，中断若阙，出此山口，山势已完，远处虽还能望见山，而近处则只有陂陀起伏。人家疏疏落落，数颇不少，地全名二工。有一高墙，上有堞，似系前日破寨。内驻军队十余，全系汉人，为沁城陈守备所管。又前行，住一军营前。营长名布彦，为北土尔扈特人，其部下亦全系蒙古人。布彦听说我们来，即出来请我同海德到他营内喝茶。辞出后亦送一羊。我们又请他到我们帐里喝茶。此营长人颇精干，听说他缠头话、俄国话完全能说，汉话说得同我们一样。谈次说家乡很远，似有不愿久居此土的意思。后见一汉兵，归化人，但在蒙古营中；问他，知道他系他人雇来的，因为新疆兵系强派，蒙古人不愿离家乡，雇他代当一年差，他除领应得饷银外，还得雇金八十两票银（现在每一元大约换三两五钱票银）。以后又有二个汉兵在营前闲谈，大约说这边的兵什么全不好：衣服褴褛；每月只得七两票银的饷；外每天一斤半面；另外就是过年过节，也是什么全没有；老幼皆有，老的骑不上马，幼的掂不动刀！

云云。他们后两句话，或者有点过火，然也可见新疆军队的一斑；对于内争，或者可以扎个纸老虎，吓吓别人，一旦有外患，结果可不问而知了！早寝，寝后，王殿臣来说营长派兵二人给我们守夜，我想辞也不能，只好叫他们辛苦了。今日道右有地名石钟山，庄永成上去，找回石头两块，击之作金声。今日行十余公里，步行四公里半。

五日，十一点钟起身。道旁间有小山，路较平易。二点后，望见小山横亘，上有庙，下有广原，即为庙儿沟地。此庙为回族先贤的坟墓，春舫曾往观，地或即以此庙名。据春舫说，山下尚有大佛寺，为道光年间所建，内有道士二人及甘省逃荒穷人数名。两点半即行驻下。帐未搭成，即有兵持二名片来请，一名李成祥，系汉营长；一名尧乐博士，系缠头营长。往会，后到者尚有北土尔扈特营长巴团那生、沁城守备陈万祥；未几，下河的色营长也到；除我们从二工来的团员外，春舫也在那里。内以缠头营长为最精干，一望可知。他们要请我们吃抓饭；抓饭的名字我久已听说，却从来没有吃过，这一次来新疆之先，已有意设法尝一尝，不料今天即得吃到。我以为真要令我们用手抓，实在今天并不如此。开头上几盘白煮的羊肉，块颇大，用手拿起，加盐撕食，这大约是蒙古族的吃法，味颇鲜美。后每人白米饭一大碗，上加羊肉数块，至饭大约用羊油炒过，味极佳。我想如果有人在北京，请一个缠头厨子，开一个抓饭馆子，或者有不少好奇的人到那里试尝异味，亦未可知。餐毕，尧营长说郝德等到庙儿沟的时候，督办来电，提出三条件；他也没有详说三条件为何种，但说武装应该封起，还存到我们那里，不过他要派人看守，大约系条件的一事了。我们对于此条件，立时承认。辞归,这几位营长来帐,又添一南土尔扈特营长,名老栋,稍坐即去,往看封闭武装。今日始见沁城雪山正面,山顶带积雪,下有薄雾笼罩,意态雄伟萧逸,有一种不可言喻的美丽,徘徊观览良久。春舫说:听巴营长说,杨督初接本团到新消息,并无成见;后接来信说,本团要在哈密、迪化、罗布淖尔三处设立气象测候所,亦即知会地方官;此时该处蒙、回王公颇怀疑虑,说我们不知气象测候所为何物,不晓得是福呢,还是大祸,所以还是阻止不来的好,即以此意陈杨督,杨督即电北京挡驾,但此时我们出发已久,挡驾不及;后又闻要添设一和阗气象测候所,也还没有什么;后闻从二力子河(即额济纳河的俗名)来的商帮说,我们带有二百打手,枪械齐全,杨督乃大疑,说既是学术团体,为什么又有打手呢?乃派遣侦探,调遣军队,申严边禁;后郝德等到,又颇有误会;后因条件商妥,准到哈密;现看见大家到这里并没有什么打手,谣传误会,可望消除云云。他这些话前后全近情理,大约离事实不远了。巴营长又派人送一羊,只好收下。今日行十余公里,步行二公里。决定明天换骆驼速行到哈密,需骆驼三十,雇洋三十元。又雇骆驼五十,派ㄙㄚㄌㄤㄎㄦㄧ[萨郎科尔依]带着,往迎行李,明天驻下河,后天即由下河出发。至于乏骆驼则令牵骆驼的人慢慢往前哄,同前郝德等带来的骆驼会合。

六日,九点钟,行李即整理好,但所雇的骆驼,又已远放出去,赶紧催促,起身时已十点以后。初出发时为芨芨草原,未久,即又入戈壁,道右望雪山,道左侧小山横亘。走一两点钟,道左山尽,成一一望无际的戈壁。驼健行速,令人气爽。路颇直。两点后得一泉,未几即见电杆,为从哈密至沁城的线路,去年始行设立。

黄昏后，继续前行；黑夜行戈壁中，幸有皎洁的月光陪伴，得免寂寞。后月下稍有浮云，旁成大晕，然光尚可照见表针。十点后戈壁已尽；十点半后，抵一回村，汉名大泉湾，护送兵言前至黄芦冈只十数里，尚欲前行，但米纶威曾走过此路，知道还尚有二十里许，遂行驻下。今日行过十二点钟，得五十余公里，为从包头出来后从来未有的大站，步行四五公里，饭煮熟，吃毕就寝时已过两点钟了。

七日，驻地附近有十数家，但颇散漫，皆为缠民，种地即以坎井灌溉。十二点钟后乃行起身。初行时田皆垦辟，再前地尚荒芜。二点后过黄芦冈，地为老营长驻地，留一名片。此地有民居数十家，聚居成一街。闻汉民皆有。四点钟后到一棵树，有居民五十余家，村较黄芦冈为大。到村中，尧营长在焉，请至室中，颇宽广整洁。又请吃饭，初进仍为蒙古式羊肉，继为羊肉煮面条，味美。他说给我们预备了屋子，请我们在他那里住，辞以我们的骆驼离这里不远，明天八点起行方便。出村十分钟，即抵驻地。郝德等带来的骆驼也全在那里放，看见ㄍㄨㄥㄅㄨ〔贡博〕等，交来达三信一封，说他们二十九日出发到迪化，及从前沿途的情形，并附有华志英文电报一封，说那边情形非常困难，听说两月以前，检查人曾检出一封劝民众请愿的信，以后杨督命一切的信全送到他那里云云。驻地东北望云色迷茫，雪峰高耸云表，如非素知有山，即当疑为云幻峰峦。此山奇幻万千，何时看，何时美，无一时与他时相同，真令人惊叹无既！今日行一二十公里，步行一公里半。

八日，早起，天气甚寒，惜海德所带的最低寒暑表早已为骆驼踏坏，不知最低温度。我看晓光照雪山已经多次，而今日仍惊奇美。我在瑞士，曾看见雪山，又看过雪山的照片甚多，何尝有今日此山的艳丽？因恨我国工艺不良，不能将此景印下。然伫立片时，瞬息变化，且无一时不奇美，才感觉到这样的奇景，微特照片不能留，即带彩色的活动影片，也恐怕极难将它捉住，然则除了静观实体实景，心惊神骇以外，岂复能有别法！八点过后起行。十点半到一村，名新庄子，有人叫作王家新庄子，再前为蔡湖庄。过新庄子以后，土地垦辟，村落相望，俨然内地。然民居散漫，庐舍到处皆有，不知其为一村耶，多村耶。我们从庙儿沟出来，即有汉兵四人、蒙兵四人、缠兵四人护送，今天起身未久，即见尧营长带兵十余名，国旗前导，怒马先行。未几又见老营长亦如之，但无国旗。将到新庄子时，他们还在那里等我们，看见我们将近，才继续前行。将抵城时，即接近前导，又有蒙古族马队十余人亦在前导，路旁聚观的人很多。进哈密东门，城为土筑。直到旅部，见着此地的刘旅长：旅长名希曾，字绳三，甘肃静宁人，人颇客气。他说督办来电与郝德等约三事：一卸除武装，二检查行李（据说此事在哈密已行二年），三出入谨慎；现事同一律，请准检查以完手续，云云。同坐者有朱县长（名烈，字武之，皋兰人）、多统领（南土尔扈特盟长兼为胡图克图）、陈邮务局长（字良材，鄞人），及营长多人。旅长说，原来冯、阎合谋击张，阎军大败；冯军倒戈入晋，后亦大败！重要将领皆被虏！开封又为奉军占领！蒋介石复归，唐生智逃往日本，东南大局糜烂！南方破坏礼教，兄妹姨乱！母子聚麀！云云。检查毕，归团中所租寓中。寓在新城中，共房一二十间，我住在上房西偏。未安顿好，朱县长派人邀到饭馆里面吃便饭。馆略如北京的二荤馆，且并无雅座，光线颇暗，为汉回所开，然菜味尚佳。闻哈密此类馆子，尚有一家，大约为此地顶大的馆子了。拟一电稿，致杨督，文为"敝团齐到哈，赫定因病滞途，不日可到。稍息即同晋谒，徐炳昶佳"，明日即当拍出。今日行十余公里。

此行于十六年十一月初八日离额济纳河，十七年一月初八日抵哈密，共行六十二日。除休息十六日外，实行四十六日。路程后多日未能详测，赫定先生后来，所行路较南，故大队无路程总数。初离额济纳河时，计四十日左右即可到哈密，沿途因风雪及骆驼的疲乏，迁延至六十余日，中间并有四十八日不见人烟，减食及杀骆驼为食，始能捱到二架胡桐及大石头，团员之疲乏与困苦略可想见！幸虽疲困而除我同赫定先生外，并无病者，不可谓非不幸中之大幸也！至骆驼则沿路倒下及杀食者已不下二三十。其余亦疲病，将来能养好者不知共剩二三十否！每骆驼约值价百元，仅此一项，团中损失已不下万元！实在路程并非遥远，如非骆驼疲乏，四十余日准可到哈密，困苦几可减去一半，这样的责任，大部分全要由我们的骆驼队长拉尔生先生（Larson）担负。拉尔生，瑞典人，为赫定先生的老友。他于民国纪元前二十年来华传教，庚子年后舍去经商，日往来于外蒙古、张家口及西伯利亚诸地。袁世凯时代，他曾任蒙藏院顾问。他的蒙古话可以说比蒙古人说得还好，汉话也说得不错。他在张家口曾养过骆驼多年；安得思在内外蒙古考查时，也就是他管理骆驼；他对于骆驼可以算是有极充分的知识，他对于赫定先生又极忠诚，然而他竟作出很大的错误！他的大错误约有两端：一、骆驼也同骡马相似：我们乡间富人所养的骡马，常常是很肥的，但用起来，一点疲劳也不能任。一因为它们没有工作的习惯，二因为它们虽然很肥，它们日常的食料却不过草麸之属。至于终天长途旅行的骡马，每天吃料，虽瘦骨嶙峋而实能负重致远。拉尔生所买的骆驼，大多数是在草地游放，有三五年未曾工作者。看起来似乎筋强力壮，其实没有工作的习惯，所以头几天常常惊走，致耽误了不少的路程。以后不惊走了，却已经疲乏了，不能再任重了。如果他买商家每年往新疆驮货的瘦骆驼，饱给它们料吃，它们开头绝不至于常常惊走，以后也绝不至于这样容易疲乏。二、因为他在蒙古已将四十年，库伦、张家口及其他蒙古的道路，他不晓得走过若干次，他自以为对于蒙古的路程，无所不知，所以也不屑于去问一个人。其实张家口库伦中间的路，没有水草的不过三五天，过去全是很好的水草，骆驼对于这三五天的坏水草，并不算一件什么要紧的事情。我们走乌兰察布盟时，全如拉尔生之所预期，毫无问题。及至到了阿拉善旗，过了第一个坏水草的三五天，又有第二个三五天，第三个三五天……已经大出乎他意料之外，使他迷惑不定了。及至过了额济纳河，五六十天中，可以说没有一处有很好的草场，他遇着这样"匪夷所思"的地方，还能想出什么法子！在额济纳河的时候，我一天同赫定先生说：途中既没有好草，何不买点料给骆驼吃？他随即问拉尔生，拉尔生说：蒙古的骆驼从来不晓得吃料，那里能行得了！他这样回答，对骆驼毫无经验的我，还能有什么话说！以后北分队到了，我问此队中管骆驼的生瑞恒，他们骆驼的情形何若，他说还好。我问他的缘故，他说觉到骆驼不好，就赶紧给它们买料吃。我问他，不是说蒙古的骆驼从来不晓得吃料么？他说它们第一天自然不晓得吃，只好强灌它们；它们以后反嚼，知道有很好的味道，第二天或第三天，自己要找着吃了。我问他既是有这样的好法子，为什么不告诉拉尔生说，他说我这样小孩子（他此时二十三岁，拉尔生则已五十七岁，且老气横秋也），不敢告诉人家说。

我得了这样的实例，乃又同赫定先生说，他对于骆驼并非不在行，而对于老友的拉尔生，总不愿同他争。我强聒了两点多钟，他才答应同拉尔生商议。归结他们全承认我的话很有道理，决定前途遇见卖料的即行购买。但是……但是……ㄇㄝㄉㄨㄥㄍㄡㄉ［蔑侬勾勒］河畔既无卖料商人，以后就是四十八天的大旷漠，又能从什么地方去买草料呢？团内拉骆驼的蒙古人没有一个走到过西二盟，不要说再远！拉骆驼的汉人也没有人走过额济纳河，可是还有人走过阿拉善旗，觉到拉尔生的办法不很对，可是他老先生"无所不知"，绝不肯听别一个人的忠言！归结闹出来这样大的损失！我因此经验，更感觉到在哲学中由先方法（methode a priori）的靠不住了，嗳！

第三卷
自哈密至回北平

九日,早起,天颇飞雪,未久即止。尧营长来,谓今日天气不好,如欲拜会王爷,可于明天上午十一点;又问,我们的钱,支出票银五千两,是否敷用。我本欲明天再出去拜客,对于第一点,自然非常赞成。对于第二点,我看他不愿我们把钱全取出,劝欧人暂只取一部分,他们不愿,乃决定今日即时往拜会回王;回来后,再派人往取钱,并与之讲明全取的必要。同海德步行往回城,回城在新城外二三里,入城向左,即为回王住宅。客厅颇大,陈设美丽,但光线不明。墙上中堂对联完全汉式。回王年七十一,白须苍颜,精神矍铄,身材不高而丰满,衣饰皆汉式,汉话亦极流利,不知者恐难断定为他族也。人极和蔼,说他曾进京,蒙袁大总统的优礼,袁大总统人好,他那时候太平;现在终天自己一家人打架,对外国人很不好看;杨督办人好,视五族如一家云云,我亦唯唯应之,且以福寿康健、世笃忠贞、为国藩辅等类话恭维他,他很高兴。辞归后,才听说今天回人节气,刚才尧营长来,即为挡今天的驾,我们不晓得,竟冒昧地跑去,他接待我们,实为破例。决定明天再派米纶威和丁仲良往取钱。李营长来,并送哈密瓜二枚。去后一尝,鲜美绝伦,始知名下无虚。王闿运的嘲哈密瓜,大约因为在远未能尝到真正的哈密瓜,所以妄加嘲弄。如果他真来过新疆,尝过异味,一定不敢乱说了。朱县长来,未会着。他又将杨督命,送羊一头。晚,接益占自肃州来电,文为"甘肃不让留蒙,马来肃交涉,尚未见,想办法,祈汇三百元来,马冬",此事全出意外,可谓一波未平,一波又起!只好拟一电致理事会,文为"接马叶谦电,甘省不让留蒙,哈密台尚未得允许,速设法,新生缓来,昶"。现在也只能这样做,将来能成功与否,实在未可知之数。希渊有一英文电致赫定先生,略谓二十八号到 Santal,三十日起身,一切全好。发电地为肃州,未知何月,疑为十二月,颇望他到肃州,能见到益占,可以帮助他。补作日记。

十日,今早又接希渊电一封,文为"(衔略)昨到,请送一百念元,速乞复至二公,袁、詹、龚"。电为昨日下午自沁城发者,然则他们已经快到,昨天所接肃州电,一定不是上月发的,虽不能再望他替益占交涉,然近日团中已多困难,得他们多人来商议,很有方便,所以不禁大喜。丁仲良同米纶威、李伯冷到回王府交涉款项及照相,我同海德出来拜客,到刘旅长、阿副将(名道德,号石梅,甘肃碾伯人)、朱县长各处,只见着朱县长。在他那里又见着巴营长,据他说多统领已经不在哈密。本意出来后即往拜多统领,现在不好再去,只好请他致意道歉。归,丁仲良回说见着回王,回王许拨全款。回王派人送羊数头、茶叶两匣。午餐后复独出继续拜尧营长及色营长。回来,尧营长将票银全送来,听说色营长明天回去,托他带洋给希渊,他允许晚上来取。出去,拜吴商会会长、李营长、色营长、尧营长、巴营长、陈邮务局长、田电报局长,只见着尧营长一人，其客厅在楼上，建筑爽畅，式合汉缠，当在哈密城称巨擘了。多统领处，亦留一片。归，与希渊等写信一封，嘱其款到速来。晚，接杨督办复电一封，辞极客气，末言与赫定同进省事，自可照办。色营长尚未来，派春舫将信及票银四百两送去。补作日记，未完一日，马森伯又截住闲谈。内及团中各事，外及中德将来外交，无不尽量倾吐。要之，对于团中，他总疑惑我们近来所遇见的困难，全因为我们属国民党的缘故。他幻想我们回去后他们还可以在这里考查，可谓不通中国情形已极。至于关系中德邦交前途，他的论点总是张大美俄两国的野心，谓德国为中国可能的友邦，究之他所垂涎的为新疆的煤、油矿；所想建筑的为从迪化到斜米运煤、油的铁道；他所希望的还是若干年让渡。其言虽巧，其野心昭然若揭，我也没有大折他，不过随便告诉他那样不很行而已。一看表已经一点多钟，赶紧回室，洗脚，寝。

十一日，今早陈邮务局长来，略谈。陈人颇爽快，他说我们衣服不易洗者，可拿去让他的听差浆洗，诚意可感。去后又送二羔。下午拉尔生将到迪化的团员行李送来，兵士欲检验，此间海德诸人拒不令检验。一天什么也没有做，同春舫闲谈天。春舫意志不很坚定，颇有改图的意思，极力诩励他，告以科学生活的可贵，渊渊以陈，颇像教士的传教，极为可笑。我们的人生对象固为科学，而态度却极像宗教。春舫思想清楚，为科学中不易多得的人才，我安能不有热望耶？后春舫告诉我他的身世，亦饶兴趣；他的读书环境困难颇多，他竟能苦学自振，开端既佳，故令人对于将来，不能不有厚望也。

十二日，无事，同丁仲良等随便作几条灯谜以资消遣。灯谜虽小技，然固有别才：浑笼大意，高华精警者为上；别解妙生，巧切不凿者次之；堆砌典故者为下。我既无别才，所想出的，除几条外，尽下乘也。收到赫定去年九月助款，发给团员。此间尽用票银，破烂者居十分之九，此三几百块的出入，如有现洋，一刻钟可完，现在此种烂纸，计数非常困难，如果将ㄍㄨㄥㄡ［贡博］点查和各团员点查的工夫合计起来，当不下四五点钟，时间的不经济，竟能到这步田地！马团副同二军官来查昨到的行李，请丁仲良招呼着点查。归结查一部分，另外的箱子，据说钥匙不在，贴上封条，等将来检查。

十三日，午前马团副同二军官来，传刘旅长的意思，说昨天未点查的箱件，总须检验一番，才算公务完毕，尤其是那一箱子弹，必须将数目点查明白，才与杨督办的命令相合云云。我告诉他说，现在钥匙已被他人带到省城，如果能设法配到钥匙，或得一 Passe-partout 者，那也无妨检查。随即与海德商议，他总是推着没有钥匙，恐怕坏锁等类的话头，非常困难。海德回室，马森伯过来，气势汹汹，让我给马团副说，这是私人的东西，万不能检查，理由幼稚，极可怪笑。我告诉他说：我万不能给他翻译这样无理由的话。他没有法子，就叫米纶威及ㄍㄨㄥㄡ［贡博］来给他作翻译，当然没有效果。我这个时候，非常生气，就告诉他说这是势之所不能，理之所不许，因为我万不能承认外国人在我国享有特权，并且告诉他说我已经承许检查，一切的责任我全担负。回头告诉马团副说，以不损害锁箱为条件，允许他检查。马去后，他们非常不高兴，就要同我们分席而食，这样小孩子脾气的瞎闹，我也只好任他们。下午马团副等来检查几个箱子，剩下的等明天配钥匙后再行检查。仍继续作灯谜。

十四日，马团副等来继续检查。听他说，希渊等昨天已到一棵树，然则不久即可进城，非常高兴。以为午后即可到，但等了好久，终未至。两位仲良同春舫到城外接他们，也没有接着。检点灯谜，我所作的将及五十，因将他们补足，另纸抄起。昨晚今早并作对联几副，也抄起。晚餐时行人尚未到，以为他们又不进城，颇为诧异。餐后未久，省耕同狮醒先来，希渊后至，半年积愫，一切倾吐，快当何如！前几天所接电报 Santal 一字，百思不得其地，或疑为山丹；今天谈次，才知道为 Sontol 的电误；Sontol 即我们气象测候所所在之ムムタメル［僧笃尔］，不禁失笑。他们去年十二月一日从那边起身，通共走了四十五天。罐头先完，白面在抵二工前一天亦完，所以一天走了一百二十里赶到二工，可谓辛苦！然比较大队已经好得多了！谈至一点多钟，始寝。

十五日，早晨微雪。午时，我们先来的人给后来的三人接风，到鸣盛馆小酌。此馆后面有半截楼，亦无雅座，然楼上光线较前几天所去的馆子为佳。座前贴有"莫谈军政"字样。吃了不少的东西，价只七两多银子，若比北京，可谓价廉。归后牵骆驼人二杨姓者来，说当时拉尔生雇他们的时候，允许把他们带回去，现在被开除，又不另给盘费，想等拉尔生来后再问问他。而这里既不许住，外面也不许住，来请设点法子。希渊的意思以为他们既被开除，允许他们在这里住，既属不便，而他们当日与拉尔生有何成约，我们也无从悬揣，或有冤枉，我们也未便坐视，只好请此间守卫的排长给马团副说，允许他们在外边住两天，等拉尔生再作商议；我亦以为然。但排长回来说，今天暂许他们在门内留一夜，明早马团副来，再作决定，因命即照此办理。晚，与希渊谈工作事，颇得了若干的新知识，然寝时又已一点余。

十六日，早晨微雪，比昨日较大，下午止。午餐时马团副来，把事情问明，即照昨日所拟办理。终日无事，闲谈而已。

十七日，近些天日记欠记多日，最多时至八九天之多，后虽渐补，终未能毕，今日早晨赶行补完，宿债全清，为之一快。下午因要随旧俗写对子，请店主人来商借一砚台，谈次，知店主人吴君为回教阿訇，颇知教中典故。他以后将回教汉文书籍《天方性理》及《天方大化历史》借给我看。

十八日，终日无事，见着狮醒的《年大将军平西》，随便拿来一看，翻阅一半，随即弃置，此书可谓劣极：作时在民国成立以后，到了这个时候，还有这样不清楚的思想，可谓耻辱。著者也稍知一点世界，一点科学，但是他一点也不懂，他觉得这些同原来的迷信为同样的东西；他又非常势利，因为天主教盛行，就尊罗马教皇为教宗，但是他又不晓得天主教是什么东西，就东扯西拉，把教皇说成一个妖道的首领。其余描写技术、文章结构的等于零更不必说。外国不成功的小说，我也看过若干，像这样卑劣的东西，在社会上万无流行的可能性，而在中国竟能得一部分的势力，我国人看书能力的低下，竟至于如是！

十九日，翻阅《天方性理》，尽一日之力，勉强读完。此书为金陵人刘智字介廉所编译。书中最早的序在康熙四十三年，则刘君固康熙年间人。彼自谓"泛览群书"，故其为文明白晓畅，无佶屈难通的毛病。阿拉伯的哲学，导源希腊，本颇精深，此书所陈之义半见于希腊哲学，一定是承袭的一部分，其余一部分当为阿拉伯哲学家的意思；或有一极小部分为刘君的创作，亦未可知。此书言天人，言理气，言阴阳，言心，言性，与宋儒学说颇有形似。然希腊哲学，条理本极清楚，又加以阿拉伯学者的补苴，其精密的程度已高出宋儒学说多多，乃这一二百年内，我国的学者，竟没有太留神到这部书，实堪惋惜。我从前看见章太炎先生的演说，说张横渠的学说似与回教有关系，不知道他的话从何处说起，现在我却疑惑他曾看过这本书，所以这样说。如果我所猜想得不错，那可就前后倒置了。因为张横渠如果真看见希腊系的哲学，他的学说要更精密许多。不惟张先生没有受这一本书的影响，这本书却很受宋儒的影响：比方说，他那上面所作的图一定是仿效宋儒所作，绝无疑义。晚，写对联。

二十、二十一、二十二三日，随俗忙年节，作灯谜、贴对联，给赏钱，以外无可称述。二十、二十一两日翻阅《天方大化历史》，书为迁安李廷相所译，民国八年出版，译笔不佳，如译名不尽划一，年月仍承"隋开皇中"之误，皆其显著者。内容为宗教的传说，除末数章外，与《旧约》所传大同小异。二十二日，并且借到了一副麻雀牌，也是一种无聊的消遣。并限制各团员及仆人，如果年下赌钱，只限阴历初一、二、三三天，且一不准耽误正事，二不准喧哗，三不准输赢过大：团员以五元为限，仆人以两元为限。听说后队已到黄芦岗，明日可进城。因大队将到，饭厅不敷用，移至西院，与希渊等同住。

二十三日，今日为阴历戊辰年元旦，此地因缠民居大部分，故不大觉热闹。上午打麻雀。陈局长、朱县长来贺年，稍谈即去。沙亲王、阿统领亦来，一概挡驾。下午听说后队已进城，到东院稍候，赫定先生亦到，他的病已痊愈，契阔月余，得一快聚，大家全很高兴。赫定先生问检查行李及分席食事，对于马森伯诸人颇有申斥。前数日中欧团员间之尘雾一扫。行李因进城已晚，不及检验。

二十四日，赫定先生又病寒热。我乘车出去随俗贺春喜，只见着陈局长，他说明天要给我们送两桌菜，固辞不获。这几天没有看见天山，今天贺喜出郊，又得瞻仰，积雪加多，大约此数日中山中又雪，情景与前数日不同而美丽犹昔，不禁低回流连。今天检验行李前，米纶威因急需打字机，想赶紧取回，因言语不通，同旅部排长稍有冲突。晚，马团副、任参谋长及二军官检查行李毕，同来，稍谈去。为灯谜事赶紧设灯备采，虽也有些人来打，但无人有打雅谜的本领，我们的谜有以"泰山"打一字，他们不是猜高，便是猜重，略举已见一斑。归结到十点，谜只打去两个而已！

二十五日，赫定先生病愈。同决定请希渊到旅部向刘旅长道歉，并托他打电给杨督，请他赶紧寄来现洋两千、五千块银的票子，以便早日遣归蒙古人及开销杂费。午间陈局长送来菜两桌，做得很好。餐时，刘旅长来，挡驾不见。晚将"看灯谜"及"普通谜"全撤，只留"炮谜"，结果比昨天好一点，然打去者终不及十条。

二十六日，本日无大事。灯谜本定昨日已完，然今日灯未撤，日间同晚上还有人来打，我们也间加帮助，比方说，地名指定何省，四子句指定在《论语》或《孟子》，他们乃又打去四五条，九点钟已无人，乃撤灯。此次谜戏可谓大失败：三天中打去者不过十几条，较我们原来三百条的计划，相去天渊。然我们的炮谜，比方说，"唾面自干"打"犯而不校"，"岁月不居"打"时迁"，指明何书,全打不出,我们还能有什么法子!

二十七日,同赫定先生出拜客,见沙亲王、刘旅长、阿副将、朱县长、陈局长诸人。在沙、刘处谈甚久,闻刘言,始知他误听希渊的话,以五千元的票子误会为五千票子,他从宽处计算,请寄来三千现洋七千两票子,然只合洋五千,尚差一千。他说他同沙亲王、朱县长要于三十日在尧楼请我们吃饭。归已五点余。

二十八日,今日账房已一文莫名,柴煤皆赊账,乃写信给刘旅长借票银一千两。昨日在沙亲王处看见他的猎鹰,他说可以让它们猎兔,如果团员想看,可以告诉他说。今日全体团员皆想看,乃写信给沙亲王,请他刻期。晚,赫定先生接华志电一封,说迪化气象测候所已得允许。他又接钱默满信一封,说甘肃并没有强赶他们,现在还可继续工作,不过自益占起身后,测候所中只剩洋十五元云云。

二十九日早,沙亲王派人送鹰来看,但如欲观其出猎,则必须到西边十里内外戈壁上始可,因派人到尧营长处借马,他又出去转借,归结十一点钟始出发。去者我同丁仲良、春舫、狮醒、海德、郝默尔、马学尔七人。此为我平生第一次看打猎,亦为第一次尝到打猎的趣味。此时日暖风和,天山矗矗,旷野荒荒,飞马驰骤,已令人起一种不可名言的快感。已而走兔疾跃,健鹰骠怒,捷下一击,顷刻已获其三。走马驰观,见鹰以两爪抱兔头,目光如炬,奋啄兔脑;饲鹰者乃代之破兔脑,便彼热饮,盖不如是,则彼以后见兔,即不下击。又向前行,未几又得一兔。时天已两点余,乃旋归。饥马恋槽,奋迅异常,此为我在秦皇陵驰马后第一次走马,至为痛快。到寓后,刘旅长来,谈颇久。

三十日，今日下午赴宴，主人为沙亲王、多统领、刘旅长、朱县长；但多统领因牙疼未到，命巴营长代作主人。就坐时繁文缛节，赫定先生同我一概不懂，颇令人手足无措。刘旅长与我同桌，他很能谈，总算这边不多得的才具，然瘾君子又何能作事！毕宴归时，天已定黑。

三十一日，今日我们还请哈密官绅，座仍假尧楼。因额济纳河气象测候所事，赫定先生想把从北京带来张广建给甘州镇守使马骐的介绍信寄去，但不得本地官吏的特许，又要转到迪化，因席上同刘旅长商议，将信给他看，并且允许把信底抄给他，请他电请杨督放行。并且今早计算省款即寄来，亦尚不敷千元，因前几天刘有可暂借之说，所以同他商借。归结他两事全不敢作主，推之省城。今日多统领到席。

二月一日，多统领来，谈次问赫定先生，听说外国有带望远镜的枪，我们是否带的有，答言团员自己带的有，他就要看，即找出望远镜让他看，他心中很喜欢，就想要，不过枪枝已被封，只馀远镜无用，乃暂置下。他去后同赫定先生坐车出游，共到左文襄公祠堂、伯锡尔祠堂、将军庙、回王陵寝、九龙树各处。今日十六营长还席，座仍设尧楼。刘旅长来到，听说病了。谈次，赫定先生问沙亲王喜欢什么东西，他可以送他，他说听说欧洲有一种镜子，从山上这面可以看到山那面，答言现在世界上并无此种东西，他简直不信，给他解说半天，他才置下。今天听说七千两票子，已由沙亲王处兑来。

二日早，巴营长及老营长同来，奉多统领命，送我同赫定先生熊皮各一张。并说多统领看过枪后，回去喜欢得一夜没睡好觉，请我们无论怎么样或卖给他、或送给他。问他枪现在封闭，怎么样办，他想种种法子，大有不顾一切，不得不休的气概。请他同刘旅长商议，晚半天来，说同刘旅长商议好，等到迪化检验时取出再说；然终恐此枪入人手，先将望远镜索去，始为放心。此位活佛，乃尔"见猎心喜"若是！早晨尧营长来，谈及车辆，决定后日大队全走，只留拉尔生同米纶威留此待款，处理善后。

三日，今日改变计划：明日我同赫定、丁仲良、郝默尔、那林、贝格满、海德、李伯冷先行，其余迟一两天即全启行；至拉尔生同米纶威仍照前议办理后事。同赫定先生出辞行。见沙亲王，他仍执说穿山的望远镜，无论怎样解，他全不信。

四日，早将起时，拉尔生送来半农电一封，大意谓：由二月起，另筹款项交给季芳，请勿归；气象测候所事正设法；私人购物件须汇款；团员薪水请赫定先生电德华五月后续付云云。与赫定先生说过，即拟一复电。沙亲王、朱县长、李营长等皆亲来送行。至十一点，箱件上齐，车夫又去喂马，只好等着。刘旅长派人来送食品。尧营长来，说四点钟可以起身。四点果能出店，但过官车局前，车夫又装料要钱；马不合适，又要改套，忙个不了；真动身时，太阳已经入山，六点钟已过。月色甚佳，天气颇寒，九点已至零下十二度。八九点时，路左有回村，名二十里圪垯，车夫往喝茶，耽误颇久。月下车夫（皆缠民）行歌相答，可破沉寂，然腔甚直，不能成调。十二点前后，途中尚有行人，足征居民尚繁庶。车中颇可以睡，但因天冷，不敢大睡，到头铺时已至五日三时。

〔五日三时〕，老营长接入营中，茶点面包罗列案上，时大家已甚饥，即吃到将饱，以为毕已可就寝，然彼已预备有饭，立时即开，始为蒙古式煮肉，加以汉式小菜多种，后又为粉条煮肉卷，味甚美，并有酒，五点钟许酒醉饭饱，乃就寝。八点钟他们已起，来往频数，睡不着，即起。晨餐，与老营长谈，我虽说同他已见过多次，然因为他不大说话，疑惑他不会说汉话，其实他的汉话已全能达意。餐后郝默尔要诊视一病人，请我翻译。病人为一蒙古族兵士，年幼力壮，然患肺痈，延及腹部，至腹胀大，虽尚可治，然必须开肺去脓，在此地已无法下手，而病已深，不能到迪化去，遂成绝望，郝默尔只好给他几片止病［痛］药，使他死前少受苦痛而已。午餐，初仍为蒙古汉式糅和之肉菜，后为馄饨，亦有酒。此地饭甚清洁可口，且老营长亲执仆从之役，尤为可感。起身时十二点已过。车中稍睡，至二铺时已三点半，因马有病者，换马耽误半点钟。头铺缠名ㄙㄥㄍㄚㄦㄚ［僧嘎尔阿］，二铺缠名ㄚㄙㄉㄝㄘㄝ［阿思牒涅］。二铺居民八九十家，缠民为多，汉人不过十数家。又睡。六点钟后，路颇有起伏。至三铺时八点已过。希渊派人送帐篷竿子，并带来两电、几封信，一电为韩普尔寄赫定先生的，说接到益占一月十五日信，说他将被送至兰州，钱默满也许需要至兰州；一电是益占昨日下午自凉州发的，文为"巧电悉，叶被送到兰，乞速设法，叶支"。复一信与希渊，交来人带回。旅店中土室内有土炕，炕前有高土墩，上置火。屋上留洞为天窗，我住的屋子，除天窗外，无他窗。寝时十二点已过。

六日，八点钟起。三铺缠名ㄉㄜㄍㄨㄑ［德古祈］，居民四五十家，汉民只数家，大约皆经商。昨晚听王殿臣说及"南阳府北关"数字不知所谓，也没有问他。今天才晓得一店中伙计吴姓为南阳府北关人，固吾近邻。他已来此地六七年，他从前曾在敦煌种鸦片二年,他来时曾在敦煌失路,不能得水,同行九人,渴死者七。我告诉他说我是桐河人,他说在哈密还有一宋姓银匠,即为桐河人,此间只有他们两个南阳人云云。昨天本说今天十点动身,然至九点除我同仲良,尚无一人起,十点早餐尚未做成,十一点始早餐。车夫又迟迟未肯套车,急催,起身时已将一点。村外有白骨塔二,为光绪十年所建,大约为西征战死将士埋骨之所。出村路升高原上。两点半道右见人家,村名ㄏㄨㄦㄐㄧㄚㄉ[呼尔嘉迪]。将三点路旁见坎井,缠名坎井曰ㄎㄚㄦㄞㄙ[卡尔艾思]。三点半,路两旁有人家,仍属ㄏㄨㄦㄐㄧㄚㄉ[呼尔嘉迪],汉名柳树泉。过此则为戈壁。将八点,抵三道岭,止宿。三道岭缠名ㄊㄚㄦㄤㄑㄧ[塔尔昂祈],有缠人一家,汉民二家,汉回两家。

　　七日,八点起,出到村中一游,西边高处有一关帝庙,土房三间,外环小院,门加锁,外观尚整齐。此地汉民只两家,而关羽之威灵已到!转下,水宽盈尺,流声潺湲,水上颇有树林,旷漠中亦称胜地。归问店家,知前些年人家较多。九点早餐,以为十点前可出发,乃车夫又推有二马太疲,终夜不吃草,现在开始吃草,不如等一等,只好听之。起身时已十二点。今日天稍有风,气候颇寒。出村向西北行,仍为戈壁。稍眠。两点一刻道左有一回村,名ㄊㄜㄌㄎ[特勒克],只缠民一家,但男妇甚多,皆新衣,询为娶新妇者,惜无暇不能下往观礼,看偎郎跳舞。过七点钟,抵梯子泉,缠名ㄊㄦㄉㄝㄎ[俄尔牒克],破屋颇多,然只有汉人一家,庙一座,闻内供各种神灵。有泉,居民种田两石余,闻水仅敷用。然从前居民颇多,恐经疏浚,定可养不少人民。他们无以解于居民迁去,则称破屋间有鬼,我说原来并不见得有鬼,现在倒有几个,就是洋鬼子；又说你们如果看见可以告诉我说，我可以捉几个来让你们看，他们亦为之莞尔。车夫卸车喂马，耽误两点多钟。车夫首领ㄚㄌㄧㄌㄚㄏㄥ[阿里拉亨]说尧营长每天每马给十斤料，数量太少，所以马乏，赫定先生初信为真，允许他们加料，其实每马每天料七八斤已经敷用，他们不好好买料喂，任意欺骗，其情可怜，亦殊可恨。及赫定先生问他现在每马要喂几斤，他说要喂五斤；命他将五斤拿来看，他乃一去不肯回，其他车夫亦全去，半天回来，乃推言此地没有料买！决定明日起，请那林严行监视。九点半后起身时，明月已上，夜色甚佳。在车中眠。十二点醒，则道右冈峦颇多，车似行山足。后即半眠不寐。抵瞭墩时，已过八日两点。

[八日两点]，煮茶稍餐即寝，大约已将四点。店外尚有一人高唱入云，后为人所呵止，然未几在远处又引吭高歌，但因道远仅可听闻。月下高唱，本多雅兴，无怪斯人之不甘喑默也。不久即睡着，早八点醒，起时九点。稍吃东西，出到村外一游。店邻即为一厘卡，因哈密可绕越，故又设分卡于此。对门一家门前挂方灯一对，虽无甚奇特，而四周贴彩纸剪花，楚楚可观。村外西头高处有庙，门封半截，跨墙始得入内，未知何故。中供纸写马王神位，贴墙上，无龛。右龛内有木牌，供城隍神；左龛内为纸印土神像。村西北为坟墓。村东北高处有坎井，下有大池，现已结冰。池上有龙王小龛。听说此坎井为前几年一缠民所穿，但因此地多石，谷能生不能长，遂尔废置。再东有关帝庙三楹，外有一大院，规模较三道岭子的庙为大。内供关帝外，尚有财神马王及其他各神。内有一修庙时捐款木牌，庙为光绪拾（此字不明）年所修。哈密各官员皆有捐款，多者八两。外有一木刻楹联，为长沙一王姓直隶州所题。他

说庙前水可疗病。然问店主人，他说现在并无此说。庙后有一土墩，高两丈余，中置一木梯，登上可以望远，大约即为瞭墩自身。墩前庙后，废屋极多，疑为当年营房一部分。再东又有一房子，亦似庙宇，但内空无神像。此地店家三，邮差住家二，连厘卡不过六家，神几与人同多，可为一笑。转南为旧营房，听说前清时驻兵一营，民国后撤废，现有兵二人看守。归午餐，车夫因马乏，请迟至太阳落时再动身，但如此则大家全不能好好睡觉，因决定明早日出时起身。餐后叫店主人来问，据说从此间，如果从十三间房走到鄯善，不过三百里光景，并且那边虽号风戈壁，而近几年来并无大风，草亦比大路好，现在缠民兵士大约走那边云云。我问他我们汉人何以不走那样近路，他说那边紧得很，但并非人患，却是鬼患，我们到那里，常常向东反西，迷路喝死，迷信莫破。又说此地只有田二三斗属于看庙一老汉，外并无田。今日又得吃西瓜，色不佳而甚甜。

九日，七［点］钟起，起身时八点半。今日路皆矮山坡，时上时下，马行颇艰困。一望沙石，不见居民。车中时眠时醒，时时继续看东土耳其文法，看了三天，字母勉强可以分别出来，至于真同字母熟悉，恐怕非等一两月后不行。然在此地，耳朵天天听到，先记字，后识字母，亦一巧法。五点半，抵一碗泉，止宿。"穷八站"从瞭墩起，故此地荒凉特甚，无树木，只有旅店两家。我们所住为一大店，正房土屋三间，厢房数间，一概无门。水听说不很好，然味不咸。昨日海德接到华志、韩普尔信各一封，据说杨督允许我们在吐鲁番、古城、伊犁一带作气象观测云云。

十日，七点起，到村外一转。东边路旁有五石墩，未知何用。

转西有干河沟，沟底有二井。昨晚因厨子催水，吸鸦片的店主人即推说离井四五里远，其实尚不及半里！沟西岸坡上有一庙，庙内神牌漆黑，未知何神，看新年对联，当系关帝，然下层对联却系普通神对，并且今天晚上所住店，大门上即贴"志在春秋功在汉"的对联，然则仅此对联，尚不足证明何神。起身时九点一刻。未几即起风，虽不甚大而寒气逼人，听说十三间房南离此地不过六七十里，岂风戈壁仍将示威欤。今日路似行山中，不过山虽有石而不高，路比昨日平夷。两点半即抵车轱辘泉，地已属鄯善。地在山谷中，有店三家，中间为官店，上房尚与前几天的相仿，但中间已喂马，马粪遍地。我们所住为偏西一家，极为卑陋。店后山上有庙三，虽小，尚整齐，稍息即往观。山腰庙二，各一间：东边供关圣文昌龙王马王，西边供天地君亲师山神土地。山顶小龛内神木像已残，未知何神。东庙前有字纸炉。此数庙皆为民国十五年所重修，提倡者为锡姓，闻为驻七角井子之一武官。庙外有一铅印招贴，仍系此锡姓所出，因彼供奉湖南周必达家灶君有效，特出此贴以为灶君广招来者。外店中墙上尚有关圣帝君感应文各种招贴，亦铅印。此地文化至低（比方说，春联贴得乱七八糟），而迷信乃发达如此。听说此地每年自阴历二月到五月，平均每十天总有一次大风，三四天小风。自六月到九月，风仍有，但较少。其余各月无甚特别云云。

十一日，九点起身，路在山中，山谷颇狭，但皆向下行，马颇省力。车中稍眠，醒时十一点，闻已出山半点，前望为一平原，但路左亦有山。一点半后又见树木；两点半抵七角井子，止宿。此地四面远处皆有山，为向古城分路处，故有电报局、邮政局及县佐一员。居民有人说七家，有人说十二家，大约因地贫薄，房子虽有十几所，实在并无十家。缠民二家，皆开店，我们所住即一缠头店，房子与车辂辘泉相上下（外官店上房中亦遍集马粪）。据店主人说，他们来此地挖坎井，但不得水，遂弃置不用。接到希渊电一封，文为"省款全到，全体文日离哈"。县佐来谈，即奉养湖南湘乡三十六都周必达家灶君有效的锡钧，在此地已四年。

十二日，因今天站颇大（俗称一百六十里，然据 Stein 图，不过五十公里左右），且路难行，故两点半钟即起。然因昨晚雇好六七个骡子分运箱件至鄯善，而行李昨晚并未整理分配好，故今日出店门，已五点一刻。今日走天山谷中，小平原，南北皆有大山，开始路尚平坦。八点一刻后，至东盐池，缠名《ㄙㄆㄦㄙ〔戈思博尔厄〕。有泉，周围尚有树木，有官运分局一。听局员说，盐池在此地南十余里，每年出盐百余石，由官运哈密；至西盐池则只出硝云云。外无居民。有阿訇坟一，后有塔，前有室有院，尚新整。车夫缠民跪在墓前祈祷，颇虔诚。入内则满壁布匾，全是我们汉人所挂！无非"有求必应"等字样！最古有至光绪二十二年者！外有店一所，房屋颇整齐，但杳无居人。停半点钟复行。自此后转向西南行。十一点后，路上皆大石子，且渐上，极难行。此时除东面不见山，其余三方皆层峰叠嶂，雄伟浑厚，前对苍山，疑无路可通。我从民国四年游 Pyrenees 山后，虽颇好游，实未见大山；今年始得见天山！四点钟至山根。入山百余步，有废村，名胡井子，缠名ㄧㄡㄉㄢㄗ〔尤旦孜〕。有井，车夫计算到这里饮马，然井已干！此时口颇渴，不能煮茶吃，颇已绝望，然未几厨夫王从远处山根寻得积雪一锅，大喜。饮汤饮茶，喜出望外。过六〔点〕钟始启行，由谷中上坡，两旁山峻厉，景似佳绝，惜无月光，不能纵观。七点许谷骤束，一夫虽尚不足当关，而一车已可塞谷，几无余地。八点许已至路最高处，以后即为下坡路，比较容易。车中眠。醒，已到西盐池，看表已十二点半。

十三日，待至两点。茶尚未炖好，遂先睡。茶炖好，饮茶一杯，即眠。八点醒，九点起。此地只有店一家，然院子颇宽大，房子比前几站亦较整齐。外有庙一间，内供"马王""土地公公婆婆"二神牌，有人在牌位上用铅笔写个乱七八糟，我国人的信仰，固只如是！下一站据说有一百八十里之远（按 Stein 图，不过五十四五公里），所以必须午后把马喂好，才能起身；出店门时已下午四点三刻。立时进山。初行时，且有极短一段向东南走，后转西南。狭途逶迤上升，两岸有时如削成，如果稍加一点幻想者，定可说看见斧凿痕也。六点钟已出山南，但道左仍时见小山，路仍有起伏。又走一点余，则山已全完，路全向下，颇易行。车中暗思幼年经过，颇想确定年份，然大体虽可知，而果在何年，简直无法确知，己身的历史已不易知如此！凝思颇久，睡着时，大约已十点钟以后。

十四日，三点左右醒，枯坐车中，晓月淡淡，微风泠泠，自有特殊风趣。五点左右，又睡去，醒，六点刚过。抵土墩子，有店一家，外弃房一所，闻为旧日官店。庙一间，因天早未往观供何神。有树木，无耕地。人马皆早餐。八点又起身，路皆小沙子，尚稍有上下。十点半道右有破房一所。未几，戈壁尽而黄土始；黄土为耕地所必须，固所切望，然立时尘土飞扬，如烟如雾，极惹人厌。前见一土寨，寨下有大村，至时十一点一刻。村缠名七克达木，汉人则叫作七个墩，不知汉语为缠语讹变耶，抑或正反。汉田约二三十家，无汉人。缠民闻有一二百家，然皆散处附近。所住为一缠头店，房顶用树枝加土，枝并不去叶，颇觉特别。稍睡。起，往村东头观土寨。寨在土岗上，为旧日营垒，已废不居。大门在西北。入内，共有三层高垣，中有望台，外破屋栉比，听说前十几年尚驻兵。望见南边土岗上似有废堡，即往观。距离不及一里。上东西有高墙二，相过不过二十步，且甚厚；西墙并有许多孔穴，中间有如废灶。外尚有废矮墙多处，终不知何用。地上亦有极普通的陶片。稍息即归。途中见寨内有屋甚整齐，又从南面缺处进，往观。进时见泉水颇大，自墙下流出，然则此寨固属旧时营垒极善地。屋外有小院，中有龛、座，但已无神像。梁虽未雕而固有画，为光绪二十五年所重修。今日天气甚暖，温度为零上七度四。出时穿衣太多，出了不少的汗。据 Stein 的图，前晚路最高处，为四千八百英尺，此村只余一千五百英尺，比较如在穴中，则气候的温暖，固宜。寝未八点。

十五日，因昨晚定今早三点钟起身，我们睡觉的屋子又同厨房隔壁，他们起来做饭，话说个不了，我简直睡不着，以后声音稍静，才又睡着，起来时倒反在他人以后。车出店门时，则已六点三刻。八点许过一小水沟，前两车幸平安过去，我的车陷于沟中，不能出来，乃卸下前车的马，套到上面，才勉强拉出。共陷五车，辗转卸套，耽误将一点钟。九点一刻，过一回村。十点半前后，又过一村，在路旁有一家，闻系汉人。两点半，又过一村，名三十里大墩。三点半后，则水泉、树木、人家，连亘不断。道左远处望见沙山，晚，听赫定先生说，大约下有山岭，上被沙盖，理或当然。四点半入八栅，八栅即 Bazar 的译音，土耳其文原意为陈列多物的商场，引申为回人经商之所。此八栅屋宇颇巍奂，闻居者汉回为多。出八栅不远，即抵鄯善县北关，止宿。本意想明天仍接续走路，但车夫及护送蒙古族兵皆言马太乏，明天非至太阳落时不能动身，乃决定后天早走。

十六日，九点起。昨日本预定今早出游，访县长及巴营长后，至馆子午餐，叫缠妇跳舞作电影，然今早因赫定先生晚起，李伯冷说作电影宜趁天早光强时，乃令店主人将跳舞缠女叫到店中，店主人始以为可以，乃来以后并无女郎，问他们，他们说女郎不肯来店中，只有男子代舞。起初三人合唱，一人跳舞；唱者手中各执乐器，一鼓，但不用桴，以手转之作响，内有多环，转时可以助响；一用弦，与胡琴大同小异，共弦四，一边三，他边一；一用山羊角，他端镶铁，上套铁环二，上又有小环无数，震之作响；外又有大海螺一，吹之作响。唱声与跳舞相和，声调颇类道情。此人跳舞毕，后有二人合舞，大约有一个是表现女人的。跳舞美丽的动作，虽有亦不甚多，至肉麻的运动，则触处皆是。听说女子跳舞亦完全如是。毕后午餐。出拜访县长，县长徐君，接印才五日。拜巴营长，未遇。归，晚餐。县长来回拜。余时因求医者甚多，总给郝默尔作翻译。

十七日，起身时将七点半（未起身时，又有很多的病人来请诊，但郝默尔无暇，只好作罢论）。将一点，路右见一大村，名ㄏㄢㄉㄥ［罕登］，听说共有三十户，却有千家之多，汉人二三十家，汉回二三十家。再前又有一村名二工，共四十户，只有二百五十家，皆缠民。四点钟抵连木沁，止宿，此地六十户，共三百五十家（这些数目全是店主人所说，皆兼附近人家而言）。汉人十四家，汉回二十三家。今日路右离山颇远，兼之天色不清爽，不能见大山，只见道旁黄土陂陀起伏。路左离沙山较昨日近，且似较高。

十八日，早起，到街上一看。十字口墙上有告示数张。其有关系者：一系禁止缠民携带小刀斗殴伤人并"央哥结群慰郎"；一系禁止吸食麻烟。街上生意尚不少。街东头路南室内有群儿咿唔，似系学校。归问店主人，据云原系官学，近来没有办，今年有人在内收一私塾；至麻烟虽已禁止，然吸者自吸。我问他有没有，他立时拿出来，我试吸了半袋，也没有觉到什么。据郝默尔说，这大约就是 Hachich，是用麻杆内所出一种胶质熬成，名字与麻烟亦相符。他们吸时，仍用平常用的旱烟袋，掺以烟草，然后吸食。据说没吸过的人，吸食可以晕醉，如继续月许，即可上瘾，上瘾后不吸，就要好发脾气，打架斗殴云云。九点半钟起身，路如昨日而水泉颇多，路左沙山更近更高，路右烟雾中时见带雪的高山。十点二十分，路左有一废堡，高约三丈余，长宽皆三丈许，东西有门；内分两层；墙上炮眼甚多，时代当不甚久。一点半钟至苏巴什，为一缠头村，据昨晚店主人所说，则此地附近共有十户，一百五十家。过苏巴什则大树流泉相望，到处坎井，地皆垦辟，农人已开始灌地碎土，风景甚佳。闻附近有鄯善吐鲁番分界牌，然因时假寐车中，故未见。闻有一村叫做胜金，但人家相望，不知何时苏巴什止而胜金起也。四点路转入山，山阙处有河，路随河行。河上流水不大，下流渐增，潺湲有声；有一处且有一小瀑布。山为板状泥沙岩，不甚高。五点路左岩中间有佛洞三四处，未下看。五点半抵胜金口。村有十数家，皆缠民；驻兵数人。因ㄎㄚㄦㄚㄏㄡㄑㄚ [卡尔阿侯叉] 及ㄅㄝㄕㄝㄎㄌㄧㄎ [别舍克里克] 离此不远，商议许久，决定明早早起，除赫定先生及那林外，余皆骑马到ㄅㄝㄕㄝㄎㄌㄧㄎ[别舍克里克]观佛洞；归来后，大队先走，我同丁仲良、郝默尔、贝格满同到ㄎㄚㄦㄚㄏㄡㄔㄚ[卡尔阿侯叉]观古城，晚仍回此地；后日早起往吐鲁番。

十九日，早起，同仲良、郝默尔、贝格满骑马到ㄅㄝㄕㄝㄎㄌㄧㄎ[别舍克里克]，至于海德同李伯冷则步行前往。去时马行奋迅，间以跳跃，骑着颇为费力。顺河流上溯，过一桥，向西入山谷中，谷中有小河。不及一点钟即到。佛洞在河右岸土山腰。初到所见数洞，彩色犹新，佛像间有存者；画笔工细，仪态万方，可惜完整者全被 VonLeCoq 切去——或可云窃去—运往柏林，余者皆被回民将眼睛或面孔打坏，上多有汉字，或述经典数语，或标佛名。再南各洞，佛像较质朴，与前数洞当非一时所绘；佛名上前数洞作"南谟"，南边则概作"南无"，亦足备一证。南边诸洞，下截大佛像皆已为 VonLeCoq 切去，但圆顶上小佛像则完整者尚多，惟面孔几全被泥封。泥迹甚新，疑切取者有意再来，恐被土人残毁，或被他人切去，故遍用泥封之。有一洞内，原来佛位后有复室，室后壁有门，然被土坯封闭，但有一孔，由此孔可看见内尚有复洞和壁画。再南则泥岩塌下，洞只存半。总之此古迹虽被残毁，然留遗尚多，有保存的价值。洞下临河；山上虽无树木，而北望雪山，南望亦层峦叠嶂，风景甚佳。归换一马，间走间小跑，不做跳跃，比较省力。到店十一点半。午餐后大队预备起身；我同他们三位又换马到ㄎㄚㄦㄚㄏㄡㄔㄚ[卡尔阿侯叉]。出山口，循河下去，人家不断，我们因为不晓得路，所以到村内绕弯甚多。归结找到，则城颇大，据说城正方，长宽皆一公里，然依目睹，东南缺角，实非正方。城墙无黑城的完整，内败屋坏墙，到处皆是；也有新居民，地皆垦种，且见居民除墙为粪！屋顶存者皆圆。东南方有土塔，前有屋，佛像尚存，有切断痕迹，完整者已无有。但就残余，可推断此处绘象风味，大异ㄅㄝㄕㄝㄎㄌㄧㄎ［别舍克里克］。东方中间有土塔，余三层，周围有佛龛，但已无佛，只存剥落的绘画。就剥落的痕迹看起，可断定有人成心毁坏。此类古城，实极可宝贵，早应妥为保存，然第一由于宗教的疯狂，第二由于我国人知识欲的昏惰，第三由于帝国主义的考古家的盗窃，遂致残毁若此，实可痛心！出颇渴，寻到三埔，始得一瓜。归，天尚未定黑。

二十日，起身时八点一刻。骑马。今日马虽不神骏，然如它马奔驰，它也还不至于大"瞠乎其后"；我骑了一天，也稍得若干熟习，所以省力得多。沿路弥望皆坎井，足征天公之勤。十点半，道左有一家缠民卖物者，地名大东。将十二点，已入吐鲁番城近郊。道右有一所大屋，门前有匾，曰"真一不二"，或为一回教堂。院东南隅有一塔，高约十丈许，虽土筑，且外不见层次，然花纹玲珑，颇为美观。只最高处有一周门，下则除数长缝外，不见门窗，疑内当暗黑。鄯善徐县长告诉我说吐鲁番城外有苏公塔，或就是指此塔。十二点半到店，店尚在东门外，甚迫狭。午餐后同赫定先生进城拜访本县王县长（云南人，名大同，号保和）、黄游击（湖南人，名远鹏，号炳森）。据王县长说，吐鲁番旧城内居民约六七十户，新城内约六百余户，汉民甚少。归，因昨日为赫定先生生日，今日给他补寿，即在店门上小楼请大家吃饭。本预先告诉馆子说，令他两点后不要再卖座，然当我们五点钟上楼时，他桌上尚有若干公人在那里"五魁""八马"，闹个不了，也只好置之。席间，赫定先生接到电报三封：一系在迪化团员给他贺寿的，一系转抄益占从甘州致韩普尔电，一系拉尔生从哈密来电报告十一日蒙古人已东返，十二日团员及骆驼皆动身西来。未几，王县长来，即请他上楼同坐。他座公人听说，逃个干干净净。以后听说，他们全是巡警，内还有一什长；跟随县长的徐大爷，就是管巡警的首领，他看见什长在那里，敬他一"熊掌"，所以他们逃得那样快！王县长人极忠实。谈及他曾购得二殉葬瓦罐，即派人取来，看后，即赠与本团，盛意可感。散席后已九点余，稍谈，即寝。

二十一日，昨夜天气甚热，我把从前所盖，撤去一半，才能睡觉，真不愧火州之名。昨晚车夫的什长同蒙古族的什长——尤其是后一人——用尽种种法子，想多在吐鲁番城内多住一天，赫定先生不许。今早黄游击派人送一羊。起身时十一点。穿过旧城，旧城西二三里为新城，城为战乱时安集延酋阿古柏（官书上或名之曰帕夏，然帕夏乃职名，非人名也）所筑，城甚大，市廛繁盛，远胜旧城。离新城时将十二点半，在车中稍眠。途中多石，故车行震动得很利害。三点后道右沿谷有一回村，名ㄧㄚㄇㄕㄧ［亚末什］。谷中有河，过河上坡，坡长道险，马行艰难。登后稍息，三点半前行，路较平易。车前已见一种小蝇，成群乱飞，时复刺人。节候刚过雨水，而蝇已出，足征天气。一望荒荒，不见有坎井。五点多钟听车夫说蒙古族什长在吐鲁番逃掉，大为诧异。八点抵一地，名ㄎㄥㄎㄥ［硁硁］，止宿。后听赫定先生说：蒙古族什长并未逃掉，乃系喝醉，在马上坠下，枪也掉了，马也跑了，他乃蹒跚到一民家，大怪其居民，以后两个蒙古族兵来，用鞭子把他重打一顿，才把他打醒，至为可笑。未几一个蒙古族兵来说他们的什长马已经找着，又回吐鲁番去，路上尚未知死活，请允许他去找寻，赫定先生即命他去找寻。

二十二日，此地只有一缠头店家，并无其他民居，然系官店，房屋比较宽敞，出外一看，墙垣一切整齐，大约主人尚为勤奋。谷中水流潺湲，树木葱郁；上有耕田，风景颇佳。据主人说：此地有田四五石；全是他家种，他家有二十六口之多云云。十一点起身，一望戈壁。车中眠一时。将两点，道左有一家，地名盐山口。有一缠头居此卖茶饭与行人，据他说他去年才来到此地建屋，从前只有破屋，并无居人；水在南边山内五里许。休息半点钟复行，仍属戈壁，又复睡去。醒，静坐车中，一望戈壁荒荒，石子垒垒，似毫无足观，然远山苍苍，层叠颇多，令人起深远之思。五点半，抵一村，名头道河子，有店两三家，小河一道，无耕地。仍继续前行。六点后略有风，八点抵三道河子，止宿。此地缠头名《又万ㄦㄜ《ㄚ [勾瓦尔厄嘎]，有店两家：汉回一家，缠头一家，无耕地。

二十三日，早起出店门一望，门前有水泉，且有草场，据一告示，此地乃属一官家牧场。村右有风伯庙一间，尚整洁（庙中铁钵为光绪甲辰年所铸，余匾对年月皆在后，或即是年所修，此地无汉民居住，则庙当属官家建筑）。据店家说此地多风，每年从九十月起，至二三月，十天中平均有三天大风，夏日风略少，头几天已经连着刮了五天云云。起身时十一点一刻。出店门未远，即上山坡，坡虽不陡峻，然已甚艰困，车五步一停，十步一歇，慢慢地向上挨。走了一点钟后，路始稍平易，然仍渐向上。从前在蒙古地，以为极荒凉的了，然那边植物尚多；至于昨日及今日所行的路，除了很少几处外，几全不见植物的痕迹，不过每天尚能见几次居民为略愈耳。三点后在车中眠一时，醒则路又下降，略见枯草。五点道右有吐鲁番和迪化交界牌。下坡即白杨河。地有汉回店家一、缠头家一，无耕地，河亦干无水。稍息仍前进，路颇有升降，但尚易行。八点三刻至后沟止宿。地有耕田三石余，只汉回一家，开店，兼种地。

二十四日，昨晚即听见流水奔腾之声，俨如风雨骤至。今早出店一观，四面皆高山，中有河流，虽宽不过丈余，而水流颇急，故汹涌澎湃，声拟巨流。谷上树木茂密，如逢春夏，风景一定佳绝。十点刚过，即起身，开初路随河行，面前高峰刺天，疑无路可通；丛木枝柯交横，时碍道路；路虽崎岖，而景物幽静，实饱眼福。十一点路离河右转，登达坂，达坂者缠头语，声为**ㄉㄚㄎㄢ**［大宛安］，意为山径。此后坡已峻厉过昨日，除赫定先生外，大家全下步行，路险马瘏，困不可言。但回望山径，则意态绝胜；刚才刺天的高峰，转瞬已与目光成水平线，山外有山，带雪高耸，有俯视一切的气概。再向前行，则回观高峰，已成培土娄。一点十分至山顶，稍息即下，此时出杪的马全行卸下，只一马驾辕，下时颇为兢兢。一点五十分下毕，因须再上更陡峻的大坡，休息至两点十五分，八马合曳一车，先上四辆；每一车二人合御，呼号鞭策；坡并不甚长，而需时四十分，四辆始全至顶！又将马卸下，曳另外四辆，至三点三刻，始全到！再下，则路较平易。四点四十分，又遇河，因天暖雪融，汹涌过下流。听说沿河有小路，人马可行，近便得多，但不能通大车。出山得一小平原，草木丰茂，流泉灌注，屋宇相望。出哈密后，虽时在天山中行，然雪山不多见；且空气浓厚，稍远即不能看清楚。今日天朗气清，远观平原外雪山连亘，夕阳将下，色彩分分秒秒变幻无穷，坐车门外，目不转瞬，犹恐胜景有失。此时神无旁注，可谓"心凝形释"，与美丽自身融合无间。事后追思，觉昔人想用不可靠的诗词图画等物，描写万不能描写的奇景，殊属多事。六点半抵达坂城，止宿。今日两次上坡皆步行，余则坐车。

二十五日，此地及附近人民二三百家；汉民二十余家，缠民数十家，其余皆汉回也。驻守备一员，兼有省城派来收粮者。汉此地多粮，故有一仓。街上生意不甚多，粮店却有好几家。今天因为在吐鲁番所要的八匹马要回去，要另外找乡约要八匹，我们急催若星火，他们却迟之又久，直到快下午一点，始全找来，又需要喂，出店门时，已两点二十分。车中眠一时许。将六点，过破城子，有居民二家，一缠一汉回，耕地十余石。未几，路上颇有几处小池沼，车行费时。七点四十分抵土墩子，汉回一家，无可耕地。车夫叩门进去，要什么吃的全没有，只命煮茶一锅，喝毕即行。车中温理幼年旧事，不能成寐，十二点后始稍眠。车止复醒，问故则因赫定先生的车夫贪睡，致马拉出道外十余步，陷入小坎中，看表，则已二十六日一点四十分。

[二十六日一点四十分]，迟之又久，始行拉出，乃走不数分钟又复错路，且此时前边尚有一车，载了许多妇人小孩，牙牙笑语，何人眷属乃尔亦冒夜长征！抵柴窝铺，已两点一刻。至，郝默尔同贝格满已先骑马到迪化。店中上房四间，宽敞整洁，为出哈密后所仅见。餐后寝时已三点半。起，九点半，风起颇大。此地及附近共有五十余家，全属汉回；耕地只有二十余石。西南有一湖，颇大，听说周围有四十里，土人叫作海子，无他名；水咸，内无出产。东

北望见巴克达山，玄裳缟衣，耸身天外。十二点半起身，路尚平正，路旁为有植物的戈壁。车中眠一时许。四点左右，道左颇有废屋，但无居民。七点二十分，抵芨芨槽子，止宿。只有一家，外有一运销分局。店门前地形如槽，芨芨草遍地，但无耕田。全日有风，灰尘障天。

二十七日，中夜仍有风，颇热，将衣服掀去，然遂不寐。夜起，见已下雪。早，雨雪交加，但无风，且不大。八点三刻动身，路颇不平。十点许入山，车行欹侧，至为不适，十二点后，出山，道旁有废屋。未几，遇韩普尔、华志、哈士伦及他一德人用二车来接，赫定先生同我及李伯冷乘车先走。雪已早止，路中泥泞颇多。过一村，有一房出赁，入观，赫定先生觉不甚合适。路中听说郝德到巴克达山二千六百公尺高处，观测气象。入南关，即为旧俄租界。未几，抵寓，为道胜银行旧地，杨督拨给团员居住，气象测候所暂设院中。午餐，督署所派招待员鲍尔汉来，鲍为鞑靼人，前属俄籍，现入中国籍。因银行里房屋不敷用，督办给我们另外一所房子居住。鲍去后，将往，有一德国、一荷兰二传教师来谈，去后，始归寓。安置毕，到澡堂洗澡。路不远，但泥大难走，且有雾。听说迪化近来天气甚好，今日偶尔有雾。澡堂为老戛夷人开，为迪化最好的澡堂，一屋外有座可脱衣，内小间有木座位两层，有冷热水管，澡盆甚小，取水自洗。室内甚热。仆役为一哈萨克人，然颇能汉话。洗澡者男妇皆有。归，则有督署所派的招待员吴兆熊君（号云龙）前来，未遇，留一片，吴君并送来益占自肃州来信一封、家信一封。到时达三已拿出益占陆续来信四封。综此五信，则甘省深恨持帝国主义的外国人，因我们从北京出，故颇有疑虑。且开始亦有谣言,说我们有快枪、有大炮、有飞机、有无线电,所以省政府初电颇严厉,后经解释,地方官对于我团事业颇表同情,但因省政府命令,不得不往兰州解释,或需要到郑州解释,亦未可知。益占经济困难,至钱默满同生瑞恒仍在ムムタメル[僧笃尔]云云。家信言京寓平安;接母亲信,言精神甚好,看毕甚喜。晚餐后赫定先生因听说德人 Trinkler 及 Fickeler 及他团员二人现在库车,并拟往罗布淖尔,谈次,非常愤慨。我国政令不一,外人可任便混入国境,至于正当地调查学术材料,反有许多困难,也很难怪他的愤慨。睡时十一点钟已过。

二十八日,全日大雾,但未真正下雨。早晨吴云龙来谈,后鲍尔汉来谈,说杨督改日定期接见,樊交涉署长(名耀南,字旱襄,湖北人)今日下午两点可见。下午昨日同到的团员,除郝默尔因病未能去外,余悉同往。街上到处泥深一尺。南关中间有一高楼若别处鼓楼式,听说上为财神庙。至城内街上车马拥挤,颇不易行。至,在主座者为樊署长、鲍尔汉及另外一招待员格米尔肯(本属俄人,现入我国籍,颇能汉语)。樊甚客气,大约说我们初到境时,因一信件颇有误会,现已完全解除,对我们非常欢迎云云。问他 Trinkler 的事情,他说不知道,并要查一下子。出同访邮务长英人马古洛——他已在中国二十年,能汉语。五点因城门快关,出东门归。城外大雾弥漫,愈觉路途迢远。到寓,除格米尔肯与赫定先生同来外,吴云龙、袁警察署长(名廷耀,字小彤,安徽人)同来。吴言杨督星期四、星期五上午十点皆可接见,因定后日上午十时往见。

二十九日,夜中仍雨雪,全日天阴。终日无事。请丁仲良将

Vossische Leitung 去年十二月四号关于德国中央亚细亚探险队（即 Bremen 博物院所派的 Trinkler 及 Fickeler 等）的新闻译成中文，托樊交涉署长转达杨督，请其阻止，并发一致理事会电。仲良往见樊署长的结果，樊亦同深愤慨，即将请杨督电饬库车、罗布淖尔一带地方官，查彼等行踪，即行扣留，以便要求交回采集品。樊并言赫定先生昨日所要求的二事——一请允许那林、贝格满、哈士纶三人早日起程赴罗布淖尔，二请允许婼羌同和阗河两气象测候所——已转达杨督，杨督业已允许。晚餐时，仲良将消息告诉那林，他非常高兴，就起来向我道谢，其实这全是我们应做的事，有什么可谢！

三月一日，因昨日吃饭不合适，故睡眠不佳。九点半同各团员进城谒杨荩臣省长。我从前听说他年已老迈，见后乃知不然，他虽有六十六岁，而精神仍复焕发；他很喜欢谈，评量当代人物亦多中肯。他开头的谈锋，很像还疑惑我们是激烈派，以后听见我们的话亦殊和平，也就随便谈开了。从城外归，今日雾不甚重，颇能见远，路途的迢遥似减。归寝二时。与赫定先生谈，因他接到一密码电报，而密码电报书却在米纶威手内，因拟一电致吐鲁番王县长请他转给米纶威，命他速派人将书送来。今日天阴，时飘雪花。

二日，夜又雪盖地皮。全日天气如昨日。十点，同前几天同来的几位团员往拜刘教育厅长。刘为湖南人，名文龙，号铭三，到新疆已三十八年，现年六十。归稍息。樊交涉署长来。去后写家信一封。

三日，夜仍雪，日中时飘飞絮。刘教育厅长本言今日上午十一点来回拜，但早晨刚起，吴云龙即来，说今天不晓得为什么，城门到现在还未开，刘厅长大约不能来。未几鲍尔汉、格米尔肯全来，所言大抵相同；并且听说是狱中跑出来两个人，急于搜检，所以城闭未开。下午听说城门已开。晚餐时有狄德满、冯考尔及李伯冷在这里晚餐，畅谈尽欢，饮酒甚多，郝默尔及贝格满皆尽醉，我也稍觉到有酒意。寝时十二点。

四日，天气如昨。早晨李军械委员（名生芳，字桂轩，奇台人，兼教育会会长）来，谈次，知昨日并非越狱之犯，大约是甘肃所派来的使节，住在一或者更可以说软禁在督署内书房中，款待甚优；不过他们不愿留，即将所住房放火，并且逃走，一人已缒城，向西走四五十里，现全已捕获云云。今日杨督请客，十一点钟同赫定先生及各团员同去。谈及昨日事，知二人为旧日陆军学生；并言失火处离藏军火处不远，幸督署建筑坚固，墙甚厚，所以没有闹出大乱子来。畅谈颇为尽欢。中餐西吃，味颇佳胜。辞出时，李伯冷照相并作电影，时雪花仍复纷飞。归稍寝。晚餐时赫定先生谈及由京向此地兑款事，决定请仲良明日见芨臣省长，问他是否能允许由他的驻京办公处兑拨。归寝时，有月光而雪仍纷飞。

五日，天气仍如昨日。拟一致理事会电，请他们派新生速来，并问电影及额济纳河气象测候所事，且报告 Trinkler 事。铭三厅长来。仲良两点多钟回，说芨臣省长已答应驻京办公处兑拨，且闻我们的后队于一号离吐鲁番，然则当不日可到。芨臣省长赠团中《补过斋文牍》一部，随便翻阅一两本。晚，同赫定先生决定由他寄给益占洋二百元，并拟一电给他。外仍请仲良明日仍进城见芨臣省长给他回信，并问他在复电来前，是否能立时拨一笔款，因为那林队拟大后天动身，需款甚急的缘故。外由赫定先生致一电与德华银行令其拨款，但必须在督署先问清驻京办公处住址、收款人姓名始能发电。

六日，天晴。下午回拜鲍尔汉及格米尔肯二君。他们住得全不远。鲍君居室前对雪山，院内并有树木，夏日风景当佳胜。格米尔肯宅则完全为欧式。归，晚餐时，赫定先生请鲍尔汉及一德国神父来晚餐。鲍君本一鞑靼人，归化中国，俄文甚好，回族一方面的事迹也还清楚，对于中国文也颇能写能看，实一未易材。最令我诧异的，是他手下居然有适之的《中国哲学史大纲》。边境闭塞，居然能有新文化的书籍，不能不令人色喜也！

七日，天晴。今日铭三厅长、早襄署长请客。十一点进城，从外城走，远望积雪皑皑，冻枝疏疏；近观则春暖雪融，自饶风趣，但辙中泥深，车行艰难。昨晚听说后队已到达坂城，以为今天可到，然尚未至。晚，袁署长来谈。

八日，晴。早起未几，见白、庄二人已先到，未几春舫亦来。十点以后，大队全至。终日欢叙契阔而已。晚，袁署长来谈，颇久。

九日，阴。看《补过斋文牍》。电致理事会，报告团员全到。午间吴云龙来闲谈甚久。接益占信一封。

十日，晴。马古洛请吃饭，进城时泥深数尺。在车中稍不小心，污泥溅入眼中，简直睁不开，慢慢揉搓，十分钟后才能睁开，然仍有一大沙粒，直至吃毕饭后，才从大眼角流出！此时从郊外走，风景实在佳绝，但因泥大，中心常惴惴，大煞风景。晚，拟一电致蔡孑民先生，外希渊拟一电致甘肃赵水二君，皆为解释额济纳河气象测候所事，拟明日呈苀臣省长阅后，即行发出。今日下午四点那林起身赴吐鲁番。

十一日，阴，时时飞雪。下午同赫定先生闲谈，知团中经济困难，未知前途何若。希渊等归，说电已允发出，且蔡电由无线电发，因恐被甘省扣留故。晚，袁小彤署长来谈颇久。

十二日，铭三厅长、早襄署长来，并参观气象测候所。晚，接到润章来信一封。鲍尔汉君来，带苌臣省长来信一封，约明日到署内谈，并吃便饭。

十三日，到苌臣省长署内小酌，未去时以为他有什么事待商，其实一点事也没有，不过是东扯西拉地闲谈，同坐者为铭三厅长及杨之堂弟一人。苌臣省长思想虽稍旧而极清楚，颇足令人诧异。

十四日，终日无事，看去年的《东方杂志》，因感到欧美列强的纵横捭阖，汲汲于修军备，深为欧洲文化前途捏一把汗。在欧战的时候，我们虽绝不相信那一次的战事为最末一次的战事，然而总希望人智更开，战事更少，文化得有暇日以渐渐发展；乃从今日看来，人类不惟不因大战而得教训，并且还要变本加厉；各国政权全入于旧派之手，又加以ㄇㄩㄙㄡㄌㄧㄋㄧ［墨索里尼］的大疯子，他这样不惟使世界耽心，并且一定要把意大利引到绝境！然而这也并不是他一个人的疯狂，举世滔滔，他也不过更疯一点罢！

十五日，无事，仍读《东方杂志》。早，有一俄国老人劻勷如丐，来找贝格满，告诉他说已经走了，他拿出他来的名片，才晓得他就是俄国旧领事ㄐㄧㄚㄎㄡㄈ［嘉寇夫］，让他进客厅坐下。他也能说英国话、中国话，但是正说这国话，忽然又加入彼国字，非常难懂。他对于考古颇为留意，手里还有几件古物，生活艰难，时常也卖几件。以后听说他自己不敢回俄国，两个女儿在莫斯科，已经出了家，他老先生受激刺过深，精神上有点毛病云云。

十六日，同希渊一块进城，到挹清池洗澡推头，澡堂为天津人开，比较尚属清洁。出到ㄐㄧㄚㄎㄡㄈ[嘉寇夫]家，他住在交涉署对面旧房中，室内架上颇有古物。他见我们去拜访，似有空谷足音的感想。希渊向他借得《新疆图》一张，考古书一本。打电与理事会，催问电影办法及新生来否。出到博达书馆，书馆为去年新开，听说在迪化算顶大的书局，其实里面并没有什么书，买《古今宫闱秘史》一部，也不过是无聊之极思而已。接到家信一封、润章信一封（与十二日所接信相同，乃复写两份，一寄哈密，一寄迪化者）。

十七日，上午同希渊到对门俄领事馆一谈，鲍寿亭（鲍尔汉，人甚为汉化，此二字即其汉字也）作翻译。今天荩臣省长请中国团员吃饭，席中飞花，谈笑甚欢。他明言如果今天南军能取北京，他明天即挂青天白日旗；又言彼不喜入党，因为党起伏无定，云云。饭后往看督署中二古碑，一系写经，无年月；一系高昌王碑，亦无年月，当系隋唐朝间物。郝德、春舫由巴克达山归。

十八日，早十点，荩臣省长派人来言十一点当来过访；十一点到。他这样冒泥泞，出不意而来，颇出意外，故未及挡驾。谈次，他说他昨天步行两点钟，走到西门，然则此老近日清兴尚复不浅。

十九日，昨日为省耕生日，今天他来请大家进城吃饭，大家颇反对，乃每人出银一两，买两瓶酒，及苹果、梨之类，为他贺寿。是日天阴。

二十日，天气颇寒，晴。同赫定先生进城，见早襄厅长，赫定提出飞机航行事，早襄厅长言已请将军示，本地方颇有特别情形，碍难允准云云。赫定先生又言在京与杨宇霆交涉经过，樊答本省只与北京外交部财政部有关系，与大元帅府并无交涉云云。今日街上左右已有干路可走。晚餐时忽起大风，与赫定先生谈颇久，因飞行不成功，德人除二三人外，恐将归国，本团经济颇受影响。

二十一日，早晨仍有风。刚起，郝默尔即来，手执一小红花，给我们同中国贺喜，我非常诧异，问他，他说蒋介石及冯玉祥已入北京；问他是哪里消息，他说拉尔生早晨来，说昨天晚上袁小彤在黄仲良他们那里所传出。前几天季芳所来平安电报，当时颇诧异，以为无足重轻，置之口袋内，现在想起，始恍然于事出有因。且昨日早襄厅长对于杨宇霆的答词，亦似与此新闻颇有线索，到老聂夷澡堂洗澡。下午风止，雨雪。出到德商顺发洋行买一烟嘴。

二十二日，天晴。闻昨日雪深十一公分。同希渊、丁仲良进城。前两天路旁刚觉干燥，今日又复泥泞载途。店伙方将门前雪除去，掷之道中间，故泥更深，且有数处流水潺潺也。见早襄厅长，问他北京消息确否，他说没有听说；又言石家庄在冯军手中，张家口在晋军手中，至于入京似乎尚早。然细察语意，似所言者乃系报上新闻，至于电报新闻，彼似有所讳而不言也。出到一小馆中午餐，继访阎实业厅长（名毓善，字庆皆，嘉峪关人），其人极和易，不修边幅；入其室，颇有阿芙蓉味，先生其瘾君子欤！又访李军械委员、袁署长；袁留晚餐。袁用一仆，既聋且哑，命令用手势，颇能指挥如意。归将九［点］钟。

二十三日，又雪，午间颇大，后转晴，然仍时飞霰。因回教今日开斋，派人与鲍尔汉送一羊。午后请丁仲良进城取款，并因骆驼尚未到吐鲁番，打一电与哈密刘旅长、鄯善徐县长、吐鲁番崔县长请他们派人查寻。归结，芶臣省长改为由他打电命他们查寻。鲍尔汉来，借去《鞑靼考》一本。希渊听说他有一架 theodolite，向他商借，他慨然允许，即派人取来。

二十四日，天晴，无事，在室内看丁仲良同省耕下棋数盘而已。下午，小彤署长来谈。

二十五日，因昨日为回教ㄞㄉㄈㄧㄊㄦㄛ［艾德佛依特尔厄］节（上月为回历第九月［ㄦㄚㄇㄚㄙㄢ［尔阿玛龛］］，奉斋一月，昨日开斋，为回教中的最大的节气，普通回民误以为过年），到房东及鲍寿亭家贺节。俄总领事ㄍㄚㄎㄦㄛ［嘎瓦尔厄］及通事一、书记一来谈。谈次，知俄国现正修从里海至波罗的海运河，需款一万万卢布，已兴工二年，至一千九百二十二年可成。他又说现在在莫斯科正修筑世界最大的无线电台；又说俄国战前每百人中平均不识字者七十六人，现在只有六人不识字云云。他这些话虽不无夸张之词，然吾邻邦政治比较上轨道，乃为事实；返现我邦，建设时期尚未知从何日始，不禁黯然。晚，小彤署长来谈。

二十六日，无事。小彤署长派人送来新到之《东方杂志》一册，终日翻阅。

二十七日，天阴，下午渐晴。今日早襄署长、铭三厅长请团员吃饭。进城，先同希渊、丁仲良往拜多盟长，并见其侄应袭爵之小王爷，此小王爷不过十二三岁，相貌颇淳厚，未多谈。出到交涉署赴筵，饮酒颇多，归后眠一点钟，酒意始退。

二十八日，下午鲍寿亭、袁小彤来谈。此地人种复杂，很难爬梳清楚；寿亭比较清楚。谈次，始知哈萨克仍有若干分别，有名克列者，有名乃蛮者，这些一定就是《元秘史》中所载被成吉思汗破灭而西走的民族。但此等部落中仍有若干小区别，若说考查清楚，仍当俟诸异日。晚餐同黄仲良仍到寿亭寓谈，看见鞑靼文书中所载古畏兀儿文字,与蒙古文字体极近。归时已至二十九日一点多钟。

[二十九日一点多钟,]寝。早起进城见早襄署长,谈次,知新疆外虽安靖,而隐患亦多,未知将来若何,深望将来政府当局对于这边的事,"勿以轻心掉之",则幸矣。他留着午餐,归时已四点多钟。今天所坐车,赶车的为一年十四之童子,我问他是哪里人,他说他是外国人;我问什么国,他说是ㄏㄚㄦㄚㄏㄨㄝ[哈尔阿斛耶]人,问他这地方在东在西,他也不晓得,我初疑为哈喇灰人,以后详细打听,才知道是处俄境哈喇湖的回民,即前清时大乱陕甘的白彦虎的余党,近因俄乱,也有许多恢复中国籍的,甚矣新疆民族之难爬梳也。

三十日,今日阎庆皆厅长来回拜;吴云龙来谈。余时读《北史》、《周书》、《隋书》、《旧唐书》中的《突厥传》。

三十一日,今日接到益占自兰州来信一封,据其所言,似非有国民政府方面的帮助,额济纳河上的气象测候所恐难得允许。下午进城访芨臣省长,他坚留同吃饭。出来已五点多钟。格米尔肯请晚餐,饮酒不少,希渊归途,大为倾吐,我则此时酒力已醒。睡时已过四月一日一点。

[四月一日]今日庆皆厅长请客。一点钟进城,从城外走,城外路干,城内则仍泥泞甚深。庆皆厅长为此间诗人,谈笑甚欢。

二日,无事。洗澡。鲍寿亭、袁小彤来谈。

三日,进城晤早襄厅长,谈甚久,在他那里午餐。

四日,今日赫定先生接其家电一封,谓 Luft-hansa 的总办须乘飞艇来迪化,同他商量经济前途,如至五月初不得此间允许,只好令德人归国云云。因明日要请客,预备酒令。

五日，今日请客，客为荩臣省长、铭三厅长、早襄厅长、希神父、鲍寿亭、格米尔肯、李桂轩、吴云龙、袁小彤、潘季庐、马古洛，惟小彤署长未到。接理事会电一封。晚，写蔡子民先生信一封。

六日，早起，进城见铭三厅长。出到一小馆午餐。到电报局发一电给理事会报告德人来电大意，请示办法。访庆皆厅长，同他去参观纺织工厂。后黄仲良亦到。厂在城外西北隅，过一大桥。厂尚未开工，听说今年阴历五月间可以开工。我对于机械绝无所知，且此为第一次我参观纺织工厂，所以什么全不能说，不过这样较大规模地办，颇有成功的希望；如果成功，又是百年的大利，所以非常希望它的成功。工厂旁有官水磨，未往参观。再过来则有同乐公园，园有天然的水流，引成大池，颇足观览，但布置尚不甚如法。园内有荩臣将军的纪念楼，为生祠的一种变相；荩臣将军在新疆，虽或可云功多于过，然如此类举动，徒累盛德，殊可不必。楼前有亭两层，上为荩臣将军铜像，下为一切歌功颂德文字；铜像戎装，面貌不似，且面上贴金，殊属怪事。参观后，庆皆厅长拉同观人新婚，遂同入贺；主人殷勤留饭，随俗搅闹新房，然自始至终，亦未知主人何姓字，不过知为一厂中工头而已。出时五点多钟，天雨。顺河边走，归寓；河边树木颇多，风景甚佳，且离寓不远。今日野外草色，已可遥看，且已多日不出，故游得很高兴。晚，雨颇大，后又变雪。

七日，晴，天气极佳。骑马同狮醒到公园一游。到公园内，狮醒往观工厂，我往观龙王庙，庙为光绪年间所建。庙前有多人环踞赌钱，用四小骨节掷出，大声呼"ㄉㄛ[朵]"，且拍其膝，大约亦如掷骰子者之呼五六，但未知以何为赢。亦有掷骰子者。归时按辔徐行，任马所之，远览山雪，近挹晨光，世间烦嚣，豁然俱清。午间为苏联领事请吃饭，同坐者为苈臣将军、铭三厅长、早襄署长、鲍寿亭、赵次蓬、赫定先生、拉尔生、李伯冷诸人。并拍一照。

八日，赫定先生因前接电谓 Luft-hansa 总办想乘飞机来议事，约我再往与苈臣将军一谈，乃同往。苈臣将军答词，约分三段：一对内有困难，二对外有困难，故不能允行飞机，三因欲特别帮助，例外允许来汽车数辆，最后所能办到，只到如此。接春舫自巴克达山来信一封。晚，风颇大。

九日，今日为潘季庐及陈诸岩在潘宅招团员饮。去时同赫定先生及鲍寿亭数团员乘汽车同往，从城外绕一大弯进城东门，路虽不甚平，然较民国十二年到陕西时路尚较好。宴时，陈太太在座，伊似未娴应酬，而美娇天生，其未娴笨拙处，似较擅交际之外交花尤能诱人美感，团员竟为倾倒者不少！拍一照。骑马归。接益占自兰州来片一；赫定先生接到生瑞恒自肃州来信一，伊亦被迫到兰，赫定先生颇为愤慨。晚餐时，希渊颇愿到兰州疏解，但归寝时他又变计，只有明早再作商议。

十日早，团员全集商议决定再发一无线电与蔡先生，请他疏解，并请他无论成功与否，早日复电；如再不得复，即派春舫前往兰州接洽。同黄仲良进城，见早襄署长，谈论一切。出，独到挹清池浴。又往晤庆皆厅长，稍谈即归。晚，小彤署长来谈。

十一日，因拟十四日在公园请客，下午同希渊骑马进城，到鸿顺园定菜并拜会陈诸岩。稍坐，与他同出城，他先至赵次蓬处，我同希渊回来稍息后亦往，至则其夫人、冯考尔皆在，谈论间，颇饮不少的酒。归途,过寿亭家略谈。寝时闻天微雨。

十二日早,雾丝雨不止,下午略晴。函荩臣将军,请其扣留Trinkler等四人,并索还采集品。拟一电与蔡先生。下午丁仲良、詹省耕起身南行。

十三日,下午函荩臣将军,请其给Luft-hansa总办涉德尔放行。晚,袁小彤来,谈至一点多钟,始去,寝时两点已过。

十四日,今日在公园中水榭请客。客为铭三、早襄、庆皆三厅长、小彤署长、潘季庐、陈诸岩及陈太太、赵次蓬、鲍寿亭、格米尔肯、李桂轩、吴云龙。谈笑甚欢,菜尚好,但因初未小心,酒壶太少,遂致席间多不合宜,殊属可惜。

十五日,进城访铭三厅长,未见;访早襄厅长,谈论二时许。函荩臣将军,请其给辞退之三仆人放行。今日为希腊正教之耶稣复活节,同赫定先生、希渊、拉尔生、李伯冷诸人同往格米尔肯寓贺节。晚,与赫定先生规定电影办法:因在ㄏㄚㄋㄚ[哈纳]河上所请求的条件虽得允许然团中现在经济状况非佳,故不能不从权斟酌办理,商定办法数条。电影分二部分:一部分约两千公尺,将来拿到世界上玩;另外一部分约四五千公尺,玩只限于特种社会。赫定先生将第一部分赠中国三份,第二部分存理事会一份;外李伯冷于合作条件未签字以前在北京及蒙古地所作的电影亦赠中国一份。第一部分分二份寄理事会,一份由李伯冷再来时带来新疆,请此地长官组织一审查会,至慢于五日内审查完毕,复电柏林,即可开演;第二部分到北京后亦限于五日审查完毕,复电开演。至所照相片则洗出后寄来一全份,以便带回审查。鲍寿亭、袁小彤来谈。寝时已过一点。

十六日，今日拉尔生动身回张家口，李伯冷、冯考尔动身回德，往与之作别。归稍眠。起。有一哈萨克营长巴彦君来访希渊，希渊不在，即请入一谈。巴君汉话说得很好，对于哈萨克历史亦颇留神，所谈颇饶兴味。据说属中国之哈萨克约有六七十万人，大部分居于阿尔泰；属俄国者则尚有六百万人云云。今日苃臣将军见黄仲良，请他告诉我说，辞退之三仆人不如由西伯利亚归；如路费不足，彼愿补助。接丁仲良信一封。

十七日，今日早襄厅长为希渊、仲良诸人饯行，并请留此各团员，外在座者有鲍寿亭、赵次蓬二人。归，俄领事馆招中外各团员往馆看演戏，我因对俄文一点不懂，所以没有去。袁小彤来谈。知道新省汉回略分旧教、新教、新新教各系统，新教以马元章为教主，元章死后，继之者即其侄现任喀什道尹马绍武；新新教以现西宁镇守使马骐为教主，内中规则颇严，然因有一部分念"黑经"者，惑于魔术，故为此间所禁止，然仍有一礼拜寺；旧教又称老门厂乂ㄋ［宦］，信者最众，然其中又分许多小门厂乂ㄋ［宦］云云。此中历史派别，如能过细研究，亦一饶兴味事。

十八日，无事。晚，袁小彤来谈。

十九日，黄仲良同龚狮醒今日出发到南路考查，与之作别。洗澡。晚，赫定先生请客，请的有希神父、Dr.Etchis、顺发洋行经理等。

二十日，今日希渊动身到古城子，本拟送他走后，进城拜客，兼给希神父往送行，然他的行李未收拾好，而多盟长来，谈很长的时候；他刚去，将军署内又有一金连长来，说将军要派兵送希渊，因为阿山那边不安分的哈萨克甚多，然希渊现在并不到阿山去，将军业已知道，何以有此误会？希渊必须亲往问，时已十二点，昨天我同希神父约的时间已将过，乃雇车到那里去。教堂在城外东南隅，虽尚在市中，却还算幽静。他因为阿山方面有教友，所以要去看一看。归，则希渊已自将军署归，说将军本派此人送英人 Chomberg，他却闹错，并且 Chomberg 今天已经起了身，可谓笑话。午餐后，吴云龙、袁小彤诸人陆续来与希渊送行。吴云龙带来和阗冯县长致将军、外交署长、和阗道尹一通电底子，报告 Trinkler 等不受约束，擅掘古物情事，殊堪发指。希渊至四点多钟才动身。晚，鲍寿亭来，交来将军信一封，仍系关于三仆人由西伯利亚回京事。今日马学尔从巴克达山回，接到春舫信一封，因为他必须工作到月底才能回来故。接肃州行政长官复电一封。

二十一日，晨起进城，访铭三、早襄两厅长皆不遇。到公园一游，柳芽及寸，蒲公英花遍地，虽无桃李，春趣自深。下午接到益占自兰州来信一封，略言听说那边已接到蔡先生证明电，但尚未全决定云云。写家信，未毕，袁小彤来谈。

二十二日，进城，见铭三、早襄二厅长，又见苌臣省长。接希渊信，言找得化石。又接匿名信一封。晚，袁小彤来谈。

二十三日，郝默尔今日往巴克达山，因与春舫信一封。全日无事，翻阅《五代史》。下午阴雨。今日赫定先生接电报两封，知本月六日往柏林打的电报，到塔城，已损坏不可读，我国电政不整，至于如此！

二十四日，全日晴雯。无事。下午袁小彤来，稍谈去。赫定先生接柏林二十一日来电，言须要遣回德国团员若干，任此间自由规定；财政事宜请赫定先生同米纶威到柏林商议一次。今日接到丁仲良自吐鲁番来信一封，言骆驼不能用，请同赫定先生商议再给六百两票银从便购买驴鞍等事。晚，赫定先生来商议团中一切事宜，甚久，寝时已二十五日二点余。

[二十五日] 下午两点同赫定先生进城谒荩臣将军，谈及款项及赫定先生赴柏林各事，皆蒙允许。德团员回国者，有海德、马学尔、马森伯、米纶威四人。进城时天微雨。接益占兰州来明信片一纸，言二百元已收到，但气象测候所事尚在等候。

二十六日，终日阴雨。无事。写信一封与荩臣将军，请其发给赫定先生及归国各团员护照。鲍寿亭来，与之商议星期请客各事。赫定先生来谈团中各事宜，颇久，寝时仍已一点余。

二十七日，发一电报与理事会请其新生缓来，并报告赫定先生回国事。早，鲍寿亭来，请他问荩臣将军星期日合适否。下午雨，晚变雪，颇大，但随下随融。终日翻阅《魏书》。

二十八日，早起，天渐晴，后又转阴。檐溜淙淙然如大雨。十一点钟许，又雨一阵，当时未出房门，并不知道，不过以后听人说如此。下午鲍寿亭、袁小彤来。终日因街上泥大，不能出。所住缠头平顶房子差不多全漏，我住的屋子还好，只外面小间漏几点。接黄仲良信一封。终日翻阅《北史》。下午渐晴，晚，月色甚佳，可称得"清夜无尘，月色如银"。

二十九日，今日同赫定先生在公园请客。晨醒见天上阴，颇为踌躇。后见晴霁，将午，日光尚佳。看华志病。到公园，未久，荩臣将军即到，后客陆续至。所请客为荩臣将军、铭三厅长、早襄厅长、ᢊᠶᠠᡥᠸᠯ [嘎瓦尔厄] 领事、ᢊᡳᠨᠶᡠᢊᡳᡳ [戈音可瓦依蝧] 翻译官、ᠰᠶᡳᠶᠠᡳᠯᠨ [思耶米阿晋] 秘书、袁小彤、赵次蓬、潘季庐、陈诸岩、格米尔肯、鲍寿亭。除袁小彤因出门时遇人因醉斗殴，职守所在未能到外，余悉至，谈笑尽欢。席中荩臣将军、ㄍㄚㄨㄦㄛ［嘎瓦尔厄］领事、赫定先生同我全有小演说。将散时，荩臣将军请我告诉赫定，他要托他买汽车十辆，将来即以三四辆借归团用。又铭三厅长告诉我，前几天我托他给荩臣将军说新疆自办气象测候所事，将军已允许云云，心中甚喜。ㄙㄝㄇㄧㄚㄐㄧㄣ［思耶米阿晋］秘书同马学尔皆大醉。归后天又阴，晚餐时大雨滂沛。

三十日，晴。终日无事。鲍寿亭、潘季庐、陈诸岩诸人来谈。晚，月光如昼，往寿亭家一谈，未几袁小彤亦至，归时十二点已过。今日接家信一封，替铭三厅长写给蔡先生介绍信一封。

五月一日，进城，访铭三、早襄两厅长，全不遇。到潘季庐家，坐谈甚久。出访陈诸岩，不遇。归，午餐后稍眠。季庐、诸岩来稍谈。庆皆厅长来稍谈。接黄仲良电报一封，言余骆驼十六匹，全不能用，可卖银一千六百两，请问若何办法。

二日，早六点钟起，再给易寅村写替铭三厅长介绍信一封。进城访铭三厅长，仍不遇。见早襄厅长，听说 Trinkler 队，将军已去电将其地图及采集品扣留。又听说此间又要开种烟禁令，实属荒谬！荩臣将军虽未日暮途远，却已倒行逆施，殊堪长叹！归途访潘季庐，不遇。晚，为赫定行生及德国回国四团员饯行。另外在座者有 Firthman 神父。今日回黄仲良信一封，令其即卖骆驼。

三日，六点起，进城见铭三厅长。洗澡理发。今日荩臣将军给赫定先生等在公园饯行，我往做陪。返，往看华志病，归则春舫已自巴克达山归来。

四日，进城见芡臣将军，谈扩充气象测候所，用新疆学生办各事宜。彼答扩充俟时局稍定再讲，如用学生，即可招用，款项他全帮忙云云。谈甚久，归。下午与赫定先生谈团中事。

五日，进城见早襄厅长。返，给杨将军写信一封，仍系谈新疆招生事宜（次日始送去）。接到黄仲良信一封。下午接到上海寄来《贡献》十本，翻阅，知道是孙伏园他们一班人办的，是一种文艺周刊，间或也谈点政治，大体还好。袁小彤晚上请吃便饭。归，同赫定先生谈。晤鲍寿亭。翻阅《贡献》。

六日，十点多钟潘季庐来，稍谈，坐他的车同到公园，大家在那里水榭为赫定先生饯行，一点钟许赫定先生到。起身时二点多钟。我乘汽车又送他们一节路，说是送他们，实在也是因为近来在城里太闷，借着机会出去玩玩。赫定先生的汽车先走十几分钟，我们在后头追，所以开头走得很快，簸动颇甚。虽然这一节路要比十二年我在陕西时候乘汽车的路好得多，不过那时候没有走这样快罢了。沿路树木不少，风景颇佳。送到狄窝铺（离城四十五里）与他们作别，返。归途，寿亭自开，走得甚稳。稍息，陈诸岩夫妇来，约后天到直新公司吃便饭。

七日，终日写《中国西北科学团的缘起、经过及其已得成绩》。又接到《贡献》一本。铭三厅长来辞行。

八日，早，到俄领事馆，因为团中三听差要同铭三厅长同路回北京，路线稍有更易，请领事再签一个字。进城给铭三厅长送行，未遇。早襄厅长同张少丹科长来请郝默尔治眼睛，请我作翻译。给理事会、半农写信。袁小彤来谈。将所写二信同前所写家信叫庄永成带回北京。寝时十二点已过。今日天气已热。见燕子来入室中。

九日，未明，将起身的三听差因汽车事，又来打门，起来吩咐几句话又睡。起，到铭三厅长公馆，见到则已行色匆匆。出到公园，送行者甚多，大约迪化官场全到。兼有学校学生排队往送。天气甚热。归后休息，看《贡献》而已。接到丁仲良信一封，又接到益占同生瑞恒六日自兰州来电，言"交涉清，发护照，虞还蒙"，心中为之一爽。

十日，早起，省议员李润田（名缃涛，哈密人）因其女公子颈上有疮，眼鼻亦有，领她同来，请郝默尔医治，他还没有起，在我室中谈论甚久。郝默尔起后，诊察，知道她患一种肺结核，疮全是它的发作；这些疮还不重要，不过肺已腐烂大半，不过还没有绝望罢了。李君前天已经同吴云龙领其女公子来一趟，因为郝默尔没有工夫，所以等到今天。那个时候我看情形就疑惑是肺结核，果然是的！我国人卫生不讲，患沙眼同肺结核的异常的多，真可慨叹！昨天与铭三厅长送行时看见庆皆厅长，他说农事试验场有海棠盛开，所以今天我就约郝默尔、春舫同骑马去看，郝德、狄德满、达三下午要动身到婼羌，也没有给他们送行。天热。进城，约潘季庐同往。试验场在老东门外，规模甚小，门题"说园"二字。有白花盛开，但不似海棠，花近梨而叶又不似，郝默尔说是苹果树，殆为近似，然以后有人说它结一种酸不可食的小果，终不知为何树。闻布谷鸣。后遂在树下青草上席地坐，出所携野饭大嚼。园中住有蒙古人，看见我们这样的随便，异常诧异。有一穿长袍带马蹄袖的人，专意走到我们面前看一看就走，我想这一定是他们的王公大人，手下人告诉他说，他不相信，所以特意来看我们了。五点钟后，骑马从城外徐行归。一望菜圃，间有桃花，风景佳胜。归未几，达三同袁小彤来，达三形色颇张皇，问他，也说不甚清楚。细问才晓得郝德在此间所雇的两个人全系俄国籍，无护照，本不准出迪化；并且里面一个，还有为领事馆作秘密侦探的嫌疑。我说这有什么要紧，派两个人把他们叫回来就是。我立时给郝德、狄德满写一封信告诉他们，并叫达三带去，另外去两个巡警，嘱咐到后立时叫他们跟着回来。早寝。

十一日，早起，打发人问小彤署长，回答两个仆人已经叫回来。终日无事。李桂轩、鲍寿亭、袁小彤及张子亨（名培元，甘肃人）来谈。写给黄仲良、丁仲良诸人信一封，给李润章信一封。接希渊信一封。

十二日，再给刘半农信一封，将团中经济状况详细告诉他，并且请他募款。写希渊信一封。又给早襄厅长信一封，请他给新找到的仆役出一护照。今日天热，已成夏令。

十三日，今日本约八点钟同郝默尔到潘季庐家后同到水磨沟，然起身时已将九点。到季庐家稍坐，即骑马同往。出东门，向东北走，地势颇有起伏。大约山上只有蒲公英等类的草花，低处则树木丛茂。丝云淡淡，微风拂拂，实为出游理想不过的佳日。季庐马走得快，渐远不见；我同郝默尔又不识路，遇一牧人，问他水磨沟何在，他说我们的路稍走错一点，但到前边有泉处，向左转，亦不远，可到。前进亦未见泉，从谷左望，树木青葱，即沿谷寻去。未几即流水人家交错阻路，途穷疑尽。向右，下一峻坡，入一菜圃中。圃向街处有一大栅栏门，方闭，郝默尔下，力开，可以过马。我的马随便过去，他的马无论怎么样，牵也不肯过，打也不肯过。我出来走到桥上，看见水磨旁水流汹涌，林木茂美，洗衣妇女颇多，风景宜人。稍停两分钟，郝默尔仍不来，反视，它仍不出，我们两个强拉，也不成；有鞭子，不敢到后面打，恐怕它踢。归结，有一个农夫从后面一哄，他才过来。至桥上，则陈诸岩骑马来迎。他恐怕我们走错，掉下马来，其实我们全没有掉；季庐进谷口后，换坐马车，倒是翻了车，摔一下子！幸不重！桥上有俄人夫妇二人，就同我们攀谈，他们别国话全不会说，我们三个人所知道的俄国字，不过百十，亦不知其姓名伊谁，然而他们强拉我们到他们屋子里面吃茶喝酒。他们就在磨房里面，赁了两间小屋子居住，室虽不佳，然一经布置，颇觉整洁。出向左走一里余，入一家内，水上有一大亭，为官家所修。水声澎湃，林木深幽。季庐同陈太太全在那边，我们即亦休息。亭隅有数粗人踞地饮酒，"五魁""八马"地乱猜，极为高兴。不久又有无线电报局吕君，还有几位我不很认识，亦到。他们要打扑克，并且要教我，我却无意学。同诸岩向上游稍游一二百步，即已"行到水穷处"。林木亦尽，陂陀童然，有一新坟，占地颇多。转向下游，不远，又有亭室，为清末载澜等所修，匾额颇多，但已凋敝。过河有一小闸，然水势急，下又触石，如雪如沸，颇称壮观。回原处同用午餐，刚开始，则前二俄人及另外俄人二、俄妇一同至。后二俄人皆为医生，能法语。一医生名ㄅㄝㄉㄚㄕㄣㄍㄡ〔别达申勾〕，老矣，而躯干短小；俄妇即其夫人，则魁梧奇伟！同餐。毕，又同诸岩夫妇，及各俄人到前俄人家稍息，乃返。从城中过，购信纸各物。晚，到鲍寿亭家谈。

十四日，无事，终日学俄文，以后当日日习之。晚餐后，天尚早，同春舫到街外稍散步。

十五日，早，吴云龙来，带来杨将军公函一封，并学生四人，系由军政两厅书记中挑选，为我们气象测候所助手。询问后知道他们数学程度极浅，只好回复等见杨将军后再作商议。晚餐后仍同春舫出散步，因昨晚天微雨，稍有泥。遇袁小彤，归谈。微雨。

十六日，进城见早襄厅长，就在他那里午餐。进城时天尚阴；后转晴。下午陈诸岩夫妇来稍坐。

十七日，早晴，天气甚佳，出从"汲水官道"下至河边，沿河上行。河边有数水磨，树木丛翳，水泉交错。微径时出水左，时出水右，独木横桥，缘渡可怖，然风景极佳。致杨荩臣函一封，言招考气象测候所助手事。接省耕信一封。

十八日，吴云龙来，又带来学生三人，杨将军公函一封，略谓前所送四人，三人程度未合，另从电报传习所挑选学生三名备用，只得收下，叫他们从明早起，来团练习。接希渊信一封。

十九日，早晨学生来，领他们到气象测候所看，请医生给他们检验身体。他们的程度很浅，叫他们赶紧买高小理科及算术教科书，自己用功练习。晚，访吴云龙不遇。

二十日，因新学生中有一张宝鼎，乘除尚不会，只好让他回校。骑马到庆皆厅长处谈。出，出西门至西大桥附近，望见道右山坡下，有台，有多人，似演村戏者，往则见庙三座：偏东为大佛寺，中为北斗宫，偏西为地藏院。今日戏为地藏院所演。我随便站下看一看，也不晓得演的什么，只见几个花面、几个女人闹一起，以后一女人出，面蒙红布，大约是拜了堂，因此也就是煞戏。牵马上小山坡。坡中间有一上帝庙，前亦有戏台，顶有一小砖塔。遇一道人略谈，知道新疆虽有佛寺，却无和尚，完全为道士奉香火。下，过同乐公园，归。张纯熙君来谈（张，湖北黄安人，省公署外交署科员），知道济南已为冯军所得。袁小彤来谈。他所说相同，但言冯军得济南后，日军上岸者甚多云云。

二十一日，打预防肠热病针。下午身稍发热，精神困乏。袁小彤请吃晚饭，只好辞谢。接黄仲良信一封。

二十二日早，吴云龙来，请他将原送来四学生，再叫来，挑选两个。他允许叫他们明天来。上午精神仍倦，下午愈。陈诸岩请两点钟吃饭，往，返已四点多钟。微雨，途中忽起大风。今日华志同春舫动身到库车去。因团员已少，将合一处居住，今日厨房先搬过银行。

二十三日，全日无事。习俄文。晚餐时入银行门，见博克达山（即巴克达山译名之歧义。蒙古名ㄅㄨㄎㄉㄨㄨㄌㄚ博克兜乌拉）。ㄅㄨㄎㄉㄨ［博克兜］谓神，译当曰神山，官书上有译灵山者，在夕阳回照中，气象万千，即登破屋远眺，光色稍黯，不及入门时之鲜丽，然云雪交映，仍极伟丽。近城低处田畴交错，烟树微茫，此种景物何可易得！如此雄奇之山水间阎，竟有人谓不及湫隘嚣尘的上海，兴趣不同，乃至于斯！晚，洗澡。近因天热，每日在室中，遍身洗濯，然今日入澡堂，大汗滂沛，宿垢尽出，精神为之一爽。

二十四日早，新学生来三人，略试算术，谢希文较佳。领往验身体，留两个学习，馀一令归。接丁仲良信一封，托克逊县佐李君信一封，系有病向郝默尔求药者。晚，到鲍寿亭家闲谈，寿亭说听俄人传说，南军已入天津，未知确否。如北京之取后于天津，则北京之危险更大，因败军归路断，不晓得又要闹出何种花样，颇为耽心。

二十五日，今日寿亭、格米尔肯、次蓬、饶孜阿吉、哈纳斐、阿志同在饶氏花园请客。饶、阿二位，从前未见。二人皆缠头。饶为省议长，大腹便便，想亦一富商。阿为一洋行经理。园在河汊中间，据言前为石子滩，硗确不毛，后经饶氏修理，现已十年，虽非疏朗，亦复楚楚可观。接黄仲良信一封。晚，到袁小彤处谈。

二十六日，无事，尽日忙等搬家。晚请袁小彤来寓谈。

二十七日，早五〔点〕钟，蝇飞薨薨，不能成寐，起拍得蝇二三百！所余无几，乃复稍眠；七点起。下午三点，西北风大起，未几风止雨来，颇为沾濡。晚，到赵次蓬寓谈。下午写上母亲禀函，未完。

二十八日，进城见芪臣将军，彼在花园看花，芍药含苞欲开，花虽不大，而在此间，已复难得。芪臣将军言，今年雨泽多，为十数年来所无有。后谈颇久。出到早襄厅长署，听说他伤热，昨夜终夜不寐，现始成眠，不好搅扰他，遂命候其醒后问病，即归。潘季庐来谈。接希渊电一封。晚餐后往访鲍寿亭，他的看门人没有听清话，说他没有在家；回，派人请他回来后来这边商议汽车事。他不久即来，说汽车下月三日到古城。后袁小彤亦来。

二十九日，复希渊一电；发母亲禀函；复托克逊李县佐信一封，将药寄给他。晚，请袁小彤、鲍寿亭、赵次蓬来寓便餐，然次蓬已吃过饭，来清谈而已。下午天气颇寒，九点已降至八度。

三十日，下午哈萨克亲王之弟苏维新来谈。接希渊信一封。

三十一日，上午早襄厅长来谈，据说此间接斋桑淖尔领事电报，言南军于四月一日入济南，五月十二日入天津，十五日晋军复入涿州，奉军预备退出北京云云。早襄厅长生活太清苦，郝默尔劝他减事加餐，始能保全健康。

六月一日，无事，晚，袁小彤来谈。

二日，接益占自兰州来信一封。午后潘季庐来谈。晚，袁小彤将赴阿克苏新任，往给他送行。黄昏后，车马未齐，他听说有人在城南等着给他送行，就坐汽车往辞，我同他前往。鲍寿亭自开汽车，约五六里到。时则月光颇明，绿草茸茸，送行的人就在路旁浅草上铺巨毡坐下，离觞交错。此时"春草碧色，春水绿波"，月下送别，比公园中更属别意深长。又同汽车回到他署内，十点半钟，车尚未全装好，即辞归。

三日，晚，鲍寿亭来谈，言闻南军离北京七八里，张作霖已去，并闻日军在山东者现已退军，又闻张拟放弃奉天，未知确否。

四日早，将进城，出未几步，即遇希渊自古城回，同归。晚，同到鲍寿亭家谈。

五日，今日荩臣将军请客，先进城访早襄署长，谈论甚欢，然本意要托他给荩臣将军讲派骆驼到额济纳河取遗留行李，及此间学生领薪水各事，且欲对于 Trinkler 事有所探询，因闲谈遂致忘却，至为可笑，异日又当多进城一次了。问他时局有什么消息，他说没有什么，不过据俄领事馆说南军入天津的消息，的确靠得住云云。荩臣将军亦言听说此消息，未知确否。

六日，天气甚热。早晨郝默尔动身到博克达山。下午天阴微雨。上次郝默尔往博克达山，来回皆遇雨，此次又适遇雨，未知此公作何感想。接半农信一封。

七日，进城访早襄厅长，又访吴云龙于电灯公司，见其所养仙人掌，开花甚多。据说现已残败，原来每边缘刺间即有一花，每株开花数百朵云云。我见仙人掌花，此为第一次。看四月初间的《英文导报》，此时南军虽已进攻，而北军仍报胜仗，战线无大变动，则南军四月一日入济南之信不确。晚，诸岩夫妇及次蓬来谈。次蓬去时已八日一点。

[八日] 希渊言往将军处辞行时，杨将军告诉他说，日本又下最后通牒于我国，未俟回报，即行开火，云云！日本固蛮横，岂能悍然至是！或传讹未必确耳。早起，送希渊起身往古城。再睡。下午拜第六区丁奋武署长。在他那里，遇见鲍寿亭及哈那斐。寿亭说天津消息，似尚未确，只属逼近，尚未取得。又闻日本在济南开衅，我军战死者九千！云云！然据前信则日军到山东者只有九千，此信似未必的确。晚餐后往访陈诸岩，借得五月九日的《英文导报》，回看，知五月七日下午四点，日统兵官福田的确交一最后通牒于山东驻军，要求五条，最重要者，为胶济路旁边，各边中国退军二十里！如此则济南亦应退出！亦不等中国回复，即于八日上午三点五十五分起自由行动！云云！接达三上月二十八日自库尔勒来信一封，说二十六日至库尔勒。

九日，接黄仲良自焉耆来电一封，说六日抵焉者，华志同春舫亦到。晚借上月十日的《导报》一看，说日军在山东者达两万六千！兵费达一千二百五十万！尚有若干炮舰到厦门、扬子江一带！我国除退让济南外，一切承认，但日人仍不满意！虽尚未攻济南，然用飞机散布传单，惊吓居民！如此则占领济南的消息又似的确矣！

十日，早起颇闷，进城见早襄厅长，他也没有另外的消息，但亦言取天津之消息未确。他又将他所接得的报告拿出看，是南军五月一日取济南，十三日晋军入涿州，十五日南军逼天津云云，他上次所说日期稍有错误。下午他又来寓谈。无聊得很，就用钱占一六爻课，得师之坤。他去后，又对于北伐事，再占，得夬之需。爻辞记不得，然夬、需二卦颇有意义。如不幸占中，北伐或有若干时之停留欤。晚，借到上月十一日报一看，据说南军五月一日入济南，三日将午大变忽起，交涉员蔡君被惨割耳鼻后戕杀！日本领事说，因中国军士抢掠，拒捕伤巡警为兆祸之因，然一面之词何可尽信！据我想，日人出兵原意，定属救张宗昌，阻南军北上，因南军进兵迅速，未得成功，遂恼羞变怒，到处挑衅！他们的野心恐怕不止在济南也！

十一日，下午丁署长来。雨。晚，到次蓬寓一谈。

十二日，晚，借到上月十一日《导报》，据说济南附近我军退出，现归日人手；日军攻城时伤居民数百，军队被交械者千人。又说奉军津浦路上退到沧州，京汉路上退到保定，要人纷纷出关，云云。

十三日，吴云龙来谈。ㄐㄧㄚㄎㄡㄈ［嘉寇夫］来谈。接郝默尔、袁希渊信各一封。早襄厅长来谈，据说北京已由奉军退出，退出时委托王士珍维持秩序，冯军已入北京云云。此次国军不受济南日军所牵掣，迅抵北京，以后再以外交方式解决济南事件，洵属得策，ㄞㄑㄧㄙ［艾奇思］在寓晚餐，同他谈及，他蛮不肯信，然彼英人，不愿张作霖之败，固属意中事。

十四日，无事。接到丁仲良信一封，言到以拉湖坠马伤腕，休息十日，已全愈云云。有一吐鲁番缠生，片上写郁文彬字尚周，来谒。汉语甚好，汉装汉式，如不说几不疑为缠生也。下午大雨。晚，同次蓬谈，他听说张作霖回奉时，火车遇险受伤，生死未卜。

十五日，四点多钟醒，睡不着，起，出登破屋一观，云极低，但不雨。时天颇寒。五点多，又睡，醒将九点矣，起则天已将晴。下午到陈诸岩寓一谈。诸岩寓所临河，外有茂树牧场，并有一甘泉，风景极好。借报来看。

十六日，进城访吴云龙，不遇。访早襄厅长，辞行。出访潘季庐，不遇，到澡堂洗澡，则又遇见。洗澡后，见荩臣将军，他说将于七月一号宣布承认中央。出到顺发洋行一坐。晚见赵次蓬，据说张作霖受伤事似颇真实。晚，鲍寿亭来谈。接希渊信一封。

十七日早，吴云龙来谈。接北京理事会电一封，乃上月八日所发，今日始到，真不愧"骆驼电报"之名！晚，陈诸岩夫妇、赵次蓬到寓晚餐。诸岩说听说北京大火，未知确否。南军入北京，在本月三四号之间，似属的确。

十八日早，早襄厅长来送行，并送路用罐头，至意可感。接黄仲良信一封。又驼夫老王前已辞退，又来迪化，说外国人给他钱少，其实绝没有少给他，愚昧可怜，劝他回古城结伴同回。晚，到鲍寿亭寓一谈。

十九日，终日无他事，忙着雇牲口，归结雇到博克达山庙上马二，老回回马姓的马二，决定明日早六点钟动身。

二十日，起五点余，起行时七点。同行者学生翟绍武，听差二：牛进山、老傅；外尚有招呼马人二、道士——七人。昨日虽只雇老回回马四，然实来者五匹，同庙上马共七匹。惟道士步行，余皆乘马。过无线电台、大教场。一望麦穗将黄，大约三星期后就要熟了。路左远处有一土墩，俗名"一炮成功"，大约为刘锦棠平新疆时之遗迹。再前过水磨河。路右有一小村，名二道湾，居民数家，均为回回。路向东北行，左望平原烟树，为古牧地，亦历史上军事重地。所行路为冈陵起伏，逐渐增高；低地草木丛茂，高处无树，草亦不盛。十点后升降成长坂。十一点一刻见一村，名六曹沟，野花香浓，风景甚佳。再前高处地皆翻种，但无苗；闻所种鸦片，因天旱未生。亦有麦苗，但因天旱，且蝗虫极多，收成似还有问题。再前路左有村，名铁厂沟；一点后至一村，名八家湖。草木丰茂，流水潺湲，闻即为铁厂沟河之上游。茂林数里，有土房三五点缀其间，天然画图。一点半至一庙，内奉龙马牛诸神，道士一，为博克达山各庙在此地所设之腰站子，遂在林中支帐篷住下。稍息，餐时野蔌杂陈，自饶风趣。餐后登小山一望，高处尚有麦田，虽不及城附近麦之好，然收成有望。听说附近数十里内所种鸦片，因种子太陈，全没有出，如果全新皆如此，未始非人民意外之幸，然荩臣将军成了"吃不着羊肉染一身膻"了。天将黄昏，即寝，用不着蜡烛了。今日沿路白刺梅甚多。

二十一日，起早餐，动身时将六[点]钟。开始一人步行。路沿河走，为一深密之树林，以榆为最多，柳次之，刺梅更多，但多黄色。山花多种，迎风宜人。此时入山渐深，山愈翠绿；山上不惟草盛，且间有树。路时出河左，时萦河右，步行时觉无路，但沿岩时有细径，可以攀渡，前行觉无路，只得上马。行十余里，树泉愈幽，虫鸟和鸣，水声淙淙，最美丽之和音也。路右上离河，半点钟后又下沿河行。八点一刻后时见蒙古包，为哈萨克之放牛羊者。九点一刻将大路留于右，缘左首河边小径行。林中榆渐少，松渐多，山花愈盛，路石愈奇；此时目不暇给，想"山阴道上"，秀美未能过此而奇丽定当远逊。斯时道士前导，以为彼行山中久，万不致误。后行之马主人马掌柜忽驰马来叫,说路走错了,心颇以为不然;以为山中路多,道士或引一捷径;乃走颇远,始追及道士,问之,彼亦懵懵,只好转回。回头时,同行颇有不平,我则因景物太美,颇幸有此一误也! 走一刻许,舍河入左边谷中。时十一点已过。此谷名倒坡子沟,马掌柜曾在此间放马,据说由此过三达坂,即可望见海子。至第一庙,庙为何名,彼亦不知。入谷无水,无树,而黄花遍地,灿若云锦。再进树又渐多,大约皆松。登一达坂,颇长,看快到顶,乃下马步行,然实在距离,比预觉者多愈十倍。气竭力喘,数十步一息,数十息始至顶,回头一望,千岩万壑若在足下。又下,坡虽长,但比上时容易走得多了。至谷底,有人在此间住,户开,入其室,则有用物而无人,大约主人"只在此山中"了。前望径路幽细,高入云中,马掌柜说必须越过此达坂,始可望海子。前行草深没马膝,径时隐时显,未走过者万不敢走。登一达坂,较短;下时岩路陡峻,牵马徐行。至底,有一河名水磨沟河,大约下流有居民,有水磨,至此间则间有居民之痕迹而未见居民。过河,上最长之达坂。此达坂虽高而路较平坦,然路因平而愈长! 初入谷,路右有两土堆,上有尖顶层叠之木架覆之,据言为哈萨克坟。谷中稍有树,草不茂,然未远,路稍转,即又丰美,路愈引愈高,前望见小山松林,以为至林即到顶,乃迟之又久,始得到林。至林则山峻径险,人困马乏,数步一息,不知若干息始得至巅。然景物幽绝,身虽困而心极快。至巅,下见海子,庙即在海边,以为不久即到,然下山是否有路,可是没有一个人曾经走过。道士同马掌柜下去找,觉得有路,才迤逦下来,然路时上时下,以后看见湖那面的庙,但无路可通;至于此方的庙仍不知何路可通。

此时草不丰美，杂花满山，自身已入仙境，何须再修！五点已过，行路不饮食者已将十二点钟，睹此胜境，饥渴尽忘。道士因引路而不识路，极抱歉仄，但我对彼无几微不平意，因处境太美，如不迷路，或万走不到此！以后或松林奇石，塞路难行，或径路幽邃，引人欲醉。竭搜索之力始抵由东岳庙下福寿寺的正路。东岳庙在上，福寿寺在下；听说郝默尔在东岳庙，颇欲重登，但道士谓寺转瞬即到，而庙则颇远，不愿上，只好下来，事后问他，才知道上升下降，路正得半，他所说远近，乃路的难易，并非实在的距离。七点抵福寿寺，在庙外支帐止宿，庙中亦有可住的房子，然余固爱野宿。问此间道士，知郝默尔已下，宿于庙中，现同王住持坐船，往测海子深浅，大喜。半点后，郝默尔同王住持回，谈论甚欢。王为湖北人，住此山已三十年，现年七十，尚健如少年，招待殷勤。晚，天颇寒，棉袍犹未知温。

  二十二日，最低温度四度一。起，进庙瞻仰，庙门东向。正殿供三清，后殿供玉皇，配以无量祖师、关帝；左配殿供吕纯阳、文昌、财神；右配殿供邱处机、日月神及火神；门楼上供王灵官及韦驮，揉合掺杂，固应如是。早餐后，王住持送米粽，始悟今日为旧历端阳。此地艾不易寻，门上插柳；柳叶甚大，几如杨。归帐稍眠。帐内颇热，赤膊始得酣睡，以比夜中，当差二三十度。午餐后，看郝默尔量人。四点后同出，至海子上荡舟。舟四桨，余摇其二，外一道士摇其二，但彼似未娴悉。登对岸。山花迎人，固不待言，独有一种，细花蓝紫色，颇引余注意；道士言名星星花；至瑞典，则郝默尔言译名当作"永勿忘余"，此名正称此花也。稍登，有一殿，内供达摩。再登，有一阁，内供观音大士。有道士二人，稍饮茶即出。余未荡舟，现已年余，今日游赏，心神至爽。所可怪者，此地离迪化不远，此地此时，湖上游人，只有余辈三四，若移之于欧陆，湖上不将游人如蚁，抢舟难得耶！然如真如此，余辈游兴又当锐减，则正以此状为佳！登岸北望山口，云海渺茫，如非大海，岂能有此胜景！晚餐时再北望，不惟巨海汪洋，并闻潮声隐约，宇宙间奇景竟能至是！"五岳归来不看山"，殊为呓语。华山为五岳最胜，石态秀丽，固有特出处，而气象万千，以比此山，何异培土娄！

廿三日，终日无事。晚间同翟绍武北下山二里许一游。是处有一新庙，为前伊犁镇守使杨飞霞君修。工尚未完，名无极观。正殿供元始天尊、木父元尊、瑶池金母；左配殿供南极天宫青华大帝，右配殿供博岳大帝。无像，皆木主。闻杨氏修庙时颇有出家意，但他现在仍在城内做生意、冶游……大约日子过得很舒服，家也不出了。听说庙西北尚有一小湖，与上面海子由地下相通，因时已晚，未往观。昨晚所闻"潮声"，初以为"松涛"，现始知仍为行地下之水石激触声。

二十四日，上午无事，下午同郝默尔往测海子深，只测北端两线，共十六七处，最深处为九十余公尺。晚餐后同郝默尔闲谈，听他说到许多关于胞子学的知识，极饶兴味，寝时已二十五日一点。

[二十五日] 今日无事。上午及午皆微雨，下午且雷声殷殷，听差怕大下雨，将帐篷四周掘壕，然终不雨。

二十六日，刚过午，韩普尔即到，谈次，知道他昨早起身，起身稍晚与行李马匹相失，一路上并未遇见。晚，他的行李始到。韩普尔带来陈诸岩上月廿日的报一张，上载上月十八日日本交蒋介石、冯玉祥、阎锡山、张作霖诸人 Memorandum 一通，略谓日本不能让中国内乱，延及满洲，将以兵力保障和平云云。同日又交各列强外交书一通，旨趣略同，但所提及者，不止满洲，且言及蒙古！言及北京天津！日本军阀倒行逆施，竟至如是！日本近几十年来，对于我国虽最为横暴，但我个人对于它，总有许多的原谅，因为第一，它立国本有若干的困难；第二，同种之谊，日本虽常拿来骗中国，但我却极不愿联络白人，攻击日本。不过，如果日本国民对于他国军阀的倒行逆施，不能矫正，那我国温和派——不仇日派——要失了说话的余地；归结收渔人利者不过是白种人，日本自身实亦有大不利也。郝默尔明日回迪化，与之作别。

二十七日，这两天在帐中无事，见翟绍武所携的《绿野仙踪》，就随便翻阅，今早翻完。此书我从前听说作得太坏，所以永没有看过，现在觉得好固然说不上，还坏不到那步田地。它里面所叙的人事，如温如玉冶游及周琎重娶各段，尚不远人情；至于所叙之仙术，固由其根本观念的错误，然单就技术说，尚比《封神》较好一筹。且作者对于道家的知识，也颇知道不少，如果读者有清楚的思想，固可从此略知道家的短长。总之，我觉得此书犹不失为较好的第三等小说，尚有一看的价值也。下午同韩普尔、翟绍武等到海子内划船，直抵南端，约三四里长。南端有泉有河，河水颇汹涌。归到对岸亭上一观。亭后有小屋，内供庞真人，听说是一个在此坐化的道士，未知确否。下午甚热。晚餐后天尚早，到破龙王庙一游。内尚有道士一人。

二十八日，夜中甚暖，前几天最低温度不过四度左右，昨夜几将十度。早起预备登山。起身时八点已过。步行，天甚热。有时行松林中，比较清凉可人。至东岳庙，将十点。稍待，行李全到，乃续登，至一峰，在此附近为最高。上有灯竿二，灯笼藏庙中，闻如点起，在迪化可看到。又闻在此峰上，可望见迪化，但我用远镜极望，只看见许多烟树，城郭楼台既不能辨晰，也不敢定指何处为迪化。我同韩普尔的帐篷搭在山腰，测候气象小室即设在帐篷稍上。由小室下抵庙，缓步不息，约需十一二分钟，上则需十六七分。韩普尔因为需亲设置小室，所以帐篷搭在上面，地方甚好，但从庙取水颇不方便。庙正在重修，内有一碑，为光绪十六年所立。碑言庙工始于光绪十四年，但题为博克达山神庙碑，并无东岳庙之名。正殿廊下弃置有"敕博克达山神"木主，大约原修本为博克达山庙，重修乃改为东岳庙；然正殿供神像五，据说为五岳之神，我国供神，乱七八糟，固难究诘。

二十九日，午餐时，接到陈诸岩一片，并上月三十号《导报》一份，知其夫妇于昨日早到福寿寺，因同韩普尔同下山去看他们。韩普尔骑马后行。我下时步行，可以说连跑带走，仅三刻钟即到。到庙内，听说他们去游湖，即到湖边，久候未见影子，乃归至庙前，则韩普尔已到，问道士，则他们的确尚在湖上，因议同掉小舟往迎。入湖，见他们的船在达摩庙前靠住，遂往。湖边原有三船，一船上有小室，然船甚不佳，他们乃坐它出去，二道士划船亦不甚在行，他们去四五[点]钟，回不来，正在着急，我们到，换到我们船上，始得归，他们同行的尚有一安君，系直新公司经理。又在庙中晤阜康县长刘捷三君。刘君系开封县人，本在此间带兵，当过征蒙总指挥，现降居县长，并非得意。六点过后，骑马还上山；因系上坡路，马鞍总向后滑，我对于鞍鞯，极不在行，时烦韩普尔替我整理，异常惭愧。本议明日同韩普尔一块儿上游雪山根，马今日已雇好，但晚餐后登山时，天雨；明日未知能晴霁否，寝时中心颇忐忑也。

三十日，昨本议五点钟起，预备起身，然五点钟时，天虽已不雨，而阴云颇浓，遂复寝。七点起，天将放晴，韩普尔因时间迫促，不愿往，乃决定一人往。带马四，哈萨克向导一，鞍鞯厨子一。因昨日与诸岩夫妇约，后日早下去玩，今日起身过晚，明日恐未能回此间，则后日之约不复能践，因写一信告诉他们。十点起身，过气象小室旁，西南行，渐下，不久，即至来时所过达坂脊。是日至此地时，他们也知道离东岳庙不远，但急着要下，所以没有走到庙旁。从此达坂脊，南上，入马牙山。路在松林中，岩石岣嶙，极崎岖难行，而有经验惯山行的马竟能驮着我们，一步一步地往上走，实可令人佩服。但因昨夜阴雨，今日泥滑，终于不能再骑，乃下来牵着走。行时时须手足并用，艰困异常，幸不甚远。至巅，十二点钟，只有哈萨克人住，喝他们的酸牛奶一碗，清凉沁肺腑。此地松已渐无，只有柏，但皆系灌木，高不盈尺。对面望大东沟飞瀑直下，垂练万丈。下，松又渐多。至谷底时已两点，水势颇汹涌，地名ㄐㄧㄢㄎㄚ［涧卡］，下流闻入海子。向东入大东沟，松林幽隐，路径荒僻，时出水左，时出水右。因昨晚雨，水特别大，渡水时，一不小心，水已入皮鞋内。三点后，路引至水左坡上，渐易行，然坡颇陡峻，马行路宽仅一二尺，如果马错走一步，即当滚至涧底，故行时意颇兢兢。时微雨，然不大。四点道旁有二蒙古包，为哈萨克牧人所居，听说上面已无居民，我们做饭还须要借他们的锅，因即住下，但住后，听说上面还有一处住民。进他们的蒙古包，向火。他们家妇女甚多，我一句哈萨克话不会说，只可相对无言。他们的女儿，壮健天成：一十岁左右，一十七八，虽无纤丽之度，而姣好多姿，如果道德律能允许我娶姨太太者，我一定设法"金屋藏娇"也——实在她们终日享山间水畔极美丽的生活，如果真把她们藏起，岂不令她们闷死——帐篷搭好后，大雨倾盆，帐外云雾飞跑，跬步不见。水石相激，怒流汹涌；帐中听起，恍如山水大下，帐篷将随洪流以奔去，其实帐在高处搭，固绝无危险也。睡了一觉；醒后则天已放晴。上山时带有小袄、棉袍、棉裤，全已上身，只剩一皮马褂，尚未需要。日暮时，牛羊将归，遍山坡全是牛羊；人唤声、牛羊互唤声，错杂纷喧，趣味盎然。羊夜中全须拴起，而拴时又有一定的次序；在这数千百头中，我无论怎么样，万辨不清那个是那个，而他们随择随拴，绝无一点困难，纷嚷数分钟后，已全次第拴毕！是日早寝。

七月一日，起将六点。拟将帐篷行李全留此地，以三马、三人，一顿饭上山，晚仍留宿此地。因此地已至松林尽处，山上无柴，必须带柴，始可午餐，所以延至八点十分始能动身。路与昨日末段相似。松尽柏多，然亦不久即尽。八点四十分，看见最后的蒙古包。再进，已见雪山在面前，并不觉高，暗想所传极峰不可登及有六千公尺高度之说似不可靠。九点半后道旁见雪，两边皆雪山，路多泥淖，然草花仍茂。对面云中，似见高峰，是耶非耶，莫可方物。此时所最怕的，即为云聚不散，终莫窥极峰真象。然天从人愿，不久云开；日雪照耀，矗立天外，险峻陡极，复绝攀挤，始叹世人传言之果非虚语。南边一峰，时高处尚有云烟缭绕，俟云散尽后，颇觉比北峰较高，然北峰南北较长，实是一岭，以后到别处远望，始知北峰南端，固与南峰相仿佛，至北端实较南峰为高，此时因立身地在南北之间，北端较远，故不觉其高。斯时地上全属乱石，植物已极稀少，马很小心地行走石间，艰辛异常。十点五十分下见两峰间的海子。绕行而下，极为不易，在上时见海子在眼前，然走到跟前，又用一点多钟。下后植物在石间又渐多。两旁雪上，百道寒流，下即成河成湖。海子甚小。稍停即还登高处，想煮 Hypsometre 验高度，而线捻坠入酒精壶中，无论如何，不能取出，无法，乃将裹肚上带取下代用。时两点钟。风高难燃，直至用至最末一根洋火，才将酒精灯点着，煮得结果，为五〇〇·八。昨晚听向导说雪山附近，有石人石羊，现在问他，他说不在此间，乃在西南另外一谷中。商量结果，决定今晚还宿ㄐㄧㄋㄑㄚ［涧卡］，明早往观。餐后两点半，动身回。四点半至昨宿处。休息至五点四十分，行李已收拾好，再下。六点五十分，已至ㄐㄧㄋㄑㄚ［涧卡］。沿路哈萨克人款待优渥，昨晚主人杀羔享客，今晚主人又将杀羔，力辞之。

　　二日，早起，六点三刻起身，帐篷行李皆留在ㄐㄧㄋㄑㄚ［涧卡］。路随ㄐㄧㄋㄑㄚ［涧卡］河南上。河又名小东沟。谷内松林愈茂，景物愈幽，道路愈险。偶一回头，则福寿寺前海子俨然在望，始知走了两天，并没有走多远。九点前后又遇数蒙古包，松林渐尽。不久又入雪域。过河右岸，转入山坡上，即至目的地。至后始知并非石人石羊，乃在石上雕画的人与羊。石外皮黑色，此种类颜色石山中不少。据现在所观察之多石，此色皆在向阳处，或系太阳光的作用，亦未可知。内质略现红色，用物刮磨，遂成图画。共二石，北大南小。画所能辨识的，有鹿、有羊、有持弓矢的人，余不甚可识。有极古朴的，亦有虽古朴极生动的，画风如汉武梁祠石刻。北石上刻"马福"二字，字极近世，与画绝非同时，大约为不知保存古物的观者所留遗迹。向导言闻一九十余岁死去三四年的老回族人说：此物约有六十余年；我虽不敢臆断此物与汉武梁祠石刻约略同时，但绝不能相信此雕刻只六十余年；或单指此二字，且此二字即为此说话的老回族人所刻姓名，亦未可知。石边为石苔所侵，苔下当尚有画迹也。十点二十分动身回；十二点三刻到ㄐㄧㄢㄑㄚ〔涧卡〕。午餐后三点五十分复动身，不上翻马牙山，随谷下行。谷颇宽广，水时分时合，树木丛茂，景物颇佳。四点半即到海子边。湖上无船，必须从湖西林中微径行。径高在山上，紧靠湖边；林箐幽阻，难见天日；路时上时下，然一线下临深湖，令人栗栗危惧。时石径全断，横支枯木，仅可缘渡；时二木紧夹，必须推倒朽木，行李始可经过。如非有识途的哈萨克人引路，无论如何，万不敢走至此间。我走过山路颇多，从未见极幽、极趣、极险、极奇如此一次者。将五点半，下至湖畔，再上升，幽深如故。但离湖岸略远，心已安舒，似行坦途。六点到福寿寺，则韩普尔也刚从山上下来，鞍尚未卸。问诸岩夫妇，则已于早三点起身回城。我们也想明天回城，但庙中无马，与驮我们的哈萨克商议，他说他的马可用者只有两匹，驮行李拟用三牛，不论牛马，不论走几天，每匹银八两，明日午时能来，即可起身，因与定妥。决定明日回城。

三日，早起，复骑马到东岳庙，见翟绍武，嘱咐一切。归途中到土人所叫做八卦亭一游。亭为杨飞霞所新建，八角，两层；木材，上覆以茅，建筑式尚不劣，惟上楼时门甚小，必伏身乃可入，其实放大颇易，不知何以故留此不方便。登上，全湖在望，南边尚有屋数间，工程未完。归待至三点后哈萨克的马牛才到。行李上好，已将五点。加上自己的两匹马，共四马三牛；我同韩普尔外，二仆人、二哈萨克，共六人。我们要走棉长沟、马圈沟、小东沟及八家湖的大路，但此路除张仆来时走过一次外，无一人走过。北行过无极观前，左下到河边。逶迤渐下，路中回顾，瀑布掩映林际。韩普尔至为惊叹，照相数张，然已视大东沟小东沟之飞瀑万丈者，颇有"大巫""小巫"之感。再进，则岩石壁立，中夹河路。我常说博克达山虽宏丽雄伟，非他山所能及，但太华之石，自有特色，终非博克达山能比，然如此数百步中，石壁浑削，不亚太华，中有清流，似当更胜，但微短耳。再前，河左山上有路，张仆谓仍应随河走，六点半后始左引入谷中。谷中无水、少木，草甚茂美，如初进山时遇此，当觉风景甚丽，因前数日奇景太多，今日到此，已觉平淡。再前，见有打庙中印之牛，以为离棉长沟不远，然愈走路愈荒芜，草深没马——我所骑之马，高大如西洋马，并非我国的小马也——又前，小林塞路不易行，张仆谓路已走错，我们还未深信，再前则谷尽无路，高峰刺天，只得转回。至前放牛处，南上有路，稍上一转，即见棉长沟庄屋，时已九点，乃止宿。此庄屋仍属庙上，有道士，有俗人，在此种地。寝时十点已过，约明日早起，或一日可至迪化。

四日，醒将四点，天已将明，即起。五点饭毕，韩普尔即一人骑马先走，说下午五点到迪化了。我等到五点半钟，行李全上好，才一齐走。谷中有可耕地。翻一达坂，不久至马圈沟。沟有一庄田，亦属庙上，只有道士一人，徐姓，年七十六岁，而须发仅有白者。同他谈起，知道他是昌吉人，为乾隆年间迁过来的。回事时，他全家被害，他逃到阿克苏各处，乱平后当过兵，出家后住此山已三十余年。他颇知阿古柏事，据说阿古柏待汉人甚好，他老年为其子进毒所弑，则与官书不同。等牛至后同行，又半点，有一龙王庙。过一河，河滩有三四蒙古包，下马稍息，蒙古人汉话颇好，他的女人也能汉话，尤为罕见。据说他们全是从喀喇沙尔来的，山中蒙古人只有他们几家，此地名水磨沟云云。过河右引，入小东沟，中途上一达坂，在达坂脊上仍见行李在后，此后即离开独行。沟中亦有可耕田，然我想他们全是种的"花花"（土人称罂粟为花花），未知是否。再前，即入八家湖谷中，回到来时路。此路共逾三达坂，然皆平易，以比倒坡子沟路之三达坂，不啻天渊之别。十二点一刻，到庙上，遇一送信兵士，知郝默尔明日复上山。稍眠息，午餐，至一点三刻，行李尚未到，乃复起身。随大路走到铁厂沟。出铁厂沟，又失正路。看太阳尚能略定方向，但不得大路。马见我走的不是路，它也就很不高兴走。此时天上虽有云而甚燥热，地下一个一个的小山头，而有山皆童，无草不枯，加之心内燥急，以视前几天山上的清凉世界迥不侔矣。时天微雨数点，乃登山望见一村，即行直赴，然望着不远，走着却越过很多的山头，才能走到。一问仍是六曹沟，然则路并未走大错。向西南下山，见一大村，树木丛茂，名八道湾。时风颇大，天气凉爽。再南则为水磨沟，至东关时，天尚未黑，至南关后始不辨人面。到寓问韩普尔，则五点半已到，他未入小东沟，在山中，独按方向以行，翻山越岭，路途险甚。

　　五日，早起，问行李则尚未到。进城，见早襄厅长，在他座上见奇台佟县长，据说希渊尚在古城，且正在害眼。出，洗澡。归，潘季庐来寓午餐。郝默尔本定今日同潘季庐、鲍寿亭、王道士同坐汽车到阜康，然终不能走。下午行李始到。早襄厅长来谈，据说荩臣将军虽换旗帜，然名为主席而无委员会，又自言此间行三民主义已久，想作成一种换汤不换药的办法，此间隐忧恐未有艾云云。见鲍寿亭，他去后稍寝，王道士又来糟七八杂地乱谈。其实我此时精神正疲，并不甚知其所语云何。晚餐时，稍吃一点，不久即睡。

六日，早起送郝默尔、潘季庐、王道士起身，鲍寿亭终未能往，早半天一睡再睡，始得解乏。午餐后进城谒荩臣将军，他说他对于统一甚为高兴，至于个人的出处进退，不成问题云云。又说张作霖于未抵奉天时，即被炸死，吴俊升也被炸死，似此则东北方面问题或稍简单，亦未可知。返到陈诸岩寓，快谈，借得《华北明星报》上月四号五号两份。据五号报说张作霖四号上午五点半乘专车将至奉天，有南军便衣军队向车掷放炸弹，二车全毁，多人受伤云云。诸严另外看见六号《导报》说，医生给他打了许多吗啡针，绝无效验，遂致毙命云云。晚上韩普尔又同顺发洋行经理同往南山，约二日后回来。

七日，上午随便看一点报。往访赵次蓬，未遇。午后正睡午觉，次蓬芒芒然来，说城内今天行刺了。问他行刺何人，他说行刺将军；问他将军受伤否，伤势何如，他说他跑出的时候，杨将军以手据案，站立不动，似已受伤，兼言阎厅长受伤颇重，被人架出，樊厅长未受伤，形色惊惶云云。他说毕，即匆匆去。我定醒移时，到彼寓详问，始知今日此间俄文法政专门学校毕业，将军及各厅道、俄领馆人皆在座，刚上菜，忽有蓝布长衫人入，连放手枪，大家即乱逃云云。未几有该校一俄人教员出，据言荩臣将军倒地已死。昨日尚欢谈,今日遂成古人耶!

荩臣将军为一极精干的老吏,实属一不可多得的人才;以人种庞杂、政局不定之新疆,彼竟能随机应付,使地方安靖,洵属功多过少。不过其思想极旧,以为深闭固拒,即可成功;近二三年政治变化,尤在他意料之外,近来因应殊未适宜,故致此变。此间民族纷乱,治安可虞,不知继起者能使秩序不乱否!后城门即闭,内外不通。谣言颇多。晚不敢多睡,然一倚床,即又睡着。接希渊信一封。

八日,一点许,次蓬来,拿来一封丁署长给他的信,据说将军无恙回署,未知是姑安人心的新闻否。早起打听消息,据说早襄厅长今早被害!且言此次暗杀全为彼所主使,将军死后,彼即帅卫队入据将军署,后又被反对党夺回,故将彼吊一夜,今早致死云云。早襄厅长思想清楚,且较有新知识,人亦正派,在新疆政界中实属翘楚。此次本团西来得他的帮忙不少。说此次变故系他主谋,似非的确:因他素日太小心谨慎,而昨日举动却未免鲁莽的缘故。据我所推度,他对于此次事变未必不早有所知,而在昨日起事,或非他所预料。出到街上一走,至第四区前见有一告示,系民政厅长兼临时主席总司令金树仁的名义,开头就说七日有乱党戕害长官兼占领省政府云云,则荩臣将军已死,绝无疑义了。至城门,城门未开,即归。本日城门终日未开,谣传颇多。终日天阴,有风,颇有秋意。

九日,早晨雨,后转晴。今日城门开数点钟,城内因此两天城门不开,面价竟涨至两三倍!谣言颇多,所靠住的为法政学校教务主任张纯熙、无线电报技师吕宝如等被捉,樊厅长的卫队完全杀掉而已。下午韩普尔归自南山。

十日，城门开，但入时搜查仍严。闻今日荩臣将军灵柩将移于上帝庙，早襄厅长的尸身也已竟敛起，想进城先去看看庆皆厅长的伤，再去给他们作吊，后因入城门时，须受搜查，不愿进，只写庆皆厅长信一封，问他安好否。下午仆人从城内归，据说死尸全都在城外扔着，并无棺敛之说！接黄仲良电报一封，催寄银一千。

十一日，无事。闻门禁稍宽，外边各道对于现省政府已承认云云。下午郝默尔自博克达山归。晚同韩普尔、郝默尔到鲍寿亭家稍谈。下午天阴，微雨数点。ㄐㄧㄚㄎㄡㄈ［嘉寇夫］来谈，说南山中有藏金，现已知处，问我是否能用考查团名义同他往挖，得后平分，我依违答之。这位先生大约穷急了，发了财迷，所以做这样的幻想。其实不惟藏金的传说，在东方民族中，不晓得有多少，如果相信，一定令人迷惑失据；并且我们是为科学工作的，即使真得着像样的藏金，对于科学，也并没有若何的重要，所以我只能一笑置之。

十二日，终日无事。同谢希文谈，知道前些年伊犁的票子，一两的票子，分作两起，每起可作五钱用；分作四块，每块可作二钱五分用！以至收回销毁时，查验异常麻烦；此话真属奇谈！在我们老大国度内，真无奇不有也！晚，听韩普尔说，接到柏林电，知道赫定先生于六月初抵柏林，初十前后回瑞典，拟留三星期，再从柏林来中国；又他同 Luft-hansa 的契约，至本年九月三十日为止，Luft-hansa 不愿再继续，且拟令德国团员全体回国；但赫定先生的意思，尚拟与他们将契约稍行改订，用瑞典款及他个人款，使他们能工作到底，他们也还未决定云云。

十三日，写给黄仲良信一封。下午到陈诸岩寓一谈，并借到上月六日、八日、九日三号报一阅。据九日报，张作霖重伤则有之，似尚未死。国民政府命山西军队镇守北京天津，已于上月八日早十一点入北京，奉天留者为鲍玉林军队，立时退出，秩序甚好。外交部部长换作王正廷云云。近几天街上谣言甚多，然不像有何种根据。

十四日，早晨有一老戛夷人来，据说是希渊派他来送信，昨晚过北门时，被守兵送省政府，信被扣留，据说得团内证明，始能取出，云云，因即写一信与金主席，请他检查后发还；但信未写完，省政府已派人将信送来，遂止。信上主要的事，还是想暂舍去阿尔泰，先到伊犁、绥定一带考古。进城想给黄仲良寄银三千两，但种种商酌之后仅能寄千两，且须三天后寄。取北京寄来包裹。闻吕宝如、张纯熙昨日下午确被枪毙，并闻枪毙者尚有潘姓一人。往到庆皆厅长处访问伤势，他的精神甚好，不过据说转动时甚痛。他说他真曾九死一生，我说既是九死不死，想后福尚当不薄也。遇韩普尔、潘季庐亦往问伤。到博达书馆，购笔两枝、《雍正谋皇秘史》一本。返，翻阅一过，写的人笔墨尚未能全通顺，但就笔势揣度，内似含有真正的传说，则固有一顾的价值。复希渊信一封，告诉他近来各方面情形，并允许他先到伊犁。

十五日，无事。接到达三自婼羌明信片一、黄仲良自焉耆信一封。达三言于上月抵婼羌；郝德于上月二十八日赴婼羌南屈莽山，安设山上气象测候所云云。仲良言在焉耆附近四十里城市及霍拉山得古物一二十箱云云。翻阅前所借袁小彤之《河海昆仑录》。今早接到庆皆厅长端阳咏角黍诗三首、艾虎诗三首、《芍药行》一首，颇有寄托。午间潘季庐、陈诸岩来寓稍谈。

十六日，将黄仲良汇票寄出，并给一电通知他。续阅《河海昆仑录》。接到丁仲良电一封，问赫定先生及仪器到否。又接他信一封。接春舫自库车来函，言上月二十八日见喀什噶尔俄领事，据言Trinkler曾托他设法将采集品自俄运回，他致电莫斯科请示，未得回电，又言Trinkler不信中国官吏能将他的采集品扣留，将硬带出境，自印度回国云云，心颇愤抑。晚，接到陈诸岩送来上月十一至十五之《华北明星报》，翻阅一过，据言闻国民政府将召集国民会议；又谓日内瓦电称张伯伦及英、法、日、意、荷代表要求国民政府迁都北京，但我国反对此议。至张作霖，据十三日报谓日本官电说他的确死去，而十五日报，又有他给各将领的电报，谓他伤势并不重，命他们努力作战云云。又天津附近，败兵尚多，正议肃清，报告此事。午间潘季庐来谈，据说张作霖的确已死，此间省政府已接到其治丧处通告云云。写家信一封。晚间陈诸岩夫妇来访赵次蓬，后来此稍谈。接黄仲良电一封，催寄款项。

十七日，写给金主席公函一封，请他再严令喀什官吏无任Trinkler狡展，并请其将此事往中央推，劝Trinkler随采集品前来，将采集品寄存此间交涉署，自到南京，同外〔交〕部交涉。又致理事会电一封。

十八日，写刘半农信一封，同家信一并挂号寄出。下午胃消化不良，晚饭未敢多吃。

十九日，今日胃略佳，仍未敢多食。进城访庆皆厅长，问其伤势。他说，据官电，北京已改名北平，直隶改名河北。又言，据说张作霖之死，日人实与其谋，因日人要求张氏各种权利，张氏未允许的缘故；此新闻颇出意外，张氏能强项爱国如是耶？出到吴云龙寓稍谈。晚，天气甚热，寝时已起风。

二十日，夜间微雨，今日天阴，天气仍燥。吴云龙来谈。接到金主席复函一封，略谓据疏附县呈报，Trinkler 等已于上月十六日由喀什起程，前往莎车，取道苏盖提卡回国去讫，所扣各物，已否起运来省，当电询喀什马行政长再行核办。晚餐前丁署长来谈。晚餐时，接到由韩普尔交来赫定先生等自柏林附郊所写之问候片一。

二十一日，昨晚因开窗，进了几个蚊子，几终夜不成寐。五点起，到院内和破屋上转了几圈，回，又睡几点钟。八点馀起。阅《河海昆仑录》。下午，前在哈密之陈材良局长来谈，言回迪化已数日，将来永住迪化。闻二十四日杨将军开吊，团中给他送缎幛一，我个人给他送挽联一，自己写起，联文为：

书生镇边庭，十七年人民乂安，将军自足千古；
国家初一统，未几时老成凋谢，我辈能无怆神。

我对于挽联，素非所长，故文亦未惬意；但自以为对于杨将军颇称身份，尚无溢美。幛文为"前军星落"。大字终天不写，虽对付写在布上，然终嫌稚气。ㄞㄑㄧㄙ［艾奇思］来，据说《英文导报》，他看到上月二十二日。报上说奉天举张学良为新首领，拟降顺国民政府，并言张学良将以其父产千万，捐充教育经费云云。如果此信确实，诚属国家之福。郝默尔将生瑞恒来的信，翻给我听，谈他狱中二日的经过，甘肃的巡警长官，真有点荒谬，幸挽回尚早。接希渊信一封。

二十二日，今早想把希渊信粘案，遍寻不见，问牛进山，则昨晚已杂乱纸烧去，不胜恨恨。韩普尔接赫定先生十四日自ㄙㄊㄡㄎㄏㄡㄌㄇ[思投克侯勒莫]电一通，据说将以四汽车、二司机人来，未提行期，则他行期似尚未定，大约还有几天，并且他还未知此间荩臣将军死耗。郝默尔恐怕汽车来后，金主席不承认，请我给鲍寿亭写一字，请他来寓吃晚饭，因请他向金主席请示，并请他询问清华学校汇款及额济纳河取物各事。下午有一王君来，言他的老师郑君与阎厅长有戚谊，他的小姐有病，想请郝默尔给她看，约定明日来。

二十三日，明天荩臣将军开吊，郝默尔想给他做一个花圈，约我同他一块儿上公园，选择何花可用，因同乘车往。先过陈诸岩家，借到上月十五日至二十三日报。未到公园已两个半月；最末次树叶嫩绿，花尚未开，池中水甚少；此次则夏已将毕，小园中各花争芳，池水满床，又是一番景象。回时，郝默尔沿路采植物标本，我则坐车上看报。车过河时，水入车厢湿脚，盖山雪正溶，故河水盛涨也。归，知新交涉署长陈君源清（名继善，甘肃导河人）同丁奋武、赵次蓬来访，未遇。看报，知所谓"京师大学"已改名中华大学，校长名义仍属蔡先生，但如蔡先生不到任，则由石曾先生担任，石曾先生已由法归国；有张学良所向外国新闻记者宣布之政见，大约谓伊父已死，伊将来可与国民政府妥洽；虽有进军东三省之说，疑属空气作用。下午王君同郑小姐来，年十三岁，男装，我们初以为男孩。郝默尔看她除体力弱外，无他病，但现有烧，因命她每天试体温三次，后日下午两点后，再来诊。

二十四日，起，等郝默尔将花圈做成，即同他及韩普尔往上帝庙作吊。幛对不少，花圈则只有我们的同俄领事馆的两个。挽联几全体一致，指斥凶手，然此次举事，的属革命行动，是非固难论也。还有人有"犁庭剿穴"之语，可谓无的放矢。匆匆未详看，不知有无佳联。晤鲍寿亭，知金主席不愿购买汽车。下午继续看报。接黄仲良、丁仲良二人公信一封。二十五日，全日无事。早半天同谢希文闲谈学术大体而已。今日郝默尔有事，差人告诉阎厅长请其告诉王君，或今日一点半以前，或明日上午伴郑小姐来诊。

二十六日，写给石曾先生信一封。下午写给希渊信一封。将发，又接到他自孚远破城子来信一封，即再开信增加后发出。给理事会一电，报告接金主席复函，Trinkler 等已去事。今日郑太太同郑小姐下午始来，则郝默尔已出，盖话经几转，不知何人误传，因允同郝默尔说请他明天来诊。

二十七日，昨日由潘季庐与陈交涉署长约好，今天下午两点同郝默尔、韩普尔往拜他。今早与吴云龙写一信，请其下午在家稍待，且其朋友想请郝默尔看病亦可上午或下午六点钟来。午餐后进城，则陈交涉署长，据门房言已出，然两个外国人后到一点，则又见到，想是门房闹错。洗澡。到吴云龙处稍谈。听说此间当局因总未接到中央回电，颇为焦急，今日用蒙、回王公名义致电南京，请求任命。晚，到赵次蓬寓谈。据说昨日又枪毙三人，其一是否与谋虽未确定，而的确为一坏人，余二则即正审之迪化阎县长亦觉其冤，但由省政府交下命令，亦无可奈何，只好执行而已，为之一叹。明日早郝默尔将到博克达山去，与之作别。

二十八日，早，吴云龙来，送来领款凭单。下午陈诸岩夫妇同来，并带来上月二十四至二十七之《华北明星报》及本月一日之

《满洲报》（日本人在大连出的汉文报）一张。谈至晚，留他们晚饭，坚不肯。晚餐后颇有月光。近几天不雨而多云，遮蔽月光，令人闷闷，今日月色虽尚未佳而稍有，已觉心中一快。看报。大约七月初旬，各方面军事长官要在北平开一会议，主要问题为裁兵事宜，此实为今日之第一问题；此着成功，则此次国民革命为成功；否则此次国民革命成了无意识的举动；自各方面看，似乐观方面多，"不禁延企以俟"。

二十九日，写给金主席公函一封，请他发款。下午写给海帆信一封。团中要雇骆驼到额济纳河取回去年遗留行李，今日同骆驼主人讲价，以三千两票银定规，约立秋后起身，护照由我们办。近日觉家信稀少，一查日记，才知道最后接到的家信为三月十六日。那时候还雨雪塞途，现在不惟单衣挥汗，并且不久就要"一年容易又秋风"了，历时四五个月，一封信未收到，心中甚为抑郁。晚餐时有希神父、ㄞㄑㄧㄥ〔艾奇思〕在座。希神父刚从旅行回来，匹马走了两千多公里，可为壮游，以比我的"悒郁居此"，可称快极。月色甚好，在破屋上同学生谈至十点半才下。给季芳写信一封，请她勤来信。

三十日，终日无事。下午赵次蓬来谈。接黄仲良信一封，并转来半农给他信一封，因内颇有关系全团事，需要我来回答的缘故。

三十一日，给半农写信，谈续付团员平薪数目，未写完，晚问韩普尔，他将德华来信找出（今日适接到信），则五月六月份已在平付过，似无须急付信，遂又中止。到陈诸岩寓谈，借来《华北明星报》至本月初二日，又《北京政闻报》一册。晚到赵次蓬家谈。归看报，寝时已八月一日二点多。

[八月一日] 早写一字与鲍寿亭，请他见金主席，同他约期会见，并请往额济纳河之骆驼放行护照二事，并请他来晚餐。以后他的手下人来，说他又往南山，并言前日所引来之骆驼主人，不甚靠得住，并因价小不愿往，又另外引来一个，颇要求增价，但我们原来出价三千，实已比别人出价大，且我们自己并有骆驼在额济纳河，不过无人送来，因此间骆驼价太大，就暂且辞去，拟派听差到那边运来。接丁仲良信一封。看报。《政闻报》中有一篇吴稚晖先生对于汪精卫先生新作各篇的注释，实足令人感叹；可惜僻处此间，新闻纸几一点不见，事实详情若何？两方面所持理由若何？全不可见，现在仅能就"一斑"以断"全豹"，又未免令人闷闷也。晚，陈诸岩夫妇及赵次蓬来寓便餐。陈去后到次蓬家找来《东方杂志》数本，翻览，寝又已二日两点半。

[二日] 早十点同韩普尔进城见金德庵主席。至则省政府门前正在登记新兵，新兵固不妨召募，但真能有用才好，今日的兵真能有用么？大门二门内很多的蒙古包，大堂上纵横皆兵，先生岂真"守在衙门"耶？听说无论什么人，进去全需要搜检，今天我们进去倒并未被搜检，不知"以告者过"，或系特别优待。德庵主席为第一次看着，人约五十岁左右，谈锋甚佳；听说他的烟瘾颇大，然面上并无烟色。出，独到交涉署，见陈署长、张、赵二科长、次蓬及金翻译等。归。下午潘季庐来谈。

三日，无事，终日看《东方杂志》。有一篇讲近来世界政治势力已为经济所夺，一篇翻译英文杂志，讲欧洲列强竞争空中势力的现状，令我感到无限的兴味。晚上团中从去年八月由柏林寄来的几个箱子，今天才运到。省政府派人来查验，陪住他们看一下子，大多数为仪器，有一箱为赫定先生应用衣服，一箱为子弹，共一千二百颗，据说是猎枪上的。查验后，检查员取去子弹十个以备报告。

四日，无事。因多日未接家信，心中抑郁，终日不能自振。省政府派人将昨日来到之子弹取去。看《东方杂志》。卫中博士有两篇讲演稿，很有意思。他主张动的教育，主张使受教育者直接与自然界相接触，反对从书本起首的教育，是非常有道理。但是他把仪器当作同书本一样为障碍教育的东西，那却是不对的。我们中国人这几千年的教育，不惟太同自然界隔离，并且太缺乏对于精确的要求。仪器不惟不隔离我们同自然界，并且可以促进对于自然界精确的研究。他说中国自兴学以来，花了许多钱，购备仪器，立实验室，一点没有用处，其实我国何尝有像样的实验室及仪器；当日北京大学之物理学系，稍稍添备整理，已可自竟为全国第一，足见实验室在我国学校中实为凤毛麟角。我想如果有人能把我国学校数目，全体预算的数目，及消耗于实验室同仪器的金钱数目作一精详的统计，再拿来同欧洲各学校的预算作一比较，一定可以看出我国教育家对于此项的忽视。然则今日如果想振兴教育，对于仪器同实验室应当极力扩充，绝无疑义。接益占信一封，知道他于六月十六日回到额济纳河上气象测候所，已重安心工作。雨。今年夏天雨泽太少，此次雨颇大，令人心爽。

五日，早入城，访吴云龙，未遇。到庆皆厅长家谈。晚六七点钟，雷电交加，但雨只下几点。到次蓬家谈。借《东方杂志》两本，《世界史纲》两本。今日接郝默尔信一封。

六日，无事，终日翻阅《世界史纲》。此书科学价值或不甚高，可名之曰历史文学。我这样说，绝无看不起它的意思；严气正性死板板的科学著作固然需要，然妙趣横生、引人入胜的具文学兴味的著作，又何尝不是人类极需要的东西？Wells本一大文学家，其见解亦无偏狭的毛病，自是有价值的著作。晚，谢希文来言不愿意接续干，请团中另外找人，心甚不悦。

七日，接德庵主席复函，言已通知财政厅发款。王殿臣自焉耆归，带来省耕信一封、狮醒信一封。仍终日阅《世界史纲》。晚餐时韩普尔说接到钱默满的信，说那边的观测没有间断一天。晚，到次蓬家谈。

八日，致一电与哈密尧营长，问我们的骆驼是否能有二十可用者。下午马古洛来谈。往陈诸岩家谈。借《东方杂志》两本。

九日，看《东方杂志》。接春舫电一，言华志将归，彼亦有归意，云云。终日天阴。

十日，昨夜寝时约将十二点，天雨。后微雨终夜。早起雨止。登破屋望博克达山，玉峰皑皑，盖高处已落大雪矣。翻阅《世界史纲》。接尧营长复电，言骆驼有二十可用者。因谢希文告退，次蓬荐一赵克勤君，系俄文法政学校预科毕业生，问他数学，仅知乘除，分数云已全忘。谢希文尚荐一齐君，当叫来一问，比较取一也。闲居无聊，作一围棋盘，以消磨时日。

十一日，复春舫电，令其俟明年初同归。下午进城访吴云龙，未遇。到潘季庐家谈，听说我们派骆驼到额济纳河取行李事，又因戒严期内被拒绝。与季庐同到陈材良寓谈；时韩普尔已先在。归，今日天气颇凉，街上人有不少穿棉衣者，然小儿赤身，仍间有之。晚餐后，稍教谢希文围棋而已。

十二日，整理账目。今日团中请人吃便饭，客到者有吴云龙、潘季庐、赵次蓬、陈材良、ㄞㄑㄧㄙ［艾奇思］诸人。我喝得稍觉有酒，客去后，眠少时，醒甚渴，喝茶，渴终未解，晚寝时又喝茶数碗，始得不渴。

十三日，终夜不能成寐，天明后始得稍眠。八点过后起。前几天虽不雨而颇阴，日中最高温度不及二十度，夜间最低温度刚过十度，若内地中秋后天气。今日天晴，气候仍返初秋。齐君来，问他，则数学全忘，不惟分数不解，即除法亦不能作，乃只好叫赵克勤来学习。始将前些时所收包裹打开，把应带往婼羌及库车之物分别出来。接春舫信一封。早寝。下午ㄐㄧㄚㄎㄡㄈ［嘉寇夫］来，这位先生对于藏金已经成了 idee Fixe，我也只好依违应之，并嘲以君所言者非 archeologie，乃 Plouto-archeologie，彼亦莞尔。

十四日，昨晚眠时仍已十一点余，眠仍不甚佳。接财政厅来公文一封，发来领款通知书，派人将款二千二百四十两取出。接交涉署公函一封，系言将上次来之子弹，暂行扣下，其余发还。发交涉署信一封，请他通知库车及喀什噶尔长官给华志放行。那林从南路返。据他说，他的太太将来这边，他想到瑞典去接她，现尚未定。下午接到希渊信一封，系他派ㄍㄨㄌㄅㄢ［古勒班］来购物，取钱，并送此信。据说他在破城工作了四十天，很详确地挖了二十几个坑，成绩颇好。但如此接继下去，恐怕明年亦完不了，所以暂行结束，并将向东北布尔根河一带沿路找化石云云。

十五日，进城往访源清署长，门房说已来我们这边，赶紧回来，则彼因来此访人不遇，到赵次蓬寓，遂去谈。据他说：我们此次所收子弹，此间因不识品质，颇为重视，且因俄国及吾国界上皆查考颇严，何以竟能运到，殊深疑虑，嘱为查考。此次团中运入子弹，未经预先声明，且求得允许，殊属大意，因允严查，并先致歉衷。四五点钟，马古洛来，去后往陈诸岩寓谈。路上接到达三、春舫信各一封。晚，向韩普尔详询子弹前后经过。

十六日，进城，见源清署长，告诉他子弹始末情形，不过是否猎枪子弹，因我一点不懂，未能妄负责任说话，请他严查。回将此次来件时之信头及东西详单摘译一节，写一信预备明日送给源清署长备查。

十七日，早未醒，吴云龙来，起谈，因学生到婼羌、库车两处所带仪器纸张等事，恐沿路税局麻烦，前几天请他给德庵主席说请一凭执，他今天来说已经答应，但须一清单，因翻译后交给他。午前李桂轩来谈，似对于军火事亦甚注意。给希渊写回信。晚，鲍寿亭来谈。将信及银八百七十七两交给ㄍㄨㄌㄅㄢ［古勒班］，他明天回三台。接到交涉署公函一封，言华志回国事已知会库车及喀什官长矣。

十八日，吴云龙同省署一张君来，言所带仪器什物，还需要看一次，才能封上，前已包裹停当，因全又拆开检验。毕，封上，但凭执须改日送来。接到华裕厚安掌柜信，因希渊将采集品三箱托他交车户带来，现已到城内，嘱他明日雇车送来。

十九日，接到采集品三箱。今日天气甚热，最高温度达三十九度，为今年所未有。陈材良来谈。给春舫、达三写信。早晨揽往库车之店家来，言明天车须要出发，因凭执尚未接到，嘱他明天下午走；车价四十两，付他二十两。

二十日，今日天气仍热，然下午风颇大，且天阴。早晨警察署派人来，查验采集品箱。打开两箱，余一箱因前日在北城门已打开，故未重开。吴云龙来，凭执尚无，因不甚需要，决定让张广福下午起身。张广福来，说缠头车夫已套车，并言车价只付十两，殊堪诧异，因教他去叫店家来问，返言店家人不见，余人说原说跑腿钱十两，且车已走掉，殊属荒谬绝伦！因派人赶紧把店家"抓"来，不然即当知会巡警往抓，乃未几而人即来，说车也并没有走，且当面问明，车价已交到二十两，申斥他们几句，让他们走。下午郝默尔从博克达山回。

二十一日，昨夜雨。郝默尔同那林乡人乍逢，谈至将三点不息，隔屋不能成寐，乃起，告诉他们不要说话。又成眠，约将四点。同那林进城见源清署长。晚，闻郝默尔说接赫定先生函，言款项进行顺利，计至考查终事，似尚有余金。那林谓彼意赫定先生必图继续，不得于我国，亦必于他地继续，因款项太多云云。返写一信告希渊。

二十二日早，赵玉春起身到婼羌。此子直至今日，尚未独出过门，临别之际，时有泪痕，为之悯然。晚到次蓬寓谈。今日天气甚佳，用远镜望博克达山，云烟之间，似得见瀑布，然从来未见，且云散后再看已不能再见，未知果是耶非耶。

二十三日早，陈材良来，稍谈，言病腹痛，请医生诊治，及医生来视，始知为盲肠炎，症在轻重之间，或可不须割疗，但须守视，而医生无时一日去三次，且不宜动，不如暂留团中空屋疗治。他派人往家取行李，未来前，暂在我床上一躺。下午三四点钟，陈太太来，因奉侍不便，坚欲其回去，郝默尔出门未归，乃力止之，谓不与医生商议，万不可轻动。等到五点多钟，医生仍未归，怕关城门，她只好回去，日落时，行李始拿来，他才移至别室内。鲍寿亭来，稍谈。晚餐后，到赵次蓬寓，谈。今日接赫定先生信一封，对款项事，话不甚明，但言将设法延长半年。接达三信一封，言狄德满将归国，将气象测候所完全交给他，待雇好车，即动身。

二十四日，早到寿亭家稍谈。谈及久未接家信，此间电报又不灵通，他说他有朋友在苇塘子，可托他从那里打出，较为可靠。返拟一电稿，将字码翻出。午餐后同郝默尔、那林进城见德庵主席，到上帝庙，因今日为杨将军终七之期，此间官场多有应酬，因往，遇源清署长、阎县长等。据言甘肃乱颇甚。出，独到庆皆厅长寓，他已能起床出行，但臂尚未痊愈。谈次，知道他对于德庵主席颇为不满。谈及此间无报看，颇为闷人，他说再迟三月，即有报看，未知其意何指，颇觉诧异。归，寿亭来谈。他因为此间与俄通商，俄系国家贸易，我国商力涣散，同他们对付，种种吃亏，想联合缠商，组织一公会，禁止私下同他们交易，意见甚是。他已拟有简章，及上省政府呈文，请我斟酌。我潦草一看，知缺点尚多，因指出请他自行修正。听郝默尔说他接到他母亲的信，说赫定先生于八月初一前后动身，汽车已于七月二十一日动身，然则计算行程，他此时大约已过斜米了。

廿五日，写致德庵主席、源清署长信各一封。接到希渊及黄仲良信各一封。希渊又要往阿尔泰，往固无伤，但意见何不定乃尔！下午到陈诸岩家稍坐。因这两天邮局中又有一刘君被捉入狱，诸岩对于此种无理由地乱抓人，非常愤懑。

二十六日早，到鲍寿亭家一谈。午间潘季庐来谈。终日无他事。

二十七日，写希渊及源清署长信各一封，下午马古洛来谈。晚郝默尔从马古洛借来《导报》从上月十四至二十日六张，很高兴地披阅。裁兵会议结果尚好；蒋介石对于"巨头会议"一名词甚为反对，尤为好消息，因"巨头"之迷梦不消，国家无太平时也。东三省大约可和平解决。阅毕已二十八日早三点，就寝。

[二十八日] 本日无事。晚鲍寿亭来，将杨将军旧欠团中款交来八千。闻张幼丹被捉入狱，赵次蓬来，亦言此事，颇自危惧。彼本无嫌疑，但暗探邀功者多，又有什么人敢保险呢？

二十九日，早晨交涉署李君同赵次蓬来，言交涉署派他们来再查验运来采集品是否与中国文化有关碍。此间官吏对于本团性质，怎么样也闹不清楚，殊堪一笑。以绝不懂文化意义的人而向对文化负专责的人，查问"与文化是否有关碍"，真不可不算一怪事。李君却是一念书人，亦觉此事无何意义。解阅半箱，觉太费事，遂只点此箱中件数归报。给吴云龙信一封，问汇款事。下午接海帆信一封、家信一封、春舫信一封、黄仲良电报一封。多日不接家信，忽得平安详报，喜可知也。不过我正怪季芳不来信，而季芳来信，大怪我不去信，我前两次信，完全没有接到，亦殊可怪。晚到赵次蓬寓谈。陈材良派人送来《文学大纲》一部，将中国各部分略为翻阅，寝时已三十日上午二时。

[三十日] 今天郝默尔、那林、韩普尔要上博克达山，原定五点起身，我七点起，他们还未走；同他们握别的时候已经十一点钟了！这边旅行大抵如此！吴云龙来，将汇库车及婼羌款三千八百一十两交他转交财政厅，请厅转寄。下午写家信。陈诸岩夫妇来稍谈。ㄞㄑㄧㄙ [艾奇思] 来谈。从赵次蓬处借到新到《东方杂志》两本一翻阅。收省政府公函一封，答请为赫定先生及其同来人放行事。

三十一日，上午翻阅《东方杂志》。下午进城，剃头洗澡，毕到庆皆厅长处一谈，遇张厅长，他们正在吸鸦片，据说全无瘾。正谈间，主人之仆人进，渭北门已半关，可早出城，乃匆忙出。车夫恐离南门远，想就近出北门，乃未到而已全关。只好驰驱到南门，幸尚未关，乃得归。

九月一日，夜中犬吠多时，久不成寐。终日无事，看《东方杂志》。晚同赵次蓬闲谈。次蓬好争辩，持论不坚，而有必胜之心，我决定不再与争锋。接黄仲良电一封。

二日，写给省耕、两仲良、狮醒、春舫一公信。下午接到希渊信一封，知道他仍在孚远。因他信中颇有关系测量地心吸力事，而我却想教春舫跟着安博尔去学习，遂再与春舫信一封，将希渊的话告诉他。

三日，源清署长丁其太夫人忧，往为作吊。出到陈材良寓，其病已大好。借《妇女杂志》数本、《学生杂志》一本。牌楼北路西有一小旧书铺，闻为此间最老书店，往观，则门面一间，主人胡姓，本太原人，光绪四年来此开张，至今年已应作五十年纪念！室内大约多小说戏本；戏本皆从西安运来。与之稍谈，购《琵琶谱》四本，《说岳》一部。返翻阅《说岳》。

四日，终日无事。翻阅《说岳》毕。此书尚讲不到文学意义，然可以看出几件事情：（一）"莫须有"之狱本是极好引人深省的事件，也就是说它是可以使人对于旧社会组织怀疑的事件，可是它什么也没有引起！所引起的，不过是些渺茫不过的循环报应观念！这样就随便把莫大的冤狱——也可以说是我们民族最惨痛的事情，轻轻放过，这是一件怎么样奇怪的事情！（二）作者或自以为受着一种极高尚的——其实是极非人情的——道德理想所鼓舞，实在他们的道德观念极为鄙浅，如里面关于男女的关系地方全可看出；从此也可以推出不近人情的道德教育的失败；（三）这些全不能怪作者，因为国人普遍是缺少深思和幻想的；小说作者直到十七世纪后半纪，才有自出机杼的作家；前则不管"施耐庵"、吴承恩辈有怎么的天才，全不过改作旧日社会间的传说；《说岳》作者不过缺乏天才，然中间旧日传说更易看出，这或者也可以说有一些用处。接到交涉署公函一封，言奉省政府训令称发掘死人头骨与我国习惯冲突，请我们"以后勿再挖取死人头骨以重人道！"云云，此类浑沌迷离的思想不完全打破，我国科学可以说绝无前途！将用何法打破，办法颇费踌躇也！归，则韩普尔已自博克达山归。接潘季庐信嘱转寄郝默尔信内言赫定先生于上月十七附近已到斜米矣。

五日，写希渊信一封。翻阅《学生杂志》。

六日，早，狄德满自婼羌返。同韩普尔到鲍寿亭寓。我们要打电给尧营长，请他派人将留在哈密的骆驼送来迪化，请寿亭先将电稿请示主席一声。归写一信与源清署长为那林、狄德满请护照；一信与庆皆厅长，为韩普尔请狩猎护照。到陈诸岩寓谈。出同到一缠头小园中一游。重阴蔽日，微流潺湲，赤日将午，趣当无穷；此时已阴阴秋意，兴味自觉稍差。

七日，终日翻阅《辽史》。下午有一俄入中国籍人聂君来谈。

八日，早，看《辽史》。看借来的《北京导报》，知美国于七月二十四日知会我国外交部，言愿另结平等条约；二十七日，因驻北平美使与财长宋子文签约，承认关税自主事宜，虽尚有保留，然总是国交上一大进步。外英国也有签同类条约的趋势。至于日本则甚蛮横，多数日报对于美国此类的让步，深表不平。又奉天同国民政府的谈判，因日本政府对奉天所提的 Advice 又暂停顿。田中此类狂谬政策，Advice 深恐受人攻击，不敢提出阁议，如此类政策将来无若干改变，不惟非我国所希望，恐亦非日本之福也。裁兵问题现已着手顺利进行。接黄仲良信一封。

九日，早，接建设厅回函，寄来狩猎护照。继续看报。见开封通信，说那边通俗教育，积极进行：现有平民学校四十余处，露天学校二十余处，每日收容听讲者一二千人；公众图书馆三处，通俗图书馆二十四处，尚有二十四处在计划中，每日观书者共五百人。冯焕章虽由军阀转身，然此等处，真非吴子玉诸人之所能梦见也！午间潘季庐、陈诸岩夫妇、赵次蓬诸人在寓便餐。后有一张文垣统领来谈。下午接赫定先生电，言五日抵塔城。天将黑，张君约到他家去玩。韩普尔、狄德满坐张君的车，我与次蓬同车往。张公馆在郊外，久不出城，精神苦闷，郊外一行，形神顿爽。至，始知即为今春我们初来时拟赁之屋，不过尔时尚无东房，东房却为今年初修。东房后临草湖，风景甚佳，惜黄昏未能远望。张君言其尊人曾为兵官六十四年（十八岁带兵，至八十二岁去世），曾带兵至阿富汗、坎竺特各处。然阿富汗并未属过中国，想其记忆或有稍误。今日饮酒不少。

十日，读《辽史》，偶见《太祖纪》中神册三年有"二月达旦国来聘"，同月中又有"阻卜""遣使来贡"事，大为诧异。王静安主张阻卜即鞑旦，从前看他的议论，未检原书，觉其言甚辩，似成铁案，他不晓得看见这一条没有；如果没有看见，或看见而无满意的答复者，他的主张完全要倒也。派人把前借给鲍寿亭的《鞑靼考》取回一对，始知他并没有看见这一条，然则当为详校一番。季庐来函约进城谈赫定先生此次来所带枪支事，因天已晚，未往，函答之。

十一日，全日看《辽史》，始知王静安的《鞑靼考》很疏略。他作此文时，似只以《属国表》为根据，实在帝纪中所记阻卜事，出《属国表》所记外者尚有数十条，他几乎全没有看到。最重要的是：《圣宗纪》中统和二十三年上言"六月""甲午，阻卜酋铁剌里遣使贺与宋和"，接着就是"己亥达旦国九部遣使来聘"。他看见上一条，竟没有往下看，未免使人诧异。现虽手下书籍缺乏，不能完全检出，然即此两条，已足推翻他的全文有余。王氏治学素称谨严，不知何以疏忽如此。致尧营长电，今日始发出。

十二日，全日读《金史》。

十三日，早，六［点］钟余，尚未醒，鲍寿亭来，即起。寿亭言将往塔城，问有事情没有，答无有，遂与之作别。仍终日读《金史》。关于阻卜事，在王《考》外，又找出两条，并校出讹误年月一条。

十四日，进城。到庆皆厅长寓谈，在他那里遇着一位四川的杨君、甘肃的刘君。刘君言见一报，只存题目，据此题目，则政府已委甘肃省政府查办此间杨督被杀事。杨君在此地办中学，大约也还念几句书，不过二十年前的旧思想，什么"周秦以后无学术"啦，什么"声光电化，在古书中何所不有"啦，乱说一大套；我也就很不客气地严加驳斥，殊可笑人。出到潘季庐寓稍谈，约后天礼拜日同到陈诸岩寓玩。回则那林从博克达山返，哈士纶也从婼羌来。郁文彬来谈。接到赫定先生十日电一封，说他无益地强留塔城五天，今日又有一官人强验一切行李，还须五日才能动身，非常生气。其实他的生气固属意中事，但他所遇的困难也是意中事，正自无庸生气也！晚，郝默尔也自博克达山回。

十五日，上午无事。翻阅《妇女杂志》，材料杂凑，毫无足取。下午陪郝默尔往看庆皆厅长，出到潘季庐寓谈。归到南门，则门已关，仅未上锁，幸而能出。今日接瞿绍武信一封，决定先让赵克勤到博克达山。

十六日，午间潘季庐来，同他及郝默尔、哈士纶到陈诸岩寓，座中尚有一朱君及高君。饭后，谈至晚，天雨，诸岩派车送我们回来。车从河边走，雨柳云山，风景如画。借来《慈禧外纪》、《乾隆英使观见记》各一本。写希渊信一封。阅《慈禧外纪》。书为英人濮兰德著，转译来者，选择材料，尚属丰富、谨慎，议论亦尚持平。想一气阅毕，及阅毕时已十七日两点半钟了。

[十七日] 早起即读《乾隆英使观见记》。书为乾隆五十八年（一七九三）英国所特派专使马戛尔尼所作，极饶兴味。下午张一斋厅长来谈。张统领同赵次蓬来谈。接省耕电一封，言患耳病颇剧，拟回天津治疗。韩普尔接赫定先生十四日电一封，言尚需一司机人。计议颇久；归结以为寿亭已往，当已有法，不需更设他法。今日精神甚困乏，九点半即寝。

十八日，夜中几未醒，醒时已将九点钟了。张统领送来《东方杂志》一本，《小说月报》三本。午前郝默尔说听说赫定先生昨天自塔城已起身，今晚或能到迪化，大喜。团员忙着收拾屋子，预备欢迎，忙个不了；我则无多事，看《东方杂志》。晚，陈诸岩夫妇来谈。今日赵克勤动身往博克达山。

十九日，全日看《小说月报》。天阴。赫定先生终未到。

二十日，昨夜终夜雨，今早未已；最低温度不及四度。听说夜中有汽车来，派人往看。未几瑞典司机人拉格尔伯克同鲍寿亭的司机人来，交来赫定先生十六日信一封，言本月初三日即到塔城，十一日那边李道尹始接到主席电，允许动身；预备十三日起身，而十三日安博尔又病痢，甚剧，生死未卜，他为负责任人，故未能即来。因郝默尔即当动身到塔城护视，乃同他冒雨进城见德庵主席，请得他的允许；又往见源清署长，请得护照。又因郝默尔要到刘道尹处，告诉他养病时各需要，请我给他翻几句话，遂与同去。归，下午两点已过，仍大雨淋漓。天甚寒，最高温度不及十度，至晚棉鞋已需上脚！三四点钟后渐晴。东望博克达山，南望天山，已大雪封山。立秋节后虽已有雪，渐降渐低，然即最后一次，仍似在三千公尺上，离城极远。此次则已至山根，最近处离城当不过三四十里，宜气候之凛冽如冬。登高一望，琼峰瑶岛，气象万千，才觉得从前在北京的琼岛观雪的胸襟狭迫。又接到赫定先生信一封。晚写圣章、润章、玄伯三人长信一封，寝时已二十一日上午一点半。

[二十一日] 早起将信交给郝默尔，七[点]钟余送他动身。源清署长来谢吊。今日天气晴霁，温度转高。下午接到希渊信一封、达三信一封、达三转来皋九信一封。希渊说他十一日一日内得到了两件重要的发现：一得到一个石器的地址，可以证明他所研究的地方，四五千年内地层上无大变动；二得到三叠纪（后始知为下侏罗纪）爬虫化石，此种化石，亚洲尚未发现过，在科学上有重要的意义；他心中非常高兴，我也很高兴。

二十二日，终日无事，看《小说月报》而已。

二十三日，午间希神父、陈材良、ㄤㄉㄡㄋㄡㄈ［昂兜诺夫］夫妇在团内午餐。希神父说，他接到费神父从玛纳斯来的信，说听说英、德、意、法曾结一对付中国的协定，未知确否。此话颇不近情理，因德与别国意见颇不一致，何能结协定？近日听见谣言颇多：什么日本人在山东添兵啦，什么冯玉祥与国民政府政见不合啦，什么冯玉祥将驻兵于外蒙古啦，什么山西兵到甘肃啦，……种种不近情理之谈！此间报纸几於无有，而看报的人亦能力极小，无能辨别，又以讹传讹，几无一可信，然耳朵里塞得多，也极闷闷，必须设法找报看才好。与为次蓬教书之张君旭初及次蓬谈。

二十四日，写希渊信一封、家信一封。晚餐前张君旭初来谈。接到春舫电一，报告张君广福已到，又接他的信一封。

二十五日，早晨未起，闻白万玉自三台回，起，接到希渊信一封，他想让我去同他一起工作，我近来精神懒散，殊未能有所决定。下午检《鞑靼考》《蒙古考》中所引原书。

二十六日，仍继续检原书，但《元秘史》为一重要著作，手下无此书，至为惆怅。下午接到半农电，言："款五千，德华电汇，余续筹，万勿虑"。心中甚喜。写信与希渊一封，黄、丁、刘、詹、龚一封，告诉他们，使他们安心工作，并且对他们说，展期半年，大约要成事实，让他们计策将来。又给达三信一封，益占信一封。狄德满要走，箱件想请此间省政府查封，免致沿途税局屡查，因给德庵主席写一信，请他派人检查。又写信一封给张文垣统领，归还并致谢他借来的《东方杂志》及《小说月报》，并请他后天晚上来过中秋节。

二十七日，终日天阴，微雨。早，同狄德满、哈士纶到格米理肯家谈。约他夫妇明日晚餐，又约诸岩、次蓬夫妇。归看《小说月报》。下午陈诸岩来，说他正要请我们过节，两下冲突，怎么办好？后决定午饭到他那里，晚饭来这里吃。想明天如果天好，将早晨至公园一游。

二十八日，雾丝雨不止，异常闷人。到诸岩寓午餐。餐毕三点多钟，已有晴意；五点余归时，则已大晴。七［点］钟后则万里晴空，静洗烟霏；皓月照人，清影更多，真令人低回流连。客来者，为格米理肯夫妇、诸岩、次蓬、万くlム［艾奇思］。客去已十一点。又徘徊月下片时，始寝。

二十九日，无事。读《金史》。翟绍武自博克达山归。接省耕信一封。

三十日，仍读《金史》。晚，张君旭初来谈。

十月初一日，上午仍读《金史》。下午出，沿河走，过河到公园内一游。远望普通叶色尚青，高树则已全金黄，秋光照人。秋日园中无多游人，池水荡漾，静趣自深。到池北，左有烈女祠，右有烈士祠，则今日始见。烈女祠内住一道人，管两庙香火。出园，向西，得一小山坡，上有庙，内供文昌、伏羲、孔子、萧何、曹参诸神，而伏羲与孔子之神主，则对侍萧相国之两旁，此公有知，当自诧奇遇矣！再西小山头上有砖塔，将往观，而河流潺湲，非脱鞋袜不能渡，临流久之，终不渡；然则杯水却也可以令人望洋了！返过西大桥，读修桥碑。过桥，路左有庙，颇宽敞，但已零落。入内则小犬狺狺，道士一现即去，终未知内供何神。又登斗母宫后小山头一望。时夕阳已将衔山，遂下。归途中过城隍行宫，入观，门联壁书，皆作威吓语，令人不快。院中则颇整洁，花木楚楚，使无此种激人反感之威吓语,颇可令人心旷神怡也。途中墙上有一告示,系禁人强抓人当兵者,即使此告示有效,已可想见前此之骚扰!抵寓,天将黄昏。多日未出一走,今日步行约二三十里,心神至爽。

二日,看《金史》。接丁仲良及春舫信各一封。晚,陈诸岩夫妇及顺发洋行经理夫妇在园内晚餐。很喝数杯,觉到有酒。

三日,今日顺发洋行经理及韩普尔动身往博克达山。写希渊信一封。下午到陈诸岩寓,借八月廿四、五、六报三份,《批本随园诗话》两本。诸岩夫妇又同来,学习洗相片。晚餐时听说赫定先生于上月廿九日离塔城,医生同安博尔亦同来,甚喜。报载中国与德国签订与美国相似的条约;与比国协商亦有进步;冯玉祥在南京,闻吴新田有在潼关蠢动消息,匆匆回河南云云。晚,格米理肯来谈。今天听诸岩说,铭三厅长受宣慰使命,将来新疆,有由邮局寄来布告,全为金主席扣留,不发表。

四日,白万玉动身回三台。下午陈诸岩、陈材良皆来寓。问材良,他说看到铭三厅长布告,略谓暂时尚未能来,劝大家遵守秩序云云。德庵主席大约因内有政府只任彼为临时主席之语,不大满意,故即扣留。接到此间官场请帖,明天正午在交涉署请吃饭,主人自金主席至阎县长共十二人。翻阅《批本随园诗话》。此批本对于当日情形甚清楚,且对于袁子才作《诗话》的背景极明白,所以很有价值。五点多钟赫定先生到。他虽有风尘气,精神尚好。医生及安博尔尚留塔城。他动身为三十日,并非二十九日。稍谈几句话,即有检查员来,对于已拿下之零用物四提箱,还将封起,俟明天再检查。因不能不用,拒绝加封,请他们立时检查。各物全翻出后,取去信六封、字纸三件,此全系瑞典文,不晓拿去又能怎么样检查。晚餐后谈甚久。寝时已五日一点余。

[五日] 九点余起,闻源清署长已来,因我及赫定先生全未起,因去往奋武署长处。未几,源清、奋武二署长及牟科长、王科员、韩检查员来。稍谈,即开始检查。不过点点件数,问问内容而已。只打开一箱。源清署长因赫定先生已到,即补帖请他,他不愿去,往交涉署,则主人尚未全到。归结主人到者只九人。在座者为俄领事馆诸君及一伊犁派来代表、卢秘书等人。今日从城外走时,树叶金黄,秋色更深。晚,与赫定先生谈至十一点钟。

六日,写给源清署长信一封,为那林、哈士纶请返工次护照。奋武署长来,交看源清署长函,言奉主席示,行李各件全须开看。下午源清署长来寓公同开看。同赫定先生进城谒德庵主席,未见。同到马古洛寓,稍谈。归时验行李者尚未去,今日只验十箱,明日续验。接希渊信一封。这两天气候颇暖,晚上起风。

七日,终日风,无事,不过招待检查员,看《金史》,同赫定先生谈天而已。赫定先生送我一汽油灶,冬日在帐篷中点着,可以取暖。写给希渊信一封,告诉他我们要去看他。今日早晨狄德满动身回国,晚上普韩尔从博克达山回。

八日,仍终日风;温度未午已升至二十四度。无事,看《金史》。赫定先生伤风,卧床不起。晚,陈诸岩来,立谈数语,说甘肃路已通,且铭三厅长大约要带兵来新,事近情理,大约可信。

九日,夜中甚热,最低尚有十三度。看契诃夫短篇小说数篇。赫定先生尚未能起床,同他谈。晚,接希渊信一封,他不晓得怎么样听说赫定先生硬带来一架飞机,就非常地有气,并且对于那林多所的怀疑。立时复他一信,详细说明使他知道一切。

十日，今日天阴。国庆日请客，到者希神父、马邮务长、顺发经理夫妇、ㄞㄑㄧㄙ[艾奇思]、ㄐㄧㄚㄎㄡㄈ[嘉寇夫]太太、潘季庐、赵次蓬、陈诸岩夫妇、吴云龙、陈材良、格米理肯夫妇及本团团员。我席间有演说，略言革命时代的苦痛，乃社会的常态，非变态，次言民国十七年民国乃开始产生，尤可庆贺，末言我国民政思想发达最早，以后发展颇慢而甚稳实，将来一定可以有良好的结果；互相摧陷的、偏狭的国家主义，一定要逐渐退步；真正的、互相敬重的国家主义定可取而代之云云。后希神父有答辞。席间不幸因吴云龙、陈诸岩同赵次蓬闹着玩，灌他酒，激起次蓬的怒气，几将席面闹翻；我劝他不已，只好请他退席，更使他生气，虽不久即讲开，然亦一小风波。今日赫定先生尚未起床，席散后同他闲谈。从他借来意大利前驻中国公使 Sforza 所著《中国之谜》一书翻阅。寝时已十一日一点余。

[十一日] 起九点，仍翻阅《中国之谜》，差不多翻毕。Sforza 在华年数颇多，一切情形全很熟悉。他一方面不赞成太恭维中国的理想家，另外一方面反对上海西人的顽强派，总可以算作一个聪明的外交家。他不肯说出一个普通的公例（la formule generale），是他聪明的地方；他自己承认不懂中国人的心理，是他诚实的地方。但是中国人的心理是否这样难懂？他很明白地看出中国在政治革命以外，有一个文学的革命，并且很有道理地说这种文学革命比一个朝代的陷落还要重要。但是在文学革命之内还包有一种思想的革命，他却没有看见。如果看出这一点，他一定可以知道人类的心理总有很多相类的地方，并没有什么难解。并且他虽然聪明，总是一个旧式的外交家；他知道欧洲人的特权，因为欧洲大战，无法保留，可

是他不晓得这是天然的、极应该的,却是对于特权的丧失,有无限惋惜的意思,这也可见他是明察现在的人,并不是一个智及将来的人。总之这本书,比较算是好的,很有一看的价值。那林同哈士纶动身回罗布淖尔,与之作别。接诸岩一函,对于昨日风波,深致歉忱。潘季庐请客,往。赫定今日虽已起床,然未能往。饮酒不少。出到陈材良寓谈。借到《江湖奇侠传》,归来翻阅。

十二日,翻阅《江湖奇侠传》。庆皆厅长约往谈;下午往谈。归仍继续阅《奇侠传》,毕五本。此书文笔尚通顺,比《施公案》等略愈,然绝无文学价值。侠义小说很可以作,但有一要件为近人情。《三侠五义》近之,然尚不免带传奇色彩过重,此书却远在《三侠五义》下。作者把许多俗传的拳术、剑术、魔术等不近人情的东西,搜集到一起,加了许多自己的穿插,然终未达到文学的界域。这一类的传说,如果诚实地载录,倒也很有民俗学上的价值,经他这样一搅混,可以说毫无足取了。接赵克勤信一封,复他信一封,告诉他好多用听差为恶习。接家信一封。

十三日,同赫定先生进城见德庵主席,他对于我们今冬考查沙漠的计划,颇未谅解。他的理由是说甘肃方面军队有在敦煌西旧阳关路上者,为省防起见,已派遣军队到婼羌布防,罗布淖尔、婼羌一带为军事区域,故未便令前往云云。今日进城时遇军队南下,派遣军队往婼羌自是实情,但我们并不一定到婼羌,告诉他说,他尚无变更意。出访源清署长,不遇。访庆皆厅长,谈论尽欢。归寓,则省耕已自南路归。接希渊信一封、丁仲良信一封,及省耕交来由黄仲良转交之研究所碑帖拓片一包及信一封。

十四日,无事。看《字林西报周刊》,内载"广西派"与"蒋派"不久将有争斗，云云。此类新闻，最令人抑郁，因今日中国如无内争，外交并不棘手。并且可以进一步说，只要国民党内部——更可以说原来从广东广西出来的国民党不起内讧，即有内乱，亦并不难平息。可是继续着内乱，赶忙自杀，那可就前途茫茫，令人不寒而栗了。幸而载这一类骇人新闻的为上海顽强英人所办，素以造谣著称的《字林西报》，而所传的新闻，又属于从民国十四年以来继续不绝的滥调，我辈大可安心也。《字林西报》又据北京私人消息言吴子玉在成都被杀，未知确否。李桂轩来谈。托他荐一画图学生、气象学生。晚，与省耕闲谈。

十五日，无事。赫定先生言我所计划顺和阗河到和阗的路，正是法显一千五百余年前西行时所由之路。他拿出 Giles 法显《佛国记》的翻译本后面附图让我看，因借来一翻阅，实在并非译本，不过是一种靠住原文的叙述。比方说：法显回时因风波飘到的大岛，他就指定为爪哇，其实此大岛如章太炎先生等指定为美洲，固属太过，然确定为爪哇，亦属武断。惜手下无《佛国记》原文，不能校其失误也。

十六日，写德庵主席信一封，一请他电尧乐博士令他派人将好驼十匹送到古城，交给希渊；二请他允许我同赫定先生冬季到库车、且末中间沙漠考查，但信中避去婼羌、罗布淖尔各地名；三告诉他我们将汽车详细价目交给，请他核查接收。借到赫定先生所著 Southemn Tibet 的第八册一读。此册前半为赫定先生所写，对于葱岭的沿革，历代经过葱岭一带旅行家的事迹，如张骞、法显、宋云、玄奘诸人的事迹，搜集得颇详。后半为德人 Hermann 所写，他对于我国地图的历史知道得颇清楚。从极古叙起，直至十九世纪之末，凡我中国最古的地图，差不多全搜集到，材料丰富，颇可惊人。可惜我的德文程度太浅，对于 Hermann 所写一部分，不能详读。接益占信一封、希渊九日信一封、十二日信一封。发给春舫电一。

十七日，源清署长来说德庵主席对于那林、哈士纶到罗布淖尔附近工作有误会，命令勿往，他已复文，言护照已发，并且是回工次，非初去，似可不必禁止，不过另外一方面，他也来一公函，说明此意，云云。正谈间，公函亦到，拆阅后，即请他再向主席解释。午餐时庆皆厅长来回拜，略谈，去。李桂轩领来学生二名，略为问讯，叫他们明天早晨来，试验算学。写给源清署长公函一封，为到三台去请护照。再阅早晨所接到公函，始知函系致赫定先生一人的，因那林原计划想先派行李出发，自己乘汽车到达坂城追上，如此可多在此地同赫定先生谈一两日，因向格米理肯要一汽车司机人，格不敢负责任，禀明主席，遂致此误会。稍一不小心，遂致此失，心甚不安。将公函还赫定先生，同他详谈，决定明日访源清署长，请他代解释。晚，从赫定先生处取来八月二十八九、三十、九月一二号《导报》一翻阅，可知《字林西报》所造谣，毫无根据。独日本人皆言国民政府之倒似在眼前，然他们现在已经明言，阻止东三省加入中国是他们的意思！如果不说中国政府快倒，还有什么词可借！又有一什么"支那通"的讲演，总是说东三省是日本第一道国防线啦，日本少不了东三省的米豆啦，归结说中国是一个娇惯坏的一个小孩子，用不着给他讲什么国际法的废话！云云。蛮横无理，实堪发指！

十八日，看九月三四日报。大约左右派之争正在调和中，余亦无恶消息。但教育界颇多事：清华学校因政府任命罗家伦为校长，校友会因未经董事通过，反对颇剧；九校学生又反对合并。不过在此次政变后，教育界未易就绪，却在意中。但望执政者勿操切勿无端退让，缓而善导之，将自有归轨道之一日。往访源，清署长，不遇。告门者，言明日一点再往。接希渊信一封。晚，气候颇热，大风。

十九日，陈署长派人来言今日下午一点有事，未能接见，约明日上午十点往。终日无事，风颇大。张君旭初来谈。另起一行二十日，同赫定先生往见源清署长。将上车，接到德庵主席极客气，但不允行；第三事，言汽车派格米理肯查收，司机人派源清署长接见。见源清署长，他说那林同哈士纶之行已无问题。因请他再向主席说明我们穿沙漠考查事。因ㄨㄦㄡㄉㄋㄧㄍㄡㄈ〔沃尔欧德尼苟夫〕母在塔城病，想明天乘汽车往省视，问源清署长是否能本日给他一张护照，他慨然允许。在他那里，听说庆皆厅长前天从我们这里回去，身体不很好，故去看他。因此地有一造火柴机器，前清末购来，废置未用，现庆皆厅长想办一火柴制造厂，故约人往观是否能用。归，稍息，接希渊信一封，他于本月十四日又得到恐龙的蛋，为学术界一重要发明。信词诡奇汪洋，足征愉悦。他又有信给赫定先生，我们得到这样好新闻，全要"距跃三百"。同赫定先生往访格米理肯。至，其仆人言昨晚邻居失火，一夜未睡，现正酣睡，是否要叫他起来？我们说不必，遂出，到他错对门院中看起火场。据他们说烧死羊十、驴一，尚有一马受伤。又到对门空院中，见此伤马，后半截毛几全脱了！出则见ㄅㄝㄉㄚㄕㄣㄍㄡ〔别达申勾〕夫妇往格米理肯寓。同进，不久，格亦起。谈至七〔点〕钟半,返。晚,从韩普尔借得九月五日、九日两号《导报》。据五日报言,中央执监会于四日决定蒋介石为行政会主席,谭延闿为考试会主席,胡汉民为立法会主席,胡汉民为立法会主席,汪精卫为司法会主席,张静江为监察会主席。如此举果真,则左右调和,已大成功。接春舫回电一封。

廿一日,早晨,学生一赵君、一潘君来考,二人皆乘除尚清楚,赵君对于比例稍有印象,潘君对于分数稍有印象而已。叫他们于明日到俄医ㄅㄝㄉㄚㄗㄣㄍㄡ[别达申勾]寓,试验身体。看表已一点,赶紧同赫定先生往纺纱厂,实则我的表殊慢,已将近两点矣。乘汽车往,至则庆皆厅长已久待。稍息即参观工厂。机器已全安好,能动,大约三两星期内,即可实行开工,殊为可喜。技师杨君,长沙人,曾在青岛日人一纺纱厂内学习五年。庆皆厅长说,机器值洋十一万元。加尔生说价钱太便宜,似不可能,他因此疑机器稍旧,未知确否。外妇女参观者颇多。庆皆厅长留午餐。出到公园一转,归。陈诸岩来谈,听说潘季庐将到喀什噶尔。

廿二日,无事。午间,潘季庐来谈。张旭初来谈。

廿三日,张君旭初引一刁君来,想做学生,考他,他分数知通分、约分、乘除分,而对于加减分则不明白,略知代数。接半农来电一,系七月廿四日电,经三月始到,不知何以迟误至此。接希渊信一封。回信祝贺他的成功。源清署长派人请明日十一点钟往谈。晚,微雨。

廿四日无事。源清署长派人来言因格米理肯不在城内,约改日再谈。终日阴雨,下午两点温度六度半。接黄、丁公信一封,春舫信一封。

二十五日，夜中起，天尚见星；将明时天愈阴沉；七点后雪。院中随下随化，草地稍留。三四点时，稍停，后复大。终日温度皆在零下，下午九点风雪中，已将降至［零下］五度。终日闲谈，无事；晚，写家信一封。

二十六日，天晴。昨夜最低降至［零下］八度半。终日温度未及零度。接到希渊、达三信各一封。复希渊信，叫他来迪化一谈。到赵次蓬寓一谈，借来《东方杂志》二本，翻阅。寝时已二十七日二点。

［二十七日］是日及二十八、二十九两日皆无事。

二十九日，接黄仲良、龚狮醒［信］各一封，袁希渊信一封；白万玉信一封，说他家中被兵抢掠，逃到北平，他想回去，请设法云云。

三十日，因闻潘季庐、李桂轩皆将出省，拟明日为之饯行，发请信，并请陈诸岩夫妇、陈材良、马邮务长、希神父等。接到尧营长复电，言骆驼于二十八日动身。晚，张旭初来谈。张君喜作诗，因让他拿来看，程度极幼稚，尚只知诗律，未知诗自身也。因与之谈诗自身及诗律之关系。希渊派古尔班来购物并取钱，接信一封，言因雪即当东行到老奇台看石灰窑，希望在那里得海产化石云云。

三十一日，源清署长派人来言，今日一点请到他那里谈汽车事，因与请客时间冲突，告以明日往。接李桂轩信一封，言放婼羌者，系军械局另一委员李君健亭，并不是他，故对于饯行辞谢，因转请他仍来陪客。过午，季庐及桂轩皆来，谈次，始知婼羌任，主席本意委桂轩去，他不愿去，乃改委李君健亭，然则讹传并非无故。桂轩言此次派军队往婼羌，到处捉兵，乡民秋禾未取，即被捉去，闾阎骚然；受害甚者，以本地及陕甘汉人为最，因主席对于湖南北及天津人皆不信任，故未被捉。兵竭力添，但无饷无械，昼夜印不兑换之纸币，以发军饷，械虽稍有，而子弹又未尽合枪膛，实属废物。似此则此次添招兵，除扰民外，可谓于己于人皆无所利！希神父及陈材良皆未来。陈诸岩饭后始来，他的夫人以后也来。写信与希渊，叫他来省一商，赫定先生也给他写一封，叫古尔班明天起身，给他带去。

十一月一日，同赫定先生及加尔生进城，路中泥甚多。见源清署长。他说：车价无问题，但机务员工价太高，可是加尔生则非每月三百五十元决不肯留。后只好商议送路费遣归，然亦尚无成议。出往见庆皆厅长。本议今日同往工艺厂观前清时所购制造火柴机器尚可用否，至则已晚，只好议定明日令加尔生一人往观。出城，到陈诸岩寓。诸岩今日为季庐饯行，我们作陪。席中闻郝默尔、安博尔及鲍寿亭等昨日已至绥来，然则今日或可到迪化。归已十一点钟，他们尚未到。

二日，下午三点余，郝默尔及安博尔到。安博尔略愈，但极消瘦，入室时由郝默尔负之。

三日，早起，见白万玉君等自三台返，带回采集品七箱。他说希渊还没有东去；前天晚上遇着古尔班，今天他可到工次，云云。天阴，晚雪。

四日，下午赫定先生来言接到哈士纶自焉耆来电，说他到焉耆后，汪道尹通知他，奉省政府命令，因婼羌为军事区域，不得前进，他同那林皆得返迪化。此事前已得允许，不知何以又变卦，对于本团前途，颇为焦虑。接到赫定先生六月十六日自瑞典都城发信一封，今日始到，殊可笑人。

五日，天晴，甚寒。进城见庆皆厅长；出往见源清署长，请他对于哈士纶及那林工作区域再向德庵主席交涉，给他说明，可将工作区域限于离婼羌较远处。归时鲍寿亭来谈。接到家信一封，内有像片三张，縻岐已长大，季芳亦剪了发，心中甚喜。

六日，又雪终日。与赫定先生谈团内事。晚，陈诸岩来谈，言看到九月三十日以前报，内言冯玉祥到西安，刘郁芬往开会议，现已返兰州；会议开后，冯即电召马福祥云云。接到黄仲良自库车来电一封。

七日，天晴。骑马进城到邮政局，将从京汇来款拨到南门外一缠头窝甫阿洪银钱兑换所内。再进城到庆皆厅长寓稍坐。归，路中泥甚大，袜裤上满沾泥点。源清署长及牟科长、丁署长、王科员到。后三人系来检查仪器箱件。源清署长言已与德庵主席言明，限定工作区域，已得允许，嘱补一公函。今日从陈诸岩处借到《庚子使馆被围记》，即为翻阅。翻毕时已八日将三［点］钟矣。夜中最低温度为零下十三度半。

［八日］早初起时，天尚晴，然太阳未人，即已飘雪花。初以为系房上雪，因风飞起，天继续阴雪，始知非房雪也。写德庵主席信一封、庆皆厅长信一封、源清署长信一封，末封，系韩普尔将返国为请护照者。午餐时，与赫定先生谈，知《庚子使馆被围记》，即 Indiscreet lettres from Peking 之译本；其所署 Putnam Weale 即 Simpson 的假名。借原本来对看，知译本颇有脱落。惜余英文不佳，看时颇为费力。

九日，夜中温度降至零下十五度二。天气似昨日，看报，无他事。

　　从十一月十日至十二月十六日无日记。此三十余日为团中苦于应付时期。本团自七月七日政变后逐渐困难。以前杨荩臣虽多疑，而大体感觉到本团无政治的臭味，所以尚肯放手任本团随便工作。他对于本团只派樊早襄同刘铭三招待，我因为他多疑，不敢广为联络，除樊、刘、阎三厅长外，政界要人无他往还。樊早襄对于本团极表好感，现在樊"败为贼"，本团已陷于嫌疑的地方。外国团员又不小心，不预先声明，冒然寄来数千猎枪子弹！新疆人员对于子弹知识异常有限，以为钢子必非用于猎枪，并且通常界上检查很严，而此次箱件能运到迪化，更启他们的疑窦。其实我们以前是怕照相片子开看后不能再用，所以要求他们运到迪化后，派会同团员点验，成案具在，他们并不肯向那一方面想。并且此次箱件头一天运到团中，第二天才来检验，如果有犯私的东西，把它藏换起来，颇非难事，何至于被他们检出。但是他们全不想这些，疑惑日渐加增。可是他们没有显著的证据，对于本团，又不敢即行驱逐，却用种种的方法妨碍本团的工作。起初我们还觉得是有一种误会，尽力设法解释，可是他们今天允许，明天变卦，变化无常，莫可捉摸。比方说：那林、哈士纶的回工次，先发护照，后加阻止；经解释后，又得允许；到工次后，地方官又奉令劝回；又经解释，并将工作地点，加以限制，复得允许；然哈士纶于数日后仍被迫回省！前后变换意见至五六次之多！朝令夕改，贻笑外人！以后又令地方官劝郝德博士回省。龚狮醒告假到乌什看亲戚，亦被迫归省。我也因狮醒到那边本无工作，即令其早归。以后丁仲良到阿克苏，方在工作半途，亦被阻止前进。公函来团，说那边文武官员通电，阻止前进，边防所关，请我们格外原谅，电令丁君早归！我看过公函以后，异常愤怒，确信他是有意妨害，同他和平交涉，绝无希望，只好严词驳斥，决裂也只好决裂了！函中指明文武官员的通电是他的授意；他想让丁君回，就自行负责迫丁君回，至于我们万无召丁君中途止工作的道理。并且说科学家对于国防有重要的责任，所以各国政府对于科学家的研寻，无不竭力帮助，现在新疆对于异国人之游该处者并无任何取缔，而对于本国科学家乃严加限制，殊属闻所未闻；我们只好诉之中央政府以定中止工作与否云云。这个时候我同赫定先生已经决定中止穿沙漠的计划，先回北平到南京办理延长工作事宜，乃于复函次日入城，到金德庵主席处辞行，未得见；见王民正厅长，据说主席收到来函，误会消除，现已饬阿克苏地方官，任丁先生继续工作了！在这个时候，又有另外的纠纷：前赫定先生回国时，荩臣将军托他带来几辆美国牌子汽车，并汽车机师二人，机师薪金每月可自二百至三百。此事我事前并未与闻，乃由鲍寿亭转达者。赫定先生对于汽车也不很在行，然为与杨将军拉交情起见，一一应命。他回到瑞典找到机师二人，他们非三百五十元不肯来，赫定先生以为相差不远，他可作主，即叫他们一块儿来。至于汽车系美国牌子，瑞典有保护税，他很费力运来的，反倒比中国直接购买的贵。这件事情，新疆省政府不高兴自然很有理由，而赫定先生忠于受托，反倒受颇大的损失，也太冤枉。麻烦多次，于我们十二月十七日动身时，才有结果：赫定先生倒很慷慨，自认损失，而新疆省政府是日的公函却斥他"毫无信义"！这些话实在是对于本团极"取瑟而歌"之致，并无他意。这件小事，我们中国人对于赫定先生颇有点对不起。然也无可奈何！总之新疆各政界要人始终不明科学为何物,他们始终不相信本团无政治上的企图。读书是作什么的?是得尊官厚禄的,除了这些,还能有任何另外的目的!你们现在跑到沙漠中间,说是求学问,求学问有什么用!这是否是可能——这一类的思想总在他们脑子里转,想教我们这个学术团体在那边顺利进行,也真不容易了。比方说:赫定先生和我穿天山南路大沙漠的计划,金德庵拒绝,可以说毫无理由。他惟一的借口,就是说罗布淖尔一带有军事行动,实在那边并不能有军事行动;那边的军事,是他们的疑心生暗鬼!就是说那边真有军事,而我们所要穿的沙漠去那边不下千里,而大沙漠中间,又绝没有军事行动的可能性!说到这里,又联想到杨荩臣。他除了开头以外,对于本团的工作,总算没有限制,并且很帮助。可是就是一个小小的开头,能够有多么大的浪费!他因为听说我们带了一团——因为我同赫定先生的官衔全叫做团长——听说我们带了一团中国人和欧洲人拼凑起来的兵去打新疆,就赶紧遣兵调将,防御我们!看这本日记的人,如果留神到我们在哈密附近,遇见多少营长,就可以揣想到这件事有何等的严重!据樊早襄告诉我说——他当时是军务厅长——杨将军这一次的动员,报销了百十万两的开拔费,恐怕不见得是故甚其辞的话吧!如能把这三四十万的国币捐给我们团里,以我们团员的勇敢,在科学上该能有多大的收获!然而数十万金钱随便浪掷,而我们从西方回来后,想募集三五万块钱,以求继续派人工作,亦绝不可得!嗳!十九年八月十二日补记。

十二月十七日,本计划早行,然因行李须先受检查,下午始将汽车装好,出城时已两三点钟。同行者除我同赫定先生外,有省耕、郝默尔、贝格满、费神父诸人。路甚好,无雪。十一点钟至绥来，住费神父教堂中。

十八日，听说此地去年稻米每石十八两，今年则六十两！去年麦每石十两，今年三十五两至三十八两！今年的收成比去年好，这样粮价的骤长，全是金德庵先生胡乱抓兵的成绩了。出绥来，过玛纳斯河，四十里过石河子；又四十里过乌兰乌苏；又四十里过三道河子；又六十里过安集海；又四十里过四十里井子；又四十里过奎通；又四十里至西湖，即行住宿。西湖为乌苏县俗名，亦即库尔喀喇乌苏。居民皆汉人。地为往塔城及伊犁分道处。

十九日，稍前过头台；又八十里过车排子。地驻一守备姓陕，亦导河人。居民为缠头及汉回，共七八十户。再前过小草湖，缠名库尔，亦湖意。再前过汉三台。再前即入山。自此以前，路在山南，途中无雪，很好走。山中有一地名ㄕㄜㄦㄚㄓㄦ［舍尔阿智尔］，有店一家。再前过庙儿沟，天已昏黑，闻有电局一。再前过ㄝㄍㄝㄦㄇㄝㄙㄨ［耶戈耶尔蔑苏］。ㄝㄍㄝㄦㄇㄝ［耶戈耶尔蔑］，缠语，意谓酒；ㄙㄨ［苏］意谓水。再前过ㄧㄚㄇㄚㄊㄨ［雅玛图］，过此，山中大雪塞途，异常难行。汽车陷雪中，时须下车后推。

二十日，早八点，才到ㄊㄡㄌㄧ［投里］，稍息，到一哈萨克饭铺内早餐。屋内的断间墙，门高二三尺，且甚狭，过时，不只曲腰，且须侧身（后此所见哈萨克居室全是如此）。出ㄊㄡㄌㄧ［投里］，地名老风口。从此以后，无处不雪。道右为ㄐㄧㄚㄧㄦ［戛依尔］山，左为ㄅㄚㄦㄦㄧㄎ［巴尔尔依柯］山。再前至河上，今为县治，市廛颇盛。县名似名额敏，蒙古名ㄉㄡㄉㄅㄨㄦㄍㄧㄣ［兜勒布尔戈因］。又前过二道桥子，蒙古名ㄎㄨㄦㄊㄨ［库尔图］，为一大村。两点五十分过ㄚㄎㄙㄨ［阿克苏］，缠语，意为白水。四点馀至塔城，住一俄人 Hochriakof 家中。

二十一日，浴。拜俄领事及李行政长。

二十二日，王县长、黄巡警长来，言受省政府命，行李须重行检查。后因出国界过卡时将再检查，乃拟请李行政长调卡上武官来塔城同验。

二十三日，进城见克外交局长及李行政长，为车夫请护照。拜王县长。后王县长、黄巡警长及一武官詹君同来，检查行李。阎庆皆厅长前托带给蔡子民先生信一封，被他们取去。晚，李行政长请吃饭。李善饮，人很爽直。

二十四日，以冰橇行。十二点四十分动身；两点十分到界上卡前，因验护照等事，几停一点钟。出界，未四点到ㄅㄚㄏㄜㄧ［巴赫梯］，宿一鞑靼人家。ㄅㄚㄏㄜㄧ［巴赫梯］即汉名的苇塘子。

二十五日，因兽医需检查马，而今日为欧人圣诞节，经塔城俄领事催促，良久始至。起身时已十点馀。天甚冷。过一小村。将三点至ㄚㄉㄚㄍㄚㄧ［阿达嘎依］，进一哈萨克村店中稍息，喂马。名曰村店，实只一屋，门高三尺余。息二点复行。九点至ㄇㄚㄍㄢㄔㄧ［玛干蚩］，为一大村，有教堂。住一俄农家。家主人把住房让给我们一间，五人合处。至房主人则与车夫合处一室。室虽小而颇洁，且暖。

二十六日，夜中闻风声。起身时八点已过。虽间有风数阵而较昨日温和。ㄇㄚㄍㄢㄔㄧ［玛干蚩］村中破屋颇多，皆革命时为ㄚㄎㄧㄣㄎㄡㄈ［阿柯因寇夫］所烧。过一村名ㄎㄡㄨㄚㄉㄚ［寇瓦拉］。将二点至ㄨㄦㄆㄚ［乌尔帕］城，入一室息，室中儿童颇多，内无主人，久找始到。五点再起身。同行者畏冷，多将冰橇门用布单封闭，我同郝默尔则嫌有篷的橇妨碍四顾，同坐一无篷的橇。在此冰天雪海中，用快马拉着冰橇飞跑，一望皓白，万山皆寂，胸襟豁然，有念皆捐。八点至ㄧㄝㄍㄣㄙㄨ[依耶艮苏]村，又停下喂马。夜间十一点复行。

二十七日，三点半至ㄊㄝㄦㄙㄅㄚㄎㄣ[帖尔思巴肯]，入一哈萨克村店中喂马。起身时将十点。一点余到ㄎㄚㄦㄚㄍㄡㄌ[卡尔阿勾勒]喂马，休息于一俄人村店。四点复行，有风，然在车中盖好，风亦不大，不觉冷。晚，略有雪。十一点至ㄉㄧㄝㄙㄧㄝㄎㄧㄊㄚ[牒思耶奇塔]，入一哈萨克人家，地小，空气恶浊，复出。郝默尔出寻，得一室，较佳，主人允借住，主妇哭闹不许，他们强住下，我严厉反对，独宿于冰橇中。

二十八日，将七点起身。十一点过ㄑㄣㄍㄡㄕㄚ[钦勾沙]村，喂马休息。将三点复行；五点见铁路。六点至ㄙㄝㄦㄍㄧㄡㄉㄡㄌ[思耶尔戈尤哀勒]，借宿于转运公司中，室小人多，令人晕眩。

二十九日，此行最令我感动的，就是：现在所行地为哈萨克斯坦，有少数俄人与哈萨克人杂居，哈萨克的居室比我国乡下人稍较简陋，而俄农则比较清洁得多，这或者就是民族优劣的一种显征吧！到城中一游。十一点坐汽车到火车站。联络西伯利亚同西土耳其斯坦的大铁路，现在才修到这里。这条铁路差不多是跟着我们的边界走，将来成后，俄国那边的武力，无论何点，一星期内全绰有余裕地到我们的国界上，"唱空城计"的新疆（杨芠臣屡次对我说："我在新疆唱了十七年空城计，现在也快不能再唱下去了"），前途能走到什么田地，真足令人搔首了。我们所坐车，为此地第一次所开的客车。五点半车始开。

三十日，下午十点到斜米。车站距旅馆四五里而站上无冰橇，只好仍处车上。

三十一日，起，乘冰橇过㇑㇚㇓㇑㇒［依尔迪什］河，河上有桥未成。住哈萨克斯坦旅馆。小餐后到中国领事馆，晤刘领事。刘名长炳，字履安，在此地已三年，人甚勤恳，请晚上到那里吃守岁饭，因仍须继续行路，辞之。参观博物院，院已成立四十四年，规模虽未宏阔，而秩然可观。浴。十一点余上火车。

十八年

一月一日，十二点一刻车开，车上甚热。是日窗上全为冰封，无从外望，甚属闷人。闻斜米人口六万四千。

二日，五点馀到新西伯利亚城。城原名新尼古拉城，革命后改今名，现为西伯利亚省城。至时，西来车未到，要说赶，也还来得及，不过团中还有些事情要做，所以只好到中央旅馆住下。旅馆楼下有公众食堂，无论何人，全到那里吃饭，价半卢布，颇朴质简单；但楼上有小吃的地方，比较自由，那恐怕又是平民对于小资产阶级的让步吧。晚，见我国人在此间开洗衣局者：一郝君，一吕君。听他们说：我国人在此地共二千余人，但无领事；日本人却有领事，并无侨民，也太奇怪了。

三日，下午出外一游，街衢宏阔，地势高低。出时天已雪，冒雪看高高下下的城池居室，意态佳绝。走了一点半钟以后，雪愈大，天已将晚，遂归。

四日，前日洗衣，昨晚寝后始送来，交给郝默尔，今早问他是否已将工钱垫付，他说洗衣人因为我为同国人，坚不受酬，厚意可感。五点馀上火车站。六点半开。

此后无特别事,仍无日记。十日至北平。

附 录

附录一

杨增新于民国十七年七月七日被杀,为新疆政界一件关系最重大的事情。内地人士对于此事,非常隔膜。就是我们在那里,闻见较近,也不敢说能全得真相。东归以后,询问此事的人极多;将来此日记的阅者恐怕也有同样的希望;所以我只好把我所听说的,审择一番,取其较可信的,先将杨增新樊耀南之为人,次将此事变之经过列述如下:

(一)**杨增新之为人** 杨,云南人,少年进士,早任州县;自民国成立以后,统治新疆者十七年。用"老吏"一词的善义,他实在是一位极精明强干的老吏。至于其他什么老子啦,什么道学啦,全是他缘饰吏治的东西,并不是他的本色,新疆地面虽辽阔,而人口到现在也不过四五百万;他可以说用治理州县的方法治理新疆全省,归结能保全全省十七年的治安,也并不是一件侥幸的事情。我常说:他的为人同前清慈禧后颇多相似之点:一、他们两个的政见全偏守旧;二、他们两个的自信力全很强;三、是一件更重要的点,就是他们两个遇见利害关头,全是眼明手快,毫无一点迟疑或留恋。可是他们两个也很有不同的地方:一点是杨氏长,一点是慈禧后长。慈禧后总是一位"贾母式"的老太太,终天好享福,而杨将军则勤励节俭,数十年如一日。他无论冬夏,每日五点多钟即起,批阅公事,看书,会客。至十一二点钟,午睡一二小时,起后仍照午前工作;八九点钟即睡。他这样地勤励,所以全省的大小事,他差不多全知道。荷兰费神父嘲笑他说,哈密如果有一个臭虫发烧,他也会知道:这虽是句玩话,也足以见他的精神无所不贯注。至于饮食、衣服、室内的陈设,以至于文玩书籍,可以说一无所好。他室内的陈设,以及衣食之需,据我所眼见的,比我们这一班穷措大,只有不及的,并无过的。攻击他的人,说他私产甚多,他现在已经"盖棺",看这一类攻击的话,也未必靠得住。这些全是他比慈禧后长的地方。可是慈禧后的用人,规模宏阔,不管什么曾国藩、左宗棠、李鸿章、张之洞、袁世凯,她无所不敢用。杨将军对于稍有异同的人全不敢用。樊耀南挖苦他,说他非"盛德在木"的人不敢用,也的确是实在的情形。他治理新疆十七年,功过很难说。据我个人看,无论怎么样说,总可以说是功多于过。他接治新疆的时候,新疆并不统一。伊犁的武人就比他的势力大得多。就是喀什噶尔各处的武人,对于迪化省政府的关系,也是若即若离。他用种种巧妙的方法,削夺武人的兵权,使新疆成了统一的局面。他现在去世已过二年,而新疆仍能安然无内讧,实在是他一件很大的功绩。第二,阿尔泰一地,如果不是他毅然收归新疆,一定早已沦为异域。这两件功绩,就是攻击他的人,也万不能不承认。他的短处,却有两重要点:第一是愚民,第二是紊乱币制。他的思想极旧,总以为新人物不过只能捣乱,毫无实际,所以他对于教育,不是不能提倡,是不愿意提倡。新疆当前清末年,杜彤任提学使的时候,整理教育,成绩已斐然可观。杨氏接着办了十七年,教育不惟没有一点进步,并且比从前差得多:这不是他不能办,是他不愿意办。他自己作了一副对子，挂在大堂上，文为："共和实草昧，羞称五伯；七雄，纷争莫问中原事；边庭有桃源，狃率南回北准，浑噩常为太古民。"上联表现他的长处，而下联则为其短处。他理想的民众，是浑浑噩噩的，你安望他能竭力提倡教育呢？新疆各市面上不见现洋。票面写"红钱四百"者，名一两银票。大约三两银票可换现洋一元。通共发行若干，外面并不知其详，不过据我所闻，恐怕不下三两千万两。这全是不兑换纸币，毫无预备金，将来整顿币制时，颇非容易。不过这一点，他总很可原谅：因为前清每年受协二百余万两现银的省份，民国以来，协饷全停，并且常常有些军事，他一不借外债，二不多加税，这也总算很亏他了，怎么样还能厚责他呢？至于近来他最被较新人物所指摘的，约有两点：一为他近来对俄交涉，颇涉疲弱；二为想利用缠头兵以反革命。近几年对俄交涉，樊耀南及交涉署中人所主张比较强硬，他却颇多让步，是实在的情形。让步的原因，是他对于内地革命，总不安心，稍有变故，想从甘肃回内地，几不可能；从迪化到塔城有汽车路比较容易；想留一条逃回内地的路，对于俄国，不能不稍有所迁就，也是很实在的。不过据我所闻，他对于俄国，总还算好，还没有大丧权辱国的地方。樊耀南对于此点，常对我讲，可是我觉得他的话虽非臆造，却不免有夸张的地方。杨增新思想顽旧，对于革命自不了解。他最后办讲武堂，实在是一种抵抗革命的计划。他对于汉人颇不信任，所以讲武堂的学生，除了大军官的子弟以外专收缠民。樊耀南屡次对我说：这是对我们汉人将来的一大危机。樊先生这些话，我可以相信他并非故意夸张，然而我觉得他虑患过深，危机并不如此大。杨将军于第二次革命时，利用汉回以制汉人，于民国五六年时，利用哈萨克以御蒙古，全算很有成功。说他很有成功，就是说他对付着把事变应付过去，以后又把从前利用的人解散掉，并没有受他们的牵掣。他这样屡次的成功，你怎么样能怪他又想利用缠头以企图抵革抗命呢？总而言之，他思想旧，好愚民，是他极大的短处，至于其他的错误，均有可恕。他是一个文人，决不像内地军阀的任意乱作。他虽然企图抵抗革命，可是内地如果统一，一纸召还，他绝不会抵抗命令，那是他所常说，也是大家很相信的。所以我总以为他是一个功多于过的人。

（二）樊耀南之为人　樊，湖北人，曾留学日本。于黎元洪作总统时，由中央放一道尹到新疆去。据说当时中央的意思，是想把杨增新的省长将来分给他。杨氏知此意，他岂能任他肘腋之下有异派的人掣他的肘，所以就留他在迪化，使他数月不能到任。樊氏为人谨慎小心，每日上院异常恭谨，归结改变了杨将军的意旨。现在新疆建设厅长阎毓善是一位做旧文章的人。他同樊氏好互相挖苦，他就作一联四六嘲笑他；文为："谨慎小心，未睹霍光之过；谦恭下士，颇有王莽之风"。从此两句，颇可想见樊氏的丰仪。杨将军也知道樊君同他意见不合，但是他总觉得他不过是一个书生，无能为害；并且新疆方面人材缺乏，樊君心思很精细，留他在那边，也还可以帮若干的忙。反过来，放他回内地，他对于新疆情形比较明白，在内地同他捣乱，他却感觉着比较难应付，所以他就留着用他。以后无论樊氏怎么样告假，想回内地，他总是拿"我们这些游魂孤鬼，在这样的戈壁滩上，想回去总是一块儿回去"一类的话相搪塞。樊氏因此就觉到他软扣着他，就非常地恨他。樊氏人很清廉，新疆官俸异常地薄，他虽然一个时候，同时兼着军务厅长、交涉署长、迪化道尹三个要差，他自处也异常地俭约，可是他仍是很穷：因此他的儿子在北京上学及家中婚丧大故，杨氏常于官俸外另送几千"两"银子：杨氏待樊氏，专就外面看起，可以说隆情厚礼了。樊氏俭约勤励，毫无嗜好，略同杨氏，绝非新疆其他政界各要人所能及。比较有新知识，略能与杨将军立异同的，可以说只有樊君一人，所以新疆较新的人，全很恭维樊君。关内的革命潮流又是这样的汹涌，杨将军虽是禁止报章，检查信件，想以一手掩蔽着，也实在不可能。同革命表同情的人全想推倒杨将军，推戴樊厅长：七月七日案件的真正原因，大体如是。

（三）七月七日案件的真相　这一天的事情，有人说樊耀南全不与闻，事后为人所陷害；又有人说现在的省政府主席金树仁，本与樊君通谋，事后卖友。以我个人观察，这些话全靠不住。樊君为人素日太小心，而七月七日的事，却不免过于鲁莽；他除了他自己的三十个卫队以外，毫无一点可靠的武力，就冒冒然举大事，这似乎同他素常的性情不很像，所以有人疑惑他并不与谋。我初到新疆，因为樊厅长是杨将军手下顶红的人，所以对他说话非常小心。以后常听他说话，才晓得他同杨将军意见不很合，但是当时万想不到他能为主谋暗杀杨老将军。可是从事后想起，他后些时的谈话，颇有俨然以将来的主席自居的地方。他七月初五日在我寓里谈，力言杨氏想用换汤不换药的办法，有委员会而无委员，并演说三民主义在新疆从很长的时候已经实行，可见杨氏七月一日的更换旗帜，不过是一种掩蔽耳目的方法。他归结说："杨先生自以为他这样的办法就可以办得通，他可不晓得各省的怪人在这边的多得很，一定要大糟糕！"像他这一类的话，绝不像是无意的。至于攻击金树仁的人说他与谋，主要的证据，说他在这一天的宴会临时退席。不过据我所听说，这完全是偶然的。并且金君为杨将军信厚的门生，樊君谋杀杨将军而谋之金君，樊氏素日慎密，当不至是。然则樊君素日小心谨慎，而此日遽用无抵抗十五分钟能力的武力，贸然举事，岂不是太可疑吗——是无可疑。因为杨将军待樊君，虽隆情厚礼，而杨将军素常是以反脸不认人著名的。他今日待你很好，明天把你枪毙，是很做过几次的事。况且据樊君说，他本有一个委员会的名单，厅道全有名字，而樊君独不在列：这全是使樊君栗栗自危的地方。一切想推倒杨将军的人全是樊君的朋友，然则樊君纵想置身事外，也是事实之所不允许。所以说他是真正的主谋，或属未必，而说他完全不与谋，似不可能。七月七日为俄文法政专门学校——这是新疆唯一的"最高学府"——毕业之期，新疆政界的要人同俄国领事馆诸君全参与盛会。演说照相后，即开午筵。是日客共三桌：杨将军同一钱代表、杜旅长、阎厅长、李迪化道尹等皆在中间一桌，樊耀南等在西边一桌。据说筵席不设于前面礼堂而设于后面较隐僻的教室中，殊属可疑。以后该校教务主任张纯熙君被枪毙，张君系此次变故主谋者之一，似属毫无问题。杨将军此日还要到讲武堂去，想稍坐一坐，就离席到那边。可是菜只一上，即有着蓝长衫人入场，取手枪向杨将军放，杨共中七枪，立时殒命。杜旅长亦死。阎厅长受伤。这个时候，杨将军的副官长及副官等在别室内就席；初闻手枪声，还觉到是贺毕业人的放鞭炮，毫无准备；后始知有变，副官长奔入室中，见杨将军受伤，想上去背他出来，受枪亦死，余副官死者又二三人。凶手以后据说是樊君的卫队，不过当时并没有人看出。樊君从肇事场逃出后，据说他率领卫队，入据将军衙门，下条子请各厅道开会议，是时由政务厅长初改民政厅长之金树仁即率将军卫队向内进攻。抵御未久，即全被擒。夜中樊君被杀，据说死得很惨酷。次日即由金树仁君代理主席。新疆无大武官，顶大的是年已衰耄的蒋师长，听说直接管辖的部下，不过三百余人，所以金君文人，各方面也颇有不满意他的人，而他还能够撑持着局面。至于樊败金胜的理由，也颇简单。新疆本为湘军所恢复，所以从前军界的势力全在两湖人手中。杨增新对于南人甚属憎厌，自从他治新疆，军界的势力渐从两湖人落到甘肃人手中。金君为甘肃之导河县（原名河州）人。因为杨增新为河州知州颇久，所以新疆政界要人导河县人颇多。金君亦当杨氏治河州时，曾拜杨氏之门。此次如果樊氏成功，军权当仍由甘肃人还之两湖人，此必非甘肃军人之所乐受：樊败金胜，此为其主要原因。至金树仁之为人若何，是否能维持局面，当亦为读者之所欲知。但我见金氏，不过三两次，颇不愿多说。政界要人不满意他的人很多，不过这也很难怪；他从前的声望远在建设厅长阎毓善及财政厅长徐谦之下，一旦超居其上，使他们全心悦诚服，也的确太不容易。他抓人当兵，以至于收成虽好，而粮价反很昂贵，这一点最为大家所攻击，也的确有可被攻击的道理。但是因这一点就判断他一切不行，也未免有武断的嫌疑。不过他的烟瘾颇大，他的才具不惟远在杨增新之下，并且不及樊耀南；这是那边比较有知识的人所全承认的。我对于他能说者，不过如此。

附录二　沿途杂录

包头附近村头或野地多小庙如内地。我所见的六七小庙里面，二为五道神，二为大仙庙。有一庙不知何神，神像颇类我们乡间的土地爷、土地奶奶。但二神不在一室内，中以木板隔开，女神像亦较小，我开玩笑就说他们是道学礼教人家之土地神。又有小庙无像，有三神牌，完全相同，上书"五湖四海九江八河之神位"。又有一庙，神像绺须长须，道士冠，颇端严，前有一神牌，上书

　　供蚄蚄　俸虮虱　之神位

外有一木轴，八楞，两端细，中粗，长二寸许，上书"上上，大吉"等字；旁有一瓦镫盘，疑系以木轴转于盘上以卜休咎。

包头出海面一千零四十米达，地气高寒。太阳出时颇热，入后即不能离棉衣。日中在街上走，儿童赤身，老人还有披袭的。同一时候而衣饰相差如此！

包头北直至蒙古草地中，马莲草（疑当做马兰草）到处皆有，以路旁为最多。现正开花，气微香，色紫。塞外所见的花，只有此一种。**五月三十日**

包头北二三百里内皆有汉人居住。庙宇以龙王庙为最多，或者是因为此地水泉稀少，水属难得可贵的缘故。庙前大约有土墙一堵，上薄下厚。墙上中间及两端皆高，略如△△△字形。正面有一土砌大龙字。背面有一小洞，内有一小神，不知何名。再后有一小土台，大约是祭小神的香台。再后即系正庙，大约系为土室一间，或略大，或极小。屋顶仍系△△△字形，或立小石为之。内所供神不一，除龙王外，马牛财神等杂牌的神全有。大约全有卜轴，如前所记。据我所见，以红瓦子公宗的为最大。庙前二三十步的光景有一座戏台，台约半人高，上面也像内地庙前的戏台，但已经破毁，听说民国以来，就没有修理。庙檐前悬一铁钟，为同治五年所铸。

庙内正座神三，但上首一神像比其余二神像小得多。神皆着道士冠。下首更有一小神，皆不知何名。神手上全被哈达，大约是受蒙古风俗的影响。壁皆彩绘，图颇幼稚。正面神后绘神像五。中间神年少无须，执珪正座。两旁有须神四，全执珪向中座。左右两壁皆画龙神行雨状。右壁上绘一龙，下有一恶鬼执绳牵其鼻，就像牵骆驼的一样，大约也是受地方的影响了。

白灵庙猪肉每一元可买六斤。牛羊无零卖的，须要整买自宰；如用十元买一羊，可得三十斤肉；三十元买一牛，可得肉二百斤。通常燃炉用牛粪。但洋广杂货铺内柜房中炉大约用煤。煤每一元可买六十多斤。手艺人租一平常之蒙古包，每月出洋三元。买一平常之蒙古包，须用四十多元。鸡蛋每一元可买三十几个。间有自种葱韭白菜的，但收成听说不很好。今天（六月三日）有人来帐篷前卖葱，六十铜元一斤，因为从汉地来到这里卖葱，须要走五六十里路，并且每次也不见得能卖多少斤，所以贵到这步田地。

蒙古人敬佛，全用画像，绝无用印像者，所以每庙附近全有若干画师包揽生意。听说这些画师全是山西应州人，并且全是应州城里的人。无论内外蒙古全是如此。应州城内小康的家，子弟稍长，即送画师处学画，衣食自备，尚须送老师若干礼物。五年出师。艺成者即到内外蒙古作画。每年三月出，十月即各自归家。白灵庙有画铺四家。我所认识的有白姓一家。铺中共四人：一宋姓，每年工价一百元；两个徒弟，每年每人工价五十元，全管饭。白姓系掌柜，每年约可赚二三百元。听说应州城内在内外蒙古的画师，通共有好几千人。每人每年平均要带回家中钱百几十元，括总算起，那个款项的数目也就可观了。

白灵庙为康熙年间所建,并且关于康熙皇帝的传说颇多。他们说:"白灵庙为九道山会集的地方(这句话有几分真实,虽没有九道之多,也要有六七道),所以叫做九龙口。庙前一小山曾为康熙爷所截断,即所以破其风水;建庙于九龙会集的地方,也就是要压此地的'王气'。这些传说一定是汉人的,不是蒙古人的,历史的价值大约也很有限。不过西边十数里有所谓康熙营盘者,黄仲良去看一次,据说还有营垒的遗址可寻。康熙皇帝之征准噶尔,共有四次:第一次康熙二十九年(一六九零)。曾命康亲王杰书等屯归化城,邀噶尔丹的归路;但噶尔丹自乌阑布通败遁后,归化城兵未邀击,不知此路前锋军是否曾至白灵庙。第二次康熙三十五年(一六九六),西路师自宁夏出发。然据殷化行《西征纪略》言:"日四五十里,或五六十里,循黄河行可十余日,遂舍河载水束刍度戈壁……"则此路实循黄河东北行六七百里后,始舍河向东北度碛,军行或可过白灵庙。又据魏源说,此次"西自大同归化城度漠北至推河亦设三十余驿:圣祖第三次由此出宁夏,……费扬古西路凯旋之师实此还,故圣祖亲劳之于归化城。……"(《圣武记》中《康熙亲征准噶尔记》)自归化城北度大漠,白灵庙似为必由之路。如上所推不误,则当第二次及第三次出师时(康熙三十六年,一六九七),白灵庙实为大军经过要地。惟康熙皇帝自归化城至宁夏时,是否曾北过白灵庙,现尚未考明。白灵庙一偏殿内,有一像,满装端坐,问喇嘛,他们就信口说是佛像。我说佛像绝没有这样的,恐怕是康熙爷的像罢,他们也信口答说是是。他们这些话完全靠不住,我们现在只好传疑了。七月二日

前两天因为要采集植物标本,需要几个花夹子,就派人到万义

ㄌㄧㄝㄌㄧㄝㄌㄚㄙㄨ［库列牒拉苏］南数里小村上找来一木匠，昨晚来到。我今天问他，他说此地庄户人家的情形颇详，大约如下：

此附近汉人大约以农业为生，每顷地每年应交粮钱（交固阳县）二十余块，租钱（交蒙古王公，固阳附近则不交租钱）不及一块；外应出军粮钱块余、保卫团钱五六块；车马差事钱，太平时候，每年需交七八块，但近年荒乱，每年需交二十块光景。然则每顷地每年太平时须出洋三十余块，荒乱时须出洋五十块光景。所种有莜麦、小麦、小米等类，至高粱、玉蜀黍则不能生。麦每年清明后种，处暑后收。中收每亩二斗，上收可到四五斗（每斗二十斤）。小麦每斗一元，莜麦较贵。粗布每尺一角，洋布每元可买七八尺；庄户人家多穿粗布，因为它比较耐穿。棉花每斤一元，本地不出，以来自大同、归化一带者为佳；至来自新疆的，品色较次，七八角钱即可得一斤。男人多穿不加面子的羊皮，女子则不穿，只穿棉衣（惟富家女人家亦间穿羔皮）。平常人穿的大羊皮袄，约值十来块钱。固阳县城颇寥落，只有布铺药铺等类，并无粮店。想买东西必须南到包头。所以本地人多用实物交换，无内地赶集赶会一类的事情。一年内惟过年及八月节全体肉食，至于五月节，只有有钱的人才肉食。每村皆有龙王庙，大村则并有五道庙。十数村成一会，每会太平时每年亦唱戏酬神。每演四天。戏据说是二簧腔，但恐怕不见得是北京之所谓二簧。梆子腔也没有。每班三四十人。演一次价洋百元左右。讨饭的也到家里住，可以跟着吃喝。通常吃菜子油，每元买三四斤，点灯也用。至煤油则不通行。娶妇通常须花洋七八十元，但亦不等。所费钱以送女家礼为大宗，至衣饰则颇简陋，有钱人也不过做三两件泰西宁绸衣服。娶时用轿车。赁一轿车每日约二元。富人用轿车四辆，夫、妇、娶亲客、送亲客各乘其一。贫人只用一辆，新妇乘之，至新婿则骑马。马可借用。七月二日

此次五月二十六日至ㄚㄇㄙㄝㄦ[阿莫瑟尔]河畔，廿八日移ㄏㄚㄋㄚ[哈纳]河畔，明日（七月廿日）启行，在此间共住五十四日。ㄚㄇㄙㄝㄦ[阿莫瑟尔]同ㄏㄚㄋㄚ[哈纳]虽异名，实一河，不过隔一山头。再往上五六里，则名ㄏㄨㄐㄝㄦㄊㄨㄍㄡㄉ[忽介尔图勾勒]，其实仍是一河。外国人把现在住的地方叫作ㄏㄨㄐㄝㄦㄊㄨㄍㄡㄉ[忽介尔图勾勒]，其实并不很对。名叫作河，其实不过一干河道，间存积水而已。上游下游仅以地势高下知之。东西数十里中，以驻帐地水为最多，然亦数经断续。此地雨泽甚少，五十四日中落雨不过四五次，且每次雨量甚少，闻农民颇苦旱，即蒙古人亦因雨少草不长，牧畜不肥为苦。近几天内气压颇低，雨虽不大而次数较多，现在仍正细雨淋漓，或将有沾足的雨泽，亦未可知。雨后草长畜肥，自属可喜，但恐终夜不住，明日行期又须展缓耳。野畜只见黄羊同狼。黄羊即獐的俗名，无角，身态亦与鹿近羊远。听说在北京其肉价颇贵，每斤需价五六毛。在此地则猎取颇易；初到时，每日食此，大家全有点厌烦。狼亦甚多，每夜闻嗥声。有一天，时当正午，它来到帐篷附近数十步内，拉尔生要用枪打它，它才逃去。虫类颇多。夜间如不小心，点灯而不关帐篷，即有一种小虫，成千成万地飞来，颇讨人厌。草佳处有一种小蝇，人过即麕集面目间，驱之不去，极惹人厌。帐篷附近无小蝇而青头蝇颇多。饭厅内时置高二寸余的盛牛奶的小瓶，青头蝇进，即不能出，有时至满。惟此种蝇在驻帐内尚易驱除。亦有寻常之所谓

饭蝇，但不多。蝇在帐内，最喜集帐脊横木之两端，时被挤毙而彼集如故。草中有一种黑虫长几二寸，能飞，初时尚不多，希渊谓应设法毒死，不然将成草灾。近则几到处皆有。七月十九日

三德庙在乌喇特旗西境，过此一二百里即至阿拉善旗地。地有生意廿余家，皆在庙东ㄔㄜㄌㄧㄡㄍㄡㄌ [车留勾勒] 附近，南十里许至瓦窑，北十里许至ㄨㄅㄨㄌㄍ [乌布勒戈] 或名ㄨㄅㄨㄌㄚㄍ [乌布拉戈] 依河散居。因为此地不许盖房子，所以全在蒙古包内居住。商人、手艺人大约为山西代县、忻县、定襄、崞县各处人，只有一家为直隶深县人，字号为永盛厚，在北京北池子有分庄，故在此地称为京庄生意。至于山西生意之最殷实者，为同心西、天义长两家。此地南离民地，听说尚有百里光景，汉人食物全从民地运来。小麦面每元七八斤，莜麦面则略贵，且不易得。据说如有肉食者，仍以小麦面为佳，如不肉食，则以莜麦面为较耐饥。吃点皆用胡麻油，每元约买三斤。驼毛每元二斤，棉花极少，须二元一斤。主要燃料为一种木材，叫做ㄐㄧㄚㄍㄠ [嘉皋]。夏日或烧牛粪。此树本地不出，生于北边五六十里处，出产颇多，可以自己往樵采。树身可至三四把，高不过五六尺，木材不坚，不能成器，只可供燃烧。本地颇有榆树，但不许樵采。在此地做买卖者，生意小则可领半票，大则须领整票。每一票每年应纳地税三十四两，半票半之。八月十九日

现在五原县治与隆兴长隔桥相望，土人也有称它为隆兴长的，因为五原设治以前，只有隆兴长，故土人称其旧名。隆兴长为正定人王同春的"牛居"（居读若具，土人称种田，许多佃户聚居的地方为牛居）。王因善看渠口，在后套中颇有声名。私家大渠如杨家

河子，官家大渠若永济渠，据说全是王所看的渠口。王即前些年做土匪现在领半土匪军队称护路总司令王英的父亲。八月二十八日，这些是永盛厚张掌柜说的。

蒙古人除喇嘛外几无识字者，即喇嘛亦大半不识字。且近来念经，全用西藏字。一能念经的蒙古喇嘛，我问他，他只识藏字，并不识蒙古字。八月十九日

新疆市面用红钱及票银。红钱即内地之制钱，不过背面有缠头字。市面行不甚多，不过比今日北平市面之蹦子略多而已。票面书明凭票发足红钱四十文者，名曰一钱银票，现用黄油布印。票面书明凭票发足红钱一百文者，名曰二钱五分银票。票面书明凭票取足红钱四百文者，名曰一两银票，票背注明值湘平银一两。此二种票，旧票皆在内地定印，新一两银票，则由新疆自购机器制印。旧票新票在理论上价值相等，纳税或与官钱局交易亦得相等，但旧票破烂，为市民所不喜用，每百两价值与新票相差约二三两。各种票上均有缠头字。此类票银均属不兑换纸币，所以想买国币百元，现时出价三百二十三两，入价三百四十五两。票面标明红钱四百的一两银票，只能换红钱一百六十。新疆的机器每天可印票银五六千两。杨芨臣去世后，金德庵在那里终日捉兵（新疆无人愿意当兵。那里普通作苦的人每月除食用外，总可以剩票银二十两左右；而兵士除管饭外，每月只得饷银六七两，所以到农忙时，兵士多逃。金德庵加每兵饷钱二两，然尚相差甚远。如须当兵，必到处强捉始可），饷银无着，又终日在那里发行，将来价值不晓得又要低落若干。票银换纹银，十六年每纹银百两换票银三百三十两乃至三百四十两，十七年（秋冬之交；以下所言十七年，均属此时）则换票银

三百七十两乃至四百两。新疆与内地的汇兑向分信兑、电兑两种；十六年国币一元，信兑二两二，电兑二两四；十七年信兑二两四乃至二两五，电兑二两七。至物价则十六年与十七年相差更远。专就迪化论，麦十六年每石（约四百斤）票银二十八两至三十两，十七年官家定价四十两，市面则贵至五十五两。白面分水磨、旱磨二种，十六年每百斤水磨七两，旱磨九两；十七年水磨十七两，旱磨二十两。大米每斗十六年票银四两五；十七年则七两五乃至八两。煤分岚炭（又名焦炭）、大煤、烟炭三种：通常烧灶用岚炭，铺户用大煤，住户用烟炭。岚炭又分白灰、黄灰、双石窝、烂豆腐四种，前三种十六年每百斤价银七钱五至一两；十七年则贵至一两七钱五。烂豆腐十六年每百斤一两二；十七年则二两。大煤分大窑煤、小窑煤二种：此二种十六年每百斤价银一两二；十七年二两四。烟炭又分开花炭、二架梁［炭］、东山炭三种，此三种十六年每百斤价银六钱，十七年则八钱。这种物价骤然腾高，原因全由金德庵的提兵。以后或仍能低落亦未可知（此条系据十七年冬所抄的单子补记）。

附录三　中国学术团体协会与斯文赫定博士所订合作办法（原文）

中国学术团体协会为组织西北科学考查团事与瑞典国斯文赫定博士订定合作办法如下

第一条　本协会为考查西北科学事务，容纳斯文赫定博士之协助，特组西北科学考查团。

第二条　本协会特组西北科学考查团理事会，依据本合作办法，监察并指挥该团进行一切事务。

第三条　西北科学考查团由理事会委任中外团员若干人组织之。外国团员之由斯文赫定博士选定者，本协会审核后予以委任。其姓名、国籍、资格及所担任科目，另列附单。

第四条　理事会就团员中委任中外团长各一人。其外国团长即由斯文赫定博士任之。

第五条　中外两团长之任务规定如下：

（一）旅行中之行止及工作时间等事，由外国团长商同中国团长规定之。

（二）关于团员之工作分配，外国团长须预征中国团长之同意。中国团长如有提出工作分配时，亦须得外国团长之同意。

（三）途中与各地方长官接洽事务，由中国团长主持办理。

（四）采集品之运输由中国团长主持办理。

第六条　关于全团经费之担负及其他旅行中一切必需事项规定如下：

（一）全体团员自出发之日起至事毕回京之日止，所需之食料、篷帐、夫役、驼畜、医药，采集品之运京及其他旅行上必要之费用，均由斯文赫定博士担任之。

（二）斯文赫定博士除担任外国团员之薪水外，并自出发之日起至事毕回京之日止，按月捐助华币八百五十元于本协会。其用途另列附单。

（三）其余未尽事宜由中国团长随时与赫定博士商洽办理，并报告理事会考核。

第七条　旅行往返路线：由北京经包头、索果诺尔、哈密、迪化、罗布诺尔至车尔成。遇必要时，得由两团长妥商，略予变更。但如有重大之变更时，须电请理事会审查，核准后始能执行。

第八条　旅行期限：自离京之日算起，至多不得过两年。

第九条　旅行中所考查之事项。其主要者为：地质学、地磁学、气象学、天文学、人类学、考古学、民俗学。

第十条　凡直接或间接对于中国国防国权上有关系之事物，一概不得考查。如有违反者，应责成中国团长随时制止。

第十一条　旅行时所绘地图，除工作所用区域外，其比例不得大于三十万分之一。

第十二条　考查时应守之规定如下：

（一）不得有任何借口，致毁损关于历史、美术等之建筑物。

（二）不得以私人名义购买古物等。

第十三条　关于考古学：规定不作发掘的工作。但遇有小规模之发掘，对于全团之进行并无大碍，又采掘所得之物不甚重滞，运输上无须有特别设备者，得由中国团长商同外国团长执行之（但对于全团进行并无妨碍时，较大规模之考古学的发掘仍可为之）。

第十四条　收罗或采掘所得之物件，其处分方法规定如下：

（一）关于考古学者，统须交与中国团长或其所委托之中国团员，运归本会保存。

（二）关于地质学者，其办法同上。但将来运回北京之后，经理事会之审查，得以副本一份赠与斯文赫定博士。

第十五条　考查所得各项成绩。其处分方法规定如下：

（一）照片须交理事会审查，并须交存一本于理事会。

（二）自然科学中之图线记录，须交于理事会审查，于六个月内审查完毕。

（三）笔记、图书或日记，依上条办理。

（四）地图除经理事会于六个月内审查外，并须由理事会转送参谋本部审查。

（五）电影片。

(1) 须经理事会审查；

(2) 须存副本一份于理事会；

(3) 初次开映须在北京。

凡未经上文所说之审查手续者，不得发表。

第十六条 考查完毕时，须用本协会名义发表正式报告。其办法如下：

（一）每种科学出一小册子。其篇幅约定为八开本二百西页。用中文及西文对照排印。

（二）此项排印费由本协会担任之。印成后赠一百部予斯文赫定博士。

（三）报告上所刊著作者之姓氏，除首列两团长外，其余团员，均依西文字母次第排列之。

（四）此项报告当于考查完毕后二年六个月之内出全。

第十七条 由此次考查而产生之大部著作，其发表方法规定如下：

（一）出版须在正式报告出版之后。

（二）分著作为两部。关于地质学、人类学、考古学、民俗学等属甲部；关于地磁学、气象学、天文学等属乙部。甲部著作由本协会担任经费，在中国出版；乙部著作由斯文赫定博士担任经费，在欧洲出版。双方交换一百部，其余自由发行。

（三）关于甲部之材料，无论是中国团员或外国团员考查所得，统须交于理事会。关于乙部之材料，无论是中国团员或外国团员所得，经理事会于六个月之内审查完毕后，交于斯文赫定博士。

（四）甲乙两部中各项著作，须用同一总名概括之，并须照同一版本同一式样印刷之。

（五）此项著作用本协会名义发表。其著作人之姓名，分刊各卷之上。但甲部之书应由中国团长任总编辑，外国团长任副编辑；乙部之书外国团长任总编辑，中国团长任副编辑。

第十八条　考查气象时设有气象台四座。此项气象台中所用仪器，斯文赫定博士已允赠予中国。俟考查完毕时，由斯文赫定博士交于理事会。

第十九条　本订定办法。附有英文译本一份。应以中文为准。

以上合作办法十九条。于中华民国十六年西历纪元一九二七年四月二十日，经本协会第九次大会之议决，并推定当日主席周肇祥先生为代表，与斯文赫定博士逐条研究，双方认为满意。于是月二十六日在北京北京大学研究所国学门签字。

周肇祥
Sven Hedin.